Ervin Laszlo

Holos
die Welt der neuen Wissenschaften

via nova
Verlag Via Nova

Ervin Laszlo

Holos

die Welt der neuen Wissenschaften

via nova
Verlag Via Nova

Übersetzung aus dem Englischen:
Ulrike Kraemer

Titelbild: Soham Holger Gerull,
Studium der freien Kunst.
Seit 1980 als Freier Künstler tätig in 36100 Petersberg.
Arbeitsschwerpunkte: Mandalas,
Schwingungsbilder, Sakrale Raumgestaltung.

1. Auflage 2002
Verlag Via Nova, Neißer Straße 9, 36100 Petersberg
Telefon und Fax: (06 61) 6 29 73
E-Mail: info@verlag-vianova.com
Internet:
www.verlag-vianova.de
www.transpersonal.com

Satz: typo-service kliem, 97647 Neustädtles
Druck und Verarbeitung: Rindt-Druck, 36037 Fulda

ISBN 3-928632-94-9

Inhaltsverzeichnis

Einführung 7

Teil Eins
Einführung in die Welt der neuen Wissenschaften 11

Die Wissenschaft in der Vorreiterrolle 13

1. Die seltsame Welt der Quantenphysik 19
Abschied von der klassischen Physik 21
Der Aufstieg der seltsamen Welt des Quantums 24

2. Die subtil kohärente Welt der post-darwinistischen Biologie 39
Die unmittelbare Kohärenz des Organismus 41
Bindeglieder zwischen Genen und ihren Umgebungen 46

3. Die transpersonale Welt der Bewußtseinsforschung 55
Die Wiederentdeckung des transpersonalen Bewußtseins 57
Neue Beweise für das interagierende Bewußtsein 66

4. Die verwirrende Welt der neuen Kosmologie 73
Die kosmischen Rätsel 76
Metaversum: Das Universum der Universen 85

5. Das „Psi-Feld“: Die Wiederentdeckung des Urfeldes 91
Das neue und doch alte Konzept des Urfeldes in den Wissenschaften 91
Das Psi-Feld und die Rätsel der neuen Wissenschaften 103

Teil Zwei
Die Erforschung des Psi-Feld-Universums 113

6. Neue Antworten auf grundlegende, durch die Wissenschaft heute schon begreifbare Fragen 117

Die Ursprünge des Universums 120
Die Bestimmung des Universums 128
Die Ursprünge des Lebens 132
Die Bestimmung des Lebens 136
Die Ursprünge des Bewußtseins 139
Die Evolution des menschlichen Bewußtseins 143

7. Neue und alte Antworten auf transzendentale Fragen 149

Die Aussicht auf Unsterblichkeit 149
Das Bewußtsein des Kosmos 152
Das göttliche Bewußtsein 156

Anhang 1
Christopher Laszlo 159
Das Universum aus der Sicht von Ervin Laszlo

Anhang 2
Dr. Maria Sági 165
Heilung durch das Psi-Feld

Postskriptum
Der Weg des Verfassers zu Holos 178

Endnoten und Literaturangaben 198

Einführung

Das vorliegende Buch ist eine Einführung in ein grundlegend neues Konzept der Realität. Dieses Konzept zeichnet sich in zunehmendem Maße an den Horizonten der führenden wissenschaftlichen Forschung ab, und es verändert alles, was wir über die Welt zu wissen glaubten. Unsere Welt ist keine mechanistische und fragmentierte Welt, sondern vielmehr eine verbundene, holistische Welt. Es ist die Welt des Holos.

Das Wort Holos stammt aus dem klassischen Griechisch und bedeutet „ganz". Es ist das Grundkonzept, welches das viel verwendete – aber selten verstandene und häufig geschmähte – Konzept der Ganzheitlichkeit definiert, wie es in ganzheitlicher Medizin, ganzheitlichen Werten und ganzheitlicher Lebensweise zum Ausdruck kommt. Holos ist jedoch mehr als nur ein Modewort, mehr als ein Aufkleber für eine vergängliche Mode bestimmter Lebens- oder Heilweisen. Es steht vielmehr für eine neue Stufe in der Evolution sowohl der Wissenschaft als auch der Zivilisation.

Der Begriff „Holismus" wurde in den zwanziger Jahren des letzten Jahrhunderts durch den südafrikanischen Philosophen und Staatsmann Jan Smuts geprägt. Sein Buch *Holismus und Evolution* (1927 veröffentlicht) war seiner Zeit so weit voraus, daß die Wissenschaft es fast das gesamte 20. Jahrhundert hindurch ignorierte. Heute, zu Beginn des 21. Jahrhunderts, kehrt der Holismus in die Wissenschaft zurück. Während die weiter entwickelten Schichten der Gesellschaft nach einer ganzheitlicheren Lebensweise suchen, bewegen sich die empirischen Wissenschaften zur gleichen Zeit auf ein ganzheitlicheres Verständnis von Natur, Leben und Geist zu. Führende Wissenschaftler sind dabei, ein neues Paradigma zu entdecken. Im Licht dieses Paradigmas ähnelt der Kosmos eher einem lebendigen Organismus als einem toten Stein; Raum und Zeit sind als seine dynamische Matrix vereint; Materie als ein grundlegendes Merkmal der Realität verschwindet und macht der Energie Platz; und kontinuierliche Felder ersetzen getrennte Teilchen als die Grundlagen eines in

Energie getauchten Universums. Das Leben ist ein verwobenes Netzwerk aus Beziehungen, das seine unzähligen Elemente miteinander verbindet und weiterentwickelt. Die Biosphäre entwickelt sich innerhalb des Universums, und Geist und Bewußtsein entwickeln sich innerhalb der Biosphäre.

Die Menschen sind Teil der Biosphäre und daher Teil des Kosmos. Leben und Geist sind Elemente in einem kohärenten Ganzen, so daß die Menschen keine isolierten Einzelwesen, sondern Elemente im Netzwerk des Lebens in der Biosphäre sind.

Holos, das Buch in Händen des Lesers, betrachtet die holistischen Konzepte, die in den führenden Wissenschaften zutage treten, geht jedoch darüber hinaus. Es geht den Bedeutungen der neuen Konzepte nach und führt sie zu ihrer logischen Schlußfolgerung: daß nämlich der manifesten Vielfältigkeit der Welt eine tiefere Einheit zugrunde liegt. Diese Einheit wird durch ein verbindendes und auf subtile Weise „in-formierendes" kosmisches Feld übermittelt – ein Urfeld.

Woher wissen wir, daß ein solches Urfeld – das orientalische Denker seit vielen tausend Jahren als „Akasha-Feld" beschreiben – in der Natur tatsächlich existiert? Hinduistische Weise glaubten an seine Existenz, die moderne Wissenschaft aber betrachtete es als Mythos. Doch heute, an den neuen Horizonten, die sich durch die jüngsten Entdeckungen eröffnet haben, tritt das Konzept dieses kosmischen Feldes wieder zutage. Im vorliegenden Buch entdecken wir die Natur dieses Feldes und auf welche Weise es unser Bewußtsein und alles um uns herum informiert. In Teil Eins betrachten wir zunächst die Beweise für seine Existenz.

Beweise für eine grundlegende Erkenntnis im Hinblick auf die Natur der Realität ergeben sich selten aus einem einzigen Experiment – oder einem einzigen Feld der Forschung. Wenn uns eine wirklich grundlegende Erkenntnis begegnet, dann sind ihre Spuren wahrscheinlich in praktisch allen systematischen Erforschungen von Natur, Leben und Geist zu finden. Für das Information speichernde und verbindende Urfeld des Universums trifft dies zu. Dieses Feld hinterläßt seine Spuren in der physikalischen Welt, in der Welt des Lebendigen, in der Sphäre des Geistes und auch im Kosmos selbst. In den ersten vier Kapiteln erforschen wir diese Spuren, und in Kapitel 5 betrachten wir anschließend die Bedeutung dessen, was wir gefunden haben: Wir entdecken das Urfeld in der Form des modernen „Psi-Feldes".

In Teil Zwei erforschen wir das Universum, in dem ein Psi-Feld alle Dinge informiert und miteinander verbindet: das „Psi-Feld-Universum“. Im Eingangskapitel stellen wir einige jener Fragen, die denkende Menschen immer über die Welt gestellt haben, und erhalten neue und bedeutsame Antworten. Woher kam das Universum? Wohin geht es? Gibt es Leben an anderen Orten in den Weiten des Kosmos und, wenn ja, entwickelt es sich zu höheren Stufen oder Dimensionen? Die gleichen Fragen können wir im Hinblick auf Geist und Bewußtsein stellen. Haben sie ihren Ursprung im *Homo sapiens*, oder sind sie Teil der grundlegenden Realität des Kosmos? Und entwickeln sie sich im Laufe der Zeit weiter – vielleicht bereits in den kommenden Jahren und Jahrzehnten?

In Kapitel 7 dringen wir noch weiter vor. Endet das menschliche Bewußtsein mit dem physischen Tod des Körpers, oder existiert es in irgendeiner Form in dieser oder einer anderen Sphäre der Realität weiter? Könnte es sein, daß das Universum selbst eine Form von Bewußtsein besitzt – und könnte dies das Bewußtsein des Göttlichen sein?

Indem wir das holistische Konzept der neuen Wissenschaften verstehen lernen, entsteht vor unseren Augen eine neue Welt. Wir beginnen zu erkennen, daß es im Universum mehr gibt, als wir dachten: Es gibt eine tiefere Ebene der Realität. Diese tiefere Ebene verleiht einem Ausspruch von William James ganz neue Bedeutung: Wir sind wie Inseln im Meer – an der Oberfläche getrennt, aber in der Tiefe verbunden. Wir sind verbunden durch das stets gegenwärtige, allinformierende Urfeld der Natur. In den großen spirituellen Traditionen der Menschheit war diese Erkenntnis gegenwärtig, und nun wird sie durch die Pioniere der Wissenschaften bestätigt und definiert. Dies ist eine beachtenswerte (Wieder)-Entdeckung. Sie läßt uns darauf vertrauen, daß die holistische Welt der neuen Wissenschaften ein wahres Konzept der Welt ist – daß sie der grundlegenden Natur jener Realität treu ist, zu deren bemerkenswertesten Manifestationen wir selbst gehören.

Ervin Laszlo
Montescudaio
(Toskana)
November 2001

Teil Eins

Einführung in die Welt der neuen Wissenschaften

Die Wissenschaft in der Vorreiterrolle

Die Wissenschaft ist ein wichtiger Teil des immerwährenden menschlichen Bestrebens, die Natur der Realität zu verstehen. Entgegen der weit verbreiteten Auffassung ist Wissenschaft nicht nur Beobachtung, Messung und Berechnung: Sie ist auch eine Suche nach Sinn und Wahrheit. Sie befaßt sich nicht nur mit dem *Wie* der Welt – mit der Art und Weise, in der die Dinge funktionieren –, sondern auch mit dem *Was* und sogar mit dem *Warum* – was die Dinge dieser Welt wirklich sind und warum sie so sind, wie wir sie vorfinden.

Natürlich setzt die Wissenschaft Grenzen im Hinblick darauf, wie weit sie bei der Verfolgung dieser Fragen geht. Jede Disziplin hat ihre eigenen Grenzen; ein *Was*, ein *Wie* und ein *Warum*, die jenseits ihrer Grenzen liegen, werden an andere Disziplinen weitergegeben. Ein Geologe interessiert sich dafür, wie das Gestein entstanden ist, aus dem die Oberflächenkruste der Erde besteht, aber er befaßt sich nicht mit den Flechten, die auf den Steinen wachsen, oder damit, wie sie wachsen und warum sie überhaupt wachsen. Ein Soziologe erforscht die Strukturen und Beziehungen von Bevölkerungsgruppen, aber die Führung und Organisation der innerhalb dieser Strukturen entstehenden Geschäftsunternehmen überläßt er Volkswirtschaftlern und Managementtheoretikern. Wissenschaftler haben auch Grenzen hinsichtlich der Tiefe, bis zu der sie bereit sind, ihren Fragen nachzugehen. Fragen Sie einen etablierten Kosmologen, warum der Urknall, durch den unser Universum entstand, genau so ablief, daß unsere Form des Universums daraus hervorging und nicht eine der unzähligen anderen Formen, die gleichfalls möglich gewesen wären. Er wird Ihnen antworten, daß seine Disziplin keine Antwort hat – Sie täten besser daran, einen Metaphysiker oder einen Mystiker zu fragen. Dies sind selbst auferlegte Begrenzungen, die für alle wissenschaftlichen Disziplinen gelten: Sie grenzen ein Wissen ab, das die Gemeinschaft der Wissenschaftler als gültig akzeptiert.

Die Grenzen des in der etablierten Wissenschaft gegenwärtig akzeptierten Wissens sind jedoch nicht die Grenzen des wissenschaftlichen Wissens selbst. Es existiert eine mögliche Bedeutung jenseits der Grenzen, die jedes wissenschaftliche Feld sich selbst setzt. Das Leben jenseits dieser Grenzen kann aufregend sein. Es kann ehrfurchtgebietend sein, wie in der Religion, oder von Schönheit erfüllt, wie in Literatur und Poesie. Und es kann auch von Erkenntnis und möglicher Wahrheit erfüllt sein, wie in den aufschlußreichen Hypothesen, die jene mutigen Forscher aufstellen, die es wagen, die Grenzen der etablierten Wissenschaft ihrer Zeit zu überschreiten.

Von Zeit zu Zeit müssen diese Grenzen überschritten werden, denn in allen wissenschaftlichen Disziplinen tauchen graue Bereiche und schwarze Löcher auf, deren Beobachtungen dadurch gekennzeichnet sind, daß die allgemein akzeptierten Erklärungen ihnen nicht mehr standhalten. Gelegentlich sind diese Rätsel (als „Anomalien" bezeichnet) durch eine erweiterte oder einfach bessere Anwendung bestehenden Wissens einer Erklärung zugänglich, und wenn dies der Fall ist, dann besteht keine Notwendigkeit, die etablierten Grenzen zu überschreiten. Wenn die Rätsel sich jedoch häufen und sich einer Erklärung mittels fundierter Theorien widersetzen, dann nimmt die Situation eine dramatische Wende. Wissenschaftler stellen fest, daß sie ihre Probleme nicht mit derselben Denkweise lösen können, die der Anlaß für diese Probleme war. Eine immer größere Zahl führender Forscher sucht nach grundlegend neuen Konzepten, um die anomalen Phänomene in einem sinnvolleren Licht zu betrachten.

Die in den Grenzbereichen der Wissenschaft zutage tretenden Konzepte bleiben solange hypothetisch, bis sie einer systematischen Entwicklung und Prüfung unterzogen werden. Sie stellen phantasievolle Untersuchungen dar – so etwas wie „Fabeln". Das Bild, das sie heraufbeschwören, ist „fabulös", aber es ist nicht fiktiv. Wenn die Fabeln die Prüfung bestehen, dann wird die Welt, die sie beschreiben, zu der Welt, die von den wissenschaftlichen Gemeinschaften anerkannt wird. Dann macht die Wissenschaft einen Sprung nach vorn: Sie bewegt sich hin zu einer neuen Weise, die Welt zu betrachten – zu einem „neuen Paradigma".

Zu Beginn des 21. Jahrhunderts ist die Welt der neuesten wissenschaftlichen Entwicklungen für einen Paradigmenwechsel reif. Obwohl wiederholbar, sind immer mehr Forschungsergebnisse anomal: Sie sind nur zu verstehen, wenn man die Grenzen der Theorien überspringt, die das vorherrschende Paradigma bestimmen. Im Kontext dieses Paradigmas sind diese Sprünge „fabulös" – sie entsprechen nicht der akzeptierten Weisheit im Hinblick auf die Natur der Welt. Und doch sind die Fabeln der führenden Forscher nicht das Werk ungezügelter Phantasie. Sie beruhen auf gründlicher Überlegung und bringen das, was bereits über den Teil oder das Segment der von ihnen erforschten Welt bekannt ist, mit dem zusammen, was nach wie vor rätselhaft und mysteriös ist. Und vor allem sind diese Fabeln überprüfbar: Durch Beobachtung und Experiment können sie bestätigt oder widerlegt werden.

Zwischen wissenschaftlichen und gewöhnlichen Fabeln besteht ein großer Unterschied. Gewöhnliche Fabeln, ob metaphysischer, spiritueller oder poetischer Natur, können die Produkte eines schöpferischen Genius sein und Quellen der Inspiration und der Schönheit darstellen. Sie sind jedoch nicht überprüfbar und können daher auch nicht als Kandidaten für jene Theorien gelten, die einen Teil oder Aspekt der Realität beschreiben. Bei wissenschaftlichen Fabeln ist das anders, und durch dieses Merkmal fungieren sie als Motor für den Fortschritt wissenschaftlicher Erkenntnis. Das haben sie bereits in der gesamten Geschichte der Wissenschaft getan. Die Theorie, daß alle Spezies sich durch Mutation und natürliche Selektion aus gemeinsamen Ursprüngen entwickeln, war zu jener Zeit, als Darwin und Wallace sie zum ersten Mal vorbrachten, eine Fabel. Dasselbe gilt für Einsteins Erkenntnis, daß Raum und Zeit ein vierdimensionales Kontinuum bilden, und für Lindes und Guths Auffassung, daß das beobachtbare Universum seinen Ursprung in der superschnellen „Ausdehnung" hatte, die auf den Urknall folgte.

Fabeln dieser Art transzendieren die Grenzen der etablierten Wissenschaft ihrer Zeit: Sie dringen weiter vor oder forschen in größerer Tiefe. Falls sie die Prüfung bestehen, werden sie zu einem Teil unserer wissenschaftlichen Erkenntnis über die Welt. Und das mit gutem Grund: Sie sagen uns mehr über die Natur der Realität als ihre Vorgänger. Darwins Theorie wirft Licht auf die Art und Weise, in der sich die Vielfalt der heutigen Flora und Fauna im Laufe vieler Jahrtausende und Jahrmillionen entwickelt hat, und Lindes Theorie der kosmischen Ausdehnung erklärt, warum Materie so im Raum verteilt ist, daß im Laufe der Zeit Galaxien, Sterne und Planeten daraus entstehen konnten.

Natürlich sind auch bestätigte Theorien nicht unfehlbar. Der Wissenschaftsphilosoph Sir Karl Popper argumentierte, daß die „Widerlegbarkeit" sogar das eigentliche Kennzeichen wissenschaftlicher Theorien sei. Jede Theorie kann durch neue Beobachtungen widerlegt oder durch bessere Theorien abgelöst werden. Wenn dies geschieht, dann wird sie wieder zu einer Fabel – diesmal allerdings nicht zu einer hoffnungsvollen, vorwissenschaftlichen, sondern zu einer obsoleten, postwissenschaftlichen Fabel.

In Zeiten rasant schneller Entwicklung, in denen die grundlegenden Konzepte der Wissenschaft eine radikale Transformation erfahren, erlangen die wissenschaftlichen Fabeln ihrer führenden Forscher eine besondere Relevanz. Sie informieren die Vorstellungskraft und geben der Forschung eine Richtung. In diesen Zeiten der „wissenschaftlichen Revolution" verschwimmen die Grenzen zwischen den durch führende Theoretiker aufgestellten wissenschaftlichen Fabeln und dem akzeptierten Wissensstand auf ihrem Gebiet. Eine Vorstellung, die an einem Tag noch eine Fabel war, ist am nächsten Tag bereits zu anerkanntem Wissen geworden.

Wir leben heute in einer solchen Zeit. Die explosionsartig zunehmende Zahl an Beobachtungen in einer Reihe von Disziplinen – darunter die Quantenphysik, die Kosmologie, die Evolutions- und Quantenbiologie und die Bewußtseinsforschung – ruft wachsende Unsicherheit hervor. Diese veranlaßt die Forscher, nach neuen Ideen zu suchen. Dazu gehören auch einige Ideen, die noch vor wenigen Jahren als jenseits der wissenschaftlichen Grenzen angesehen wurden. An vorderster Front der Wissenschaften wird die Welt zunehmend fabulös. Sie verfügt über verschränkte Quanten sowie Raum und Zeit überbrückende Wechselwirkungen in der Mikrophysik, über neue Formen von Materie und Energie in der Kosmologie, über eine quasi unmittelbare, multidimensionale Kohärenz in der Biologie und über transpersonale – bisher eindeutig esoterische – Phänomene in der Bewußtseinsforschung.

Die etablierte Wissenschaft beklagt solche Entwicklungen; nach Meinung des konservativen Verstandes dürfen nur solche Konzepte als wissenschaftlich betrachtet werden, die in größeren wissenschaftlichen Zeitschriften veröffentlicht wurden und in Standard-Lehrbüchern wiedergegeben sind. Doch führende Wissenschaftler denken anders: Wenn sie mit anhaltenden Anomalien konfrontiert werden, dann sind sie bereit, einen Schritt über das herrschende Paradigma hinauszugehen. Heute bewegen sie sich über Quanten als bloße „Phänomene", über Gene als isolierte (und „selbstbezogene") Einheiten und über Nervenzellen als alleinige Grundlage des Bewußtseins hinaus. Sie fassen so erstaunliche Vorstellungen ins Auge wie nicht-lokale Phänomene, multidimensionale Räume, multiple Universen, flüssige Genome, unscharfe Grenzen und chaotische Prozesse – um nur einige der bemerkenswerteren „Fabeln" zu erwähnen.

Die neuen Fabeln weisen auf ein bemerkenswertes neues Konzept der Realität hin. Obwohl sie in den verschiedenen wissenschaftlichen Disziplinen unabhängig voneinander formuliert werden, stoßen diese Formeln in dieselbe Richtung vor: Sie sind eindeutig holistisch. Ob in Physik, Biologie oder Psychologie, an vorderster Front ihrer jeweiligen Disziplin betrachten die Wissenschaftler die Dinge, die sie erforschen, eher als organisches Ganzes und nicht als Ansammlung getrennter und trennbarer Teile. Die Schlüsselbegriffe, die sie verwenden, um die holistischen Eigenschaften dieser Dinge zu beschreiben, sind „Korrelation" und „Kohärenz". Kohärente Einheiten entstehen durch die Korrelation von Teilen in einem Ganzen und von Ganzheiten und größeren Ganzheiten in ihrer Umgebung. Solche holistischen Systeme (der Schriftsteller Arthur Koestler bezeichnete sie als „Holon", ein Begriff, den Ken Wilber später übernahm und bekannt machte) tauchen plötzlich in allen Bereichen der Forschung und auf allen Skalen von Größe und Komplexität auf. Sie treten sowohl im Reich der Mikroteilchen am einen Ende des Spektrums als auch in der Dimension von Galaxien und der Metagalaxie an dessen anderem Ende zutage. Auch in der Welt des Lebens und des Bewußtseins kommen sie vor. Sie sind eine Bestätigung für fortwährend wiederkehrende Ahnungen, wie „Alles ist mit allem anderen verbunden" und „Das Ganze ist mehr als die Summe seiner Teile".

Weil die neuen Erkenntnisse nicht in das konzeptionelle Rahmenwerk des vorherrschenden Paradigmas hineinpassen, wird die Welt der etablierten Wissenschaften ziemlich fabulös. Bei den führenden Wissenschaften tritt nun aber eine Änderung ein. Auch wenn es im vorherrschenden Paradigma keine akzeptable Erklärung für die volle Bandbreite der Ganzheit gibt, die sich sowohl in der physikalischen als auch in der lebenden Natur findet, so zeichnet sich in den Vorreiterwissenschaften ein erklärungsfähiges neues Paradigma bereits ab – wie wir nun sehen werden.

1.

Die seltsame Welt der Quantenphysik

Die jüngsten Entdeckungen der neuen Physik sagen uns, daß die ultrakleinen Domänen der Realität ein verbundenes Ganzes bilden – und sie deuten ein neues Paradigma an, nach welchem die seltsame „Verschränkung“ von Mikroteilchen in diesen Domänen auf ein grundlegendes Feld im Herzen der physikalischen Realität zurückzuführen ist.

Wir beginnen unsere Erforschung der fabulösen Welt der neuen Wissenschaften in der Welt der Quantenphysik, der Physik der ultrakleinen Dimension des Universums.

Die Welt des Quantums ist aus zwei Gründen fabulös: zum einen, weil sie sich von der vertrauten Welt der klassischen Mechanik unterscheidet, die seit mehr als dreihundert Jahren das vorherrschende Paradigma der Physik ist, und zum anderen, weil sie wahrhaft seltsam ist – voller rätselhafter Beobachtungen und unbeantworteter Fragen.

Ein Spaziergang durch die seltsame Welt des Quantums

Der wichtigste Meilenstein: Das verschränkte Teilchen

Mikroteilchen, die kleinsten bekannten Einheiten im physikalischen Universum, bestehen aus Energie, aber nicht aus einem kontinuierlichen Energiefluß: Sie treten stets in einzelnen Paketen auf, die man als Quanten bezeichnet. Obwohl sie „materieähnliche“ Eigenschaften wie Masse, Gravitation und Massenträgheit haben, sind diese Energiepakete nicht materiell. Sie scheinen Objekte zu sein, sind aber keine normalen Objekte im herkömmlichen Sinn. Sie sind äußerst merkwürdig:

- In ihrem unberührten Zustand sind Quanten nicht nur an einem Ort zu einer Zeit: Jedes einzelne Quantum ist gleichzeitig „hier“ wie auch „dort“ – und in gewissem Sinne ist es überall im Universum.
- Bis sie beobachtet oder gemessen werden, haben Quanten keine fest umrissenen Eigenschaften, sondern existieren zu einem Zeitpunkt in mehreren Zuständen gleichzeitig. Diese Zustände sind nicht „real“, sondern „potentiell“ – es sind die Zustände, die ein Quantum annehmen kann, wenn es beobachtet oder gemessen wird. (Es ist so, als ob der Beobachter oder das Meßinstrument die Quanten aus einem Meer von Möglichkeiten herausfischen würde. Erst wenn das Quantum aus diesem Meer herausgezogen wird, wird es zu einem realen Tier – wobei wir jedoch im voraus nie wissen können, zu genau welchem der verschiedenen Tiere, zu denen es werden kann, es dann tatsächlich wird. Es scheint seinen realen Zustand eigenständig zu wählen.)
- Auch wenn das Quantum sich in einer realen Reihe von Zuständen befindet, erlaubt es uns nicht, alle Merkmale seiner Zustände zur selben Zeit zu beobachten und zu messen: Wenn wir einen seiner Zustände messen (seine Position oder Energie), wird ein anderer Zustand unscharf (seine Bewegungsgeschwindigkeit oder die Zeit seiner Beobachtung).
- Quanten sind äußerst gesellig: Waren sie einmal in einem identischen Zustand, bleiben sie miteinander verbunden, egal, wie weit sie sich voneinander entfernen. Wird eines der zuvor verbundenen Quanten einer Interaktion unterworfen (das heißt, wenn es beobachtet oder gemessen wird), dann wählt es seine Zustände selbst – und sein Zwilling paßt seine Zustände der Wahl des ersten Zwillings an. (Quanten wählen niemals die gleichen, sondern stets komplementäre Zustände.)

▷ Innerhalb eines zusammenhängenden Systems (wie es beispielsweise durch den Gesamtaufbau eines Experiments entsteht) legen Quanten ebenso gesellige Verhaltensweisen an den Tag. Wenn wir eines der Quanten messen, werden die anderen ebenfalls „real“ (das heißt, einem gewöhnlichen Objekt ähnlich). Noch bemerkenswerter ist, daß beim Aufbau einer experimentellen Situation, in der ein bestimmtes Quantum gemessen werden kann, alle anderen Quanten selbst dann „real“ werden, wenn das Experiment *nicht* durchgeführt wird...

Wenn wir ein tiefgehenderes Verständnis für die seltsame Welt des Quantums gewinnen wollen, dann sollten wir sie jener Welt gegenüberstellen, welche die Physik hinter sich gelassen hat: der allgemein verständlichen Welt der klassischen Mechanik.

Abschied von der klassischen Physik

Im Gegensatz zur neuen Physik des Quantums baute die klassische Mechanik auf einem Erbzweig auf, der von den Griechen überliefert wurde. Hierbei handelt es sich um den atomistischen und nicht den holistischen Zweig, denn die Griechen erforschten beide. Die frühesten Naturphilosophen hatten eine holistische Vorstellung von der Realität – sie glaubten, daß die Welt unterhalb der Vielfalt aus Bildern und Tönen, die unser Auge und unser Ohr erreichen, kohärent und einheitlich ist. Atomisten wie Demokrit und Leukipp hingegen vertraten die Auffassung, daß alle Dinge im Universum aus Atomen bestehen, die die unteilbaren, unzerstörbaren und vollständig voneinander trennbaren Bausteine der Realität sind.

Die Theorie, daß die uns bekannte Welt aus Atomen besteht, die in vielfältigen Kombinationen alles formen, was es gibt, wurde zwar durch christliche Theologie und mittelalterliche Weltsicht überlagert, hatte aber dennoch länger als zweitausend Jahre Bestand. Sie kam zur Blüte, als Galilei das Verhalten materieller Körper anhand von Gesetzen erklärte, die aus einfachen und grundlegenden Experimenten abgeleitet waren. Er ließ zum Beispiel unterschiedlich schwere Objekte zu Boden fallen oder Bälle eine schräge Ebene hinabrollen. Durch die Beobachtung der Geschwindigkeit und Flugbahn von fallenden Körpern und der Beschleunigung von Bällen entlang einer Ebene stellte Galilei das Gesetz der Schwerkraft auf, das Newton, durch seine anderen Gesetze der Bewegung vervollständigt, zu einem universellen Gesetz machte. Daher überrascht es nicht, daß klassische Wissenschaftler die Welt als gigantischen Mechanismus betrachteten. Dieser Mechanismus bestand aus Atomen, in sich unteilbare, aber ansonsten voneinander trennbare materielle Elemente.

Die atomistisch-mechanistische Welt der klassischen Physik stand im Gegensatz zur Welt des Lebendigen, denn die physikalische Welt erscheint seelenlos und leblos, während die Welt des Lebendigen offensichtlich erfüllt ist mit Leben, Absicht und auch Geist. Galileis Philosophie zufolge gibt es also zwei Arten von „Welten“: die Welt der „primären Qualitäten“ (Qualitäten, die präzise gemessen werden können, das heißt Größe, Form, Menge und Bewegung) und die Welt der sekundären Qualitäten (Qualitäten, die nicht gemessen werden können, wie weiß oder rot, bitter oder süß). Dies führte dazu, daß sich Unterschiede herausbildeten zwischen der „Naturphilosophie“ – die sich mit den primären Qualitäten befaßte und das Feld der empirischen Wissenschaften als Ganzes einbezog – und der „Moralphilosophie“, deren Forschungsziel die sekundären Qualitäten waren und die sich in der Folge zu den Humanwissenschaften entwickelte.

Ihren bemerkenswertesten Ausdruck fand die Naturphilosophie in Newtons *Philosophiae Naturalis Principia Mathematica* („Mathematische Prinzipien der Naturlehre“), die 1687 veröffentlich wurden. Dieses Werk zeigte mit geometrischer Präzision, daß materielle Körper auf der Erde sich in Übereinstimmung mit mathematisch ausdrückbaren Regeln bewegen, während die Planeten im Himmel sich gemäß Keplers Gesetzen drehen. Die Bewegung aller Dinge wird streng durch die Bedingungen festgelegt, unter denen sie in Gang gesetzt wurde. So wird die Bewegung eines Pendels durch seine Länge und seinen ursprünglichen Ausschlag bestimmt, während die Bewegung eines Geschosses von seinem Abschußwinkel und seiner Beschleunigung abhängt. Mit mathematischer Sicherheit berechnete Newton die Position der Planeten, die Bewegung von Pendeln, die

Bahn von Geschossen und die Bewegung der „Massenpunkte“ voraus, die in seiner Physiklehre zum Äquivalent von Demokrits Atomen als die ultimativen Bausteine des beobachteten Universums wurden.

Am Ende des 19. Jahrhunderts geriet die atomistisch-mechanistische Welt von Galilei, Kepler und Newton in Schwierigkeiten. Zwar hatte John Dalton zu Beginn jenes Jahrhunderts die atomistische Theorie Demokrits, daß alle Gase aus kleinen und unteilbaren Einheiten bestehen, die als Atome bezeichnet werden, neu entdeckt. Ihr Triumph war jedoch nur von kurzer Dauer. Innerhalb von fünfzig Jahren nach der Veröffentlichung von Daltons Theorie fanden Experimentatoren heraus, daß Atome nicht unteilbar sind, sondern aus noch kleineren Teilchen bestehen. Nicht einmal diese Teilchen konnten die ultimativen „Atome“ sein, von denen die Griechen gesprochen hatten, denn wenn sie eine endliche Ausdehnung im Raum haben, dann müssen sie weiter teilbar sein. Als experimentelle Geräte mit ausreichender Leistungsfähigkeit zur Verfügung standen, stellte sich in der Tat heraus, daß nicht nur Atome, sondern auch deren Kerne spaltbar sind.

Mit der Spaltung des Atoms im späten 19. Jahrhundert und des Atomkerns im frühen 20. Jahrhundert war mehr als nur eine physikalische Einheit zerbrochen. Das gesamte Gebäude der klassischen Naturwissenschaft war erschüttert worden. Die Experimente des frühen 20. Jahrhunderts zerstörten die weit verbreitete Ansicht, daß die gesamte Realität aus einigen ultimativen Bausteinen besteht, die selbst nicht weiter teilbar sind. Die Physiker konnten jedoch kein vergleichbar aussagekräftiges Konzept an ihre Stelle setzen. Schon allein die Vorstellung von „Materie“ wurde zum Problem. Die subatomaren Partikel, die auftauchten, wenn Atome und Atomkerne gespalten wurden, verhielten sich nicht wie herkömmliche feste Körper: Sie waren auf eine rätselhafte Weise miteinander verbunden, die als „Nicht-Lokalität“ bezeichnet wurde, und sie legten eine duale Natur an den Tag, die sowohl wellen- als auch teilchenähnliche Eigenschaften aufwies. Die Wissenschaftler im aufkeimenden Feld der Quantenphysik sahen sich einer Welt gegenüber, in der die physikalische Realität seltsamer wurde, als man es jemals erwartet hätte.

Der Aufstieg der seltsamen Welt des Quantums

Die Quantenrevolution in den 20er Jahren des letzten Jahrhunderts war noch radikaler als die Relativitätsrevolution zur Jahrhundertwende. Einsteins Physik schaffte Zeit und Raum als Kulisse für die deterministische Bewegung der Massenpunkte ab, behielt jedoch die unzweideutige Beschreibung der grundlegenden Einheiten des physikalischen Universums bei. Die Quantentheorie ihrerseits schaffte die unzweideutigen Wege der Bewegung ab (Teilchen schienen sich nicht länger nur auf eine bestimmte Weise zu bewegen, sondern auf eine Weise, die eine Wahl zwischen alternativen Bewegungen zuließ) und führte die Unbestimmtheit in die eigentlichen Grundlagen der Realität ein (das heißt, eine Ebene der Freiheit – oder des Zufalls – bei der Festlegung, welchem Weg ein Teilchen denn nun tatsächlich folgt). Heisenberg spricht vom Irrtum der „philosophischen Doktrin Demokrits". Er sagt, daß die Welt als mathematische und nicht als materielle Struktur gebaut ist; es hat allerdings keinen Sinn zu fragen, worauf, von sich selbst abgesehen, die Mathematik der Physiker sich denn beziehen würde. Die deterministische, allgemeingültige Welt der klassischen Mechanik verschwamm und wurde durch eine seltsame Welt ersetzt, die Nils Bohr und andere Quantenphysiker nicht in allgemeingültigen Begriffen interpretieren wollten.

Die Quanten aus Licht und Energie, die in technisch immer ausgereifteren Experimenten in Erscheinung traten, weigerten sich, sich wie winzige Entsprechungen vertrauter Objekte zu benehmen. Ihr Verhalten wurde zunehmend merkwürdiger. Obwohl Einstein für seine Arbeit am photoelektrischen Effekt (bei dem Ströme von Lichtquanten auf angestrahlten Platten erzeugt werden) den Nobelpreis erhielt, vermutete er niemals, wie seltsam die Quantenwelt wirklich war, und er war auch nie bereit, dies zu akzeptieren. Forscher, die das Verhalten dieser Pakete aus Licht und Energie erforschten, fanden jedoch heraus, daß diese solange keine spezifische Position haben und auch keinen eindeutigen Zustand einnehmen, solange sie nicht durch ein Nachweisinstrument oder eine andere Art der Beobachtung erfaßt werden. Die ultimativen Einheiten physikalischer Realität scheinen keinen eindeutig bestimmbaren Standort zu haben, und sie scheinen in einem merkwürdigen Zustand zu existieren, der aus der gleichzeitigen „Überlagerung" mehrerer gewöhnlicher Zustände besteht.

Was Kraft, Position und Bewegung angeht, so konnten Newtons Massenpunkte und Demokrits Atome unzweideutig definiert werden. Beim Zustand des Teilchens ist das nicht möglich. Seine Beschreibung ist komplex und in sich mehrdeutig. Es existiert in mehreren Zuständen gleichzeitig. (Dies wird durch die „Wellenfunktion" des Teilchens ausgedrückt – die mathematische Beschreibung, die seinen bizarren Raum-Zeit-Zustand zu seinem Wellenzustand in Beziehung setzt.) Ein Quantum aus Licht oder Energie (und anschließend auch aus Kraft) nimmt alle diese Zustände zur selben Zeit ein – aber nur potentiell. Bis es von jemandem beobachtet oder durch ein Instrument erfaßt wird, ist es im Hinblick auf die Wahl zwischen diesen Zuständen unbestimmt. Sobald es jedoch beobachtet wird, löst sich seine merkwürdige Fähigkeit, mehrere Zustände gleichzeitig einzunehmen, auf, und es kann zu einem bestimmten Zeitpunkt nur einen einzigen Zustand einnehmen. Dann, so sagen die Physiker, bricht seine überlagerte Wellenfunktion zusammen. Es hat nur noch die Wellenfunktion eines Objekts in einem einzigen, genau bestimmten Zustand.

Teilchen zeigen außerdem eine Eigenschaft, die Bohr als „Komplementarität" bezeichnete. Abhängig davon, wie sie beobachtet oder gemessen werden, sind sie entweder teilchen- oder wellenförmig. Ihre Zustände können jedoch nicht alle zur selben Zeit gemessen werden. Wenn man zum Beispiel die Position eines Teilchens mißt, dann wird seine Bewegungsenergie (das Produkt seiner Masse und seiner Geschwindigkeit) undeutlich; mißt man seine Bewegungsenergie, wird seine Position unscharf. Dies ist als Heisenbergs „Unschärferelation" bekannt.

Welche Bedeutung die Merkwürdigkeit des Quantums für unsere Kenntnis der physikalischen Realität hat, darüber wurde mehr als siebzig Jahre lang debattiert. Die physikalischen Gründe für Komplementarität und Unschärfe blieben jedoch ein Rätsel. Laut Bohr ist schon allein die Frage danach, was ein Teilchen „in sich selbst" ist, sinnlos und sollte daher nicht gestellt werden. Um Eugene Wigners aufschlußreiche Formulierung zu verwenden: Die Quantenphysik befaßt sich mit *Beobachtungen*, nicht mit *Beobachtbarem*.

Einstein, der eine grundlegende Rolle des Zufalls in der Natur ablehnte, war mit diesem Zustand der Dinge alles andere als glücklich. (Er soll gesagt haben: „Gott spielt keine Würfelspiele.") Er deutete an, daß im beobachtenden und theoretischen Arsenal der Quantenmechanik etwas fehle; die Theorie sei in einigen wichtigen Punkten unvollständig. Die meisten Physiker akzeptierten jedoch die Unbestimmtheit des Quantums und das Verbot Bohrs, danach zu fragen, was es in sich selbst sein könnte. Sie begnügten sich mit den Gleichungen, mit deren Hilfe sie das seltsame Verhalten des Quantums erfassen konnten – auch wenn aus der wahren Bedeutung der Gleichungen niemand klug werden konnte.

Die Merkwürdigkeit des Teilchens wird durch die Art und Weise, in der seine möglichen Zustände sich in einen tatsächlichen Zustand auflösen, noch weiter verschärft. Wir haben gesehen, daß der unberührte Zustand des Quantums einem überlagerten Zustand entspricht, in dem das Quantum weder einen eindeutigen Standort noch einen vollständigen Satz meßbarer Eigenschaften besitzt. Wenn es aber beobachtet oder gemessen wird, dann bricht die Wellenfunktion des Quantums zusammen: Sein überlagerter Zustand verändert sich zu einem klassischen Zustand mit eindeutigem Standort und voller Meßbarkeit. Das ist auch deshalb verwirrend, weil es keine physikalischen Gesetze gibt, die vorausberechnen könnten, genau welchen der möglichen Zustände das Teilchen annehmen wird. Während der Zusammenbruch des überlagerten Zustandes in den klassischen Zustand insgesamt den statistischen Regeln der Wahrscheinlichkeit entspricht, gibt es keine Möglichkeit einer Vorhersage, wie das Quantum sich in einem bestimmten Augenblick genau entfalten wird. Individuelle Auflösungen aus dem multiplen Zustand sind indeterministische „Quantensprünge", die keinem der Physik bekannten Gesetz gehorchen.

Einige der neueren Fabeln über das Quantum

Das merkwürdige Verhalten des Quantums war Auslöser für einige der absonderlichsten Fabeln in der Geschichte der Wissenschaft. Eine häufig zitierte Fabel wurde 1957 von Hugh Everett vorgebracht (sie diente als Vorlage für den im Jahr 2000 erschienenen Roman von Michael Crichton mit dem Titel *Timeline: Eine Reise in die Mitte der Zeit*). Die von Everett aufgestellte „Hypothese der parallelen Universen" geht davon aus, daß die Unbestimmtheit beim Zusammenbruch der Wellenfunktion keine tatsächlichen Zustände in der realen Welt widerspiegelt, sondern daß jeder Zustand, den das Quantum annimmt, in sich selbst deterministisch ist: Er entspricht einer eigenen Welt. Wenn ein Quantum gemessen wird, dann bestehen viele Möglichkeiten, und jede von ihnen ist mit einem Beobachter oder einer Meßvorrichtung verbunden. Wir nehmen nur eine dieser Möglichkeiten in einem scheinbar zufälligen Auswahlprozeß wahr. Aber vielleicht ist die Auswahl nicht zufällig, denn sie ist nicht real. Jedesmal, wenn es gemessen oder beobachtet wird, werden *alle* möglichen Zustände des Quantums erkannt. In derselben Welt können nicht alle möglichen Zustände erkannt werden, denn in dieser Welt sind die Dinge entweder so oder anders, aber nicht sowohl als auch. Daher werden die möglichen Zustände des Quantums in getrennten Universen erkannt!

Nehmen wir an, daß ein Quantum wie das Elektron, wenn es gemessen wird, sich mit einer Wahrscheinlichkeit von jeweils fünfzig Prozent entweder nach oben oder nach unten bewegt. Dann haben wir nicht nur ein Universum, in dem das Quantum sich mit einer Wahrscheinlichkeit von 50:50 entweder nach oben oder nach unten bewegt, sondern wir haben zwei parallele Universen. In einem dieser Universen bewegt das Elektron sich tatsächlich nach oben, und in dem anderen bewegt es sich nach unten. Außerdem haben wir in jedem dieser beiden Universen einen Beobachter oder ein Meßinstrument. Beide Möglichkeiten hinsichtlich seiner Zustände existieren in beiden Universen gleichzeitig, und genauso verhält es sich auch mit den beiden Beobachtern oder Meßinstrumenten.

Natürlich gibt es nicht nur zwei, sondern eine unermeßlich große Zahl möglicher Zustände, die ein Teilchen oder Teilchensystem annehmen kann, wenn sein multipler „überlagerter" Zustand sich in einen eindeutigen Zustand auflöst. Daraus folgt, daß es eine unermeßlich große Zahl von Universen geben muß – möglicherweise in einer Größenordnung von 10^{100} – alle mit Beobachtern und Meßinstrumenten. Da wir uns mit Ausnahme des Universums, das wir beobachten, keines anderen Universums bewußt sind, sind diese Universen vollkommen voneinander getrennt.

Eine andere „Fabel" behauptet, daß die Auswahl des klassischen Zustandes des Quantums nicht zufällig geschieht, sondern durch verborgene physikalische Prozesse im selben Universum gesteuert wird. Diese Behauptung stellte David Bohm in seiner „Theorie der verborgenen Variablen" auf. Diese Theorie besagt, daß eine Pilotwelle, die als Quantenpotential „Q" bezeichnet wird, aus einer tieferen, nicht beobachtbaren Dimension der Realität auftaucht und das Verhalten der Teilchen steuert. Das Verhalten der Teilchen erscheint nur an der Oberfläche merkwürdig und unbestimmt: Auf der tieferen Ebene sind die Quanten miteinander verbunden und werden durch das Quantenpotential gesteuert. Der Zustand des Quantums ist in Wahrheit ein klassischer deterministischer Zustand, der durch eine klassische, aber in sich selbst nicht zu beobachtende physikalische Variable gesteuert wird.

Warum der multiple Zustand des Quantums sich in einen eindeutigen Zustand auflöst, darüber gibt es noch andere Fabeln. Eugene Wigner und einige andere waren davon überzeugt, daß dieser „Zusammenbruch der Wellenfunktion" auf eine Wechselwirkung zwischen dem Bewußtsein des Beobachters und dem Zustand des Teilchens zurückzuführen ist. Wenn ein bewußter Beobachter ein Teilchen wahrnimmt, dann interagiert sein Bewußtsein mit diesem Teilchen – und dadurch wird es aus dem Meer der unbestimmten Möglichkeiten „herausgefischt". Einstein lehnte diese Vorstellung ab: Er könne nicht akzeptieren, sagte er, daß die Welt dadurch verändert wird, daß ein Wesen, wie zum Beispiel eine Maus, sie anschaut!

Es könnte aber auch sein, daß das Instrument, mit dem die Beobachtung erfolgt, für den „Quantensprung" verantwortlich ist, da das Instrument eine kleine Menge an Energie abgibt – es liefert einen winzigen, aber entscheidenden „Anstoß“ für die Bewegungsenergie. Dadurch könnte die Wellenfunktion zusammenbrechen – und den überlagerten, multiplen Zustand des Teilchens in den klassischen Einzelzustand verwandeln. Heisenberg entschied sich mal für die eine, mal für die andere dieser Möglichkeiten.

Welche Alternativen gibt es zu solchen Spekulationen? Sie sind entweder „bessere Fabeln“, weniger spekulativ und mit einer größeren Erklärungskraft, oder sie begnügen sich mit der Beobachtung, daß das Verhalten von Teilchen seltsam und weit davon entfernt ist, Hand und Fuß zu haben. Bis in die 80er Jahre des letzten Jahrhunderts mußte man die Merkwürdigkeit des Quantums akzeptieren. Wenn die Physiker sich nicht in spekulativen Theorien ergehen wollten, dann mußten sie sich mit dem reibungslosen Funktionieren der Gleichungen zufriedengeben, mit deren Hilfe ihre Theorie die Beobachtungen berechnete und Vorhersagen traf. Erklärungen im Hinblick darauf, was Teilchen „in sich selbst“ sind und wie sie mit dem Beobachter interagieren, mußten sich mit dem Prinzip der Unbestimmtheit und dem Effekt von Beobachter und Interaktion begnügen.

In den letzten beiden Jahrzehnten des 20. Jahrhunderts wurde das Bild jedoch langsam klarer. Überraschenderweise begann eine holistische Sicht der Quantenwelt Gestalt anzunehmen – eine Sicht, die nach wie vor seltsam, aber doch realistischer ist als jene, die ihr vorausging. Experimente, die ursprünglich dazu dienen sollten, die komplementäre Teilchen-/Wellennatur von Quanten zu erforschen, haben wesentlich zu ihrer Entstehung beitragen.

Die berühmten Experimente mit dem Quantum

Ein Experiment, das Thomas Young zu Beginn des 19. Jahrhunderts durchführte, brachte zum ersten Mal die Teilchen-/Wellendualität des Quantums ans Licht. Young lenkte kohärentes Licht durch zwei Schlitze in einer Platte. (Er erzeugte kohärentes Licht, indem er Sonnenlicht durch ein Nadelloch lenkte; heute werden zu diesem Zweck Laser eingesetzt.) Hinter der Platte stellte er einen Schirm auf, auf den das durch die Schlitze dringende Licht fallen konnte. Er stellte fest (wie Generationen von Physikstudenten nach ihm), daß auf dem Schirm ein Welleninterferenzmuster erscheint. (Der gleiche Effekt kann auf dem Boden eines Schwimmbeckens beobachtet werden, wenn man durch zwei Tropfen oder Steinchen die sonnenbeschienene und ansonsten glatte Oberfläche des Wassers stört. Die Wellen, die sich von jedem Störungspunkt aus ausbreiten, treffen und überlagern sich: Wo der Kamm der einen den Kamm der anderen Welle trifft, verstärken sie sich gegenseitig und erscheinen hell. Wo Wellenkamm auf Wellental trifft, heben sie sich auf und erscheinen dunkel.) Die allgemein akzeptierte Erklärung hierfür ist, daß Lichtquanten die Eigenschaft von Wellen haben: Sie gehen durch beide Schlitze hindurch. Dies wird jedoch dann problematisch, wenn die Lichtquelle so schwach ist, daß zu einer Zeit immer nur ein Photon emittiert wird. Ein einzelnes Photon wird in Teilchenform emittiert, und als solches kann es offensichtlich durch nur einen der Schlitze hindurchgehen. Wenn einzelne Photonen aber hintereinander emittiert werden, dann entsteht auf dem Schirm ein Welleninterferenzmuster, so als wären sie durch beide Schlitze gleichzeitig hindurchgegangen.

Ein anderes, von John Wheeler entwickeltes Experiment offenbart den gleichen dualen Effekt. Auch hier werden Photonen einzeln emittiert. Von der emittierenden Quelle aus lenkt man sie zu einem „Detektor“ (ein lichtempfindliches Meßinstrument), der klickt, wenn er von einem Photon getroffen wird. Entlang der Bahn des Photons wird ein halbversilberter Spiegel angebracht, der den Strahl spaltet. Das bedeutet, daß im Durchschnitt eines von zwei Photonen durch den Spiegel hindurchgeht und eines von zweien von ihm abgelenkt wird. Zur Überprüfung werden Photonenzähler sowohl hinter dem halbversilberten Spiegel als auch in rechtem Winkel zu ihm angebracht. Hier gibt es kein Problem: Die beiden Zähler registrieren eine ungefähr gleich große Zahl an Photonen. Eine kuriose Sache geschieht jedoch, wenn ein zweiter halbversilberter Spiegel auf der Bahn der Photonen angebracht wird, die nicht durch den ersten Spiegel abgelenkt wurden. Man sollte erwarten, daß immer noch eine gleich große Anzahl von Photonen die beiden Zähler erreicht: Sie hätten lediglich ihren Bestimmungsort getauscht. Dies ist aber nicht der Fall. Einer der beiden Zähler registriert alle Photonen – beim anderen Zähler kommen gar keine an.

Es scheint, daß die Form der Welleninterferenz, die im Doppelspalt-Experiment beobachtet wurde, auch im Strahlaufspalt-Experiment auftritt. Oberhalb des einen Spiegels ist die Interferenz destruktiv (die Phasendifferenz zwischen den Photonen beträgt einhundertachtzig Grad), so daß die Photonen, die sich wie Wellen verhalten, sich aufheben. Unterhalb des anderen Spiegels ist die Interferenz konstruktiv (da die Wellenphase der Photonen dieselbe ist), und folglich verstärken die Photonenwellen sich gegenseitig.

Photonen, die sich überlagern, wenn sie nur wenige Augenblicke zuvor im Labor emittiert wurden, überlagern sich auch dann, wenn sie in der Natur in beträchtlichem zeitlichem Abstand voneinander ausgesandt werden. Die „kosmologische“ Version des Strahlaufspalt-Experiments legt Zeugnis hierfür ab. In diesem Experiment werden die Photonen nicht von einer künstlichen Lichtquelle ausgesandt, sondern von einem weit entfernten Stern. In einem Fall wurden die Photonen des Lichtstrahls untersucht, den der Doppel-Quasar mit der Bezeichnung 0957+516A,B emittiert. Dieses weit entfernte, quasi-stellare Objekt scheint aus zwei Objekten zu bestehen, ist tatsächlich aber nur ein einziges Objekt. Sein doppeltes Bild ist auf die Ablenkung seines Lichts durch eine dazwischen liegende

Galaxie zurückzuführen, die sich in einer Entfernung von ungefähr einem Viertel der Distanz zur Erde befindet. (Der Relativitätstheorie zufolge krümmt das Vorhandensein von Masse die Raumzeit und somit auch die Bahn der Lichtstrahlen, die sich in ihr fortpflanzen.) Ein Lichtstrahl, der die gekrümmte Bahn nimmt, benötigt für seine Reise mehr Zeit als ein Lichtstrahl, der den direkten Weg nimmt. In diesem Fall bedeutet die zusätzliche Entfernung, die das durch die Galaxie abgelenkte Licht zurücklegt, daß die Photonen, aus denen der Strahl besteht, fünfzigtausend Jahre länger unterwegs waren als diejenigen, die den direkteren Weg genommen haben. Aber ungeachtet der Tatsache, daß ihr Ursprung viele Milliarden Jahre zurückliegt und sie in einem zeitlichen Abstand von fünfzigtausend Jahren ankommen, überlagern die Photonen der beiden Lichtstrahlen sich so, als wären sie in einem zeitlichen Abstand von nur wenigen Sekunden im Labor emittiert worden.

Wiederholbare und in der Tat auch häufig wiederholte Experimente zeigen, daß Teilchen, die aus derselben Quelle kommen, sich gegenseitig überlagern, unabhängig davon, ob sie im Abstand von nur wenigen Sekunden im Labor oder im Abstand von vielen tausend Jahren im Universum emittiert wurden. Ist ein Photon oder ein Elektron ein Teilchen, wenn es emittiert wird, und eine Welle, wenn es sich mit anderen Photonen oder Elektronen überlagert? Und warum besteht diese Teilchenwelle über kosmologische Entfernungen hinweg fast unendlich fort?

Neuere Versionen des Doppelspalt-Experiments lassen diese Fragen in einem neuen Licht erscheinen. Die Experimente sollten eine einfachere Frage beantworten: Geht das Teilchen wirklich durch beide oder nur durch einen der Schlitze hindurch? Und falls nur durch einen Schlitz, durch welchen? Das Experiment besteht aus einem Apparat, der jedem Teilchen Zugang zu nur einem der beiden Schlitze erlaubt. Es sollte herausfinden, ob eine Reihe von Lichtpunkten oder ein Welleninterferenzmuster entsteht, wenn ein Teilchenstrom – in diesem Fall Photonen – emittiert und mit den beiden Schlitzen konfrontiert wird.

Es stellt sich heraus, daß das Ergebnis vom Wegdetektor selbst abhängt. Er stört die Photonen und läßt ihre Wellenfunktion zusammenbrechen. Die Welleninterferenzstreifen nehmen ab und können sogar gänzlich verschwinden. Dies läßt sich genau einstellen. Je höher die Leistung des Detektors, um so mehr Welleninterferenzstreifen verschwinden. Diese Tatsache wurde durch ein Experiment bestätigt, das Mordehai Heiblum, Eyal Buks und ihre Kollegen am Weizmann-Institut in Israel durchführten. Zu ihrer hochmodernen Technologie gehörte eine weniger als einen Mikrometer große Vorrichtung, die einen Strom von Elektronen über eine Barriere hinweg erzeugt, die sich auf einem von zwei Wegen befindet. Die Wege fokussieren die Elektronenströme und ermöglichen es den Forschern, den Grad der Interferenz zwischen den Strömen zu messen. Wie erwartet, verschwinden die Interferenzstreifen, wenn der Detektor für beide Wege eingeschaltet ist. Je höher jedoch die Empfindlichkeit, auf die der Detektor eingestellt wird, um so geringer die Interferenz. Es scheint, daß nun ein physikalischer Faktor ins Spiel kommt: die Verbindung des Meßapparates mit der Lichtquelle.

Diese Verbindung ist enger, als man erwarten würde: In einigen Experimenten verschwinden die Interferenzstreifen, sobald der Detektor vorbereitet wird – auch wenn der Apparat gar nicht eingeschaltet ist! Dies wurde durch Leonard Mandels Experiment der optischen Interferenz aus dem Jahr 1991 bestätigt. In Mandels Experiment werden zwei Strahlen aus Laserlicht erzeugt, denen man erlaubt, sich zu überlagern. Wenn ein Detektor zugegen ist, der es ermöglicht, den Weg des Lichts zu bestimmen, verschwinden die Interferenzstreifen. Aber seltsamerweise verschwinden die Streifen ganz unabhängig davon, ob die Bestimmung auch tatsächlich erfolgt. Schon allein die Möglichkeit einer sogenannten „Welcher-Weg-Entdeckung“ zerstört den kuriosen überlagerten Zustand der Photonen! Sie werden zu gewöhnlichen, klassischen Teilchen, obwohl niemand sie beobachtet hat und sie auch nicht tatsächlich gemessen wurden…

Dieses unerwartete Ergebnis wurde im Herbst 1998 bestätigt, als die Physiker Dürr, Nunn und Rempe von der Universität Konstanz über ein Experiment berichteten, bei dem Interferenzstreifen durch die Diffraktion (Beugung) eines Strahls kalter Atome mittels stehender Lichtwellen erzeugt werden. Wenn kein Versuch unternommen wird, den Weg der Atome aufzuspüren, zeigt das Interferometer Streifen mit hohem Kontrast. Wenn die Information, welchen Weg die Atome nehmen, aber in internen Zuständen der Atome verschlüsselt ist, dann verschwinden die Streifen. Um das Verschwinden des Interferenzmusters zu erzeugen, muß die Markierung der Wege nicht ausgelesen werden; es reicht aus, daß die Atome markiert sind, damit diese Information ausgelesen werden kann. (Auf jeden Fall konnte das Auslesen der Information nicht den Anstoß für die Bewegungsenergie liefern, der für den Zusammenbruch der Wellenfunktion notwendig war: Der Rückaktionsweg des Detektors ist dafür zu klein – ungefähr vier Größenordnungen kleiner als die Trennung der Wellenstreifen.)

Gibt es eine Erklärung für diese seltsame Feststellung? Es gibt sie, aber sie ist nicht allgemeingültig. Sobald man eine „Richtungsinformation" in einem Strahl von Atomen verschlüsselt, scheint diese Information die Bewegungsenergie des Atoms in Korrelation zu seinem internen elektronischen Zustand zu setzen. Wenn also jeder der Wege, den die Atome nehmen können, mit einer elektronischen Markierung versehen wird, dann wird die komplette Wellenfunktion des einen Weges rechtwinklig zum anderen Weg. Ströme von Atomen oder Photonen, deren Wellenfunktionen sich in rechtem Winkel zueinander befinden, können sich aber nicht überlagern.

Diese Experimente können unabhängig davon durchgeführt werden, ob jemand dabei zuschaut oder nicht. Sie räumen mit der Vorstellung auf, daß ein bewußter Beobachter nötig ist, um die Wellenfunktion zusammenbrechen zu lassen. Sie räumen auch mit der Theorie auf, daß eine tatsächliche Interaktion die notwendige Voraussetzung für den Zusammenbruch ist – er geschieht auch in ihrer Abwesenheit. Wenn dies aber so ist, worauf genau ist der Zusammenbruch dann zurückzuführen? Könnte er auf eine interne und unmittelbare Verbindung zwischen den Teilchen und der experimentellen Ausrüstung zurückzuführen sein? Wenn ja, so würde dies der Verbindung entsprechen, die durch das berühmte „EPR"-Experiment aufgedeckt wurde. Dieses Experiment zeigt, daß Teilchen, die zu einer Zeit dasselbe Koordinatensystem miteinander geteilt haben, nicht-lokal sind und es auch bleiben – sie befinden sich dauerhaft in einem Eigenzustand der Korrelation.

Das „EPR"-Experiment

Das EPR-„Gedankenexperiment" (so genannt, weil es zur damaligen Zeit keine Möglichkeit einer empirischen Überprüfung gab) wurde im Jahr 1935 von Albert Einstein und seinen Kollegen Boris Podolski und Nathan Rosen vorgestellt. Bei diesem Experiment wird ein Proton oder ein anderes Teilchen in zwei Teile gespalten. Man erlaubt den beiden Hälften, sich zu trennen und eine bestimmte Entfernung zurückzulegen. Dann mißt man einen Aspekt des Quantenzustands einer der beiden Hälften (wie beispielsweise den Spin – eine mathematisch beschriebene Drehung des Teilchens) und einen anderen Aspekt des Zustands der anderen Hälfte. Da die Quantenzustände der Teilchen identisch sind, würde man beide Aspekte dieses Zustands zur selben Zeit kennen. Einstein glaubte, dadurch zeigen zu können, daß die seltsame Begrenzung, die in Heisenbergs Unschärferelation enthalten war, keine umfassende Beschreibung der physikalischen Realität darstellte.

Ein halbes Jahrhundert mußte vergehen, ehe experimentelle Geräte entwickelt werden konnten, die technisch so ausgereift waren, daß sie eine Überprüfung dieser Möglichkeit erlaubten. Es stellte sich heraus, daß das Messen beispielsweise einer Spin-Komponente von Teilchen A eine unmittelbare Auswirkung auf Teilchen B hat: Das Messen bewirkt, daß die Spin-Wellenfunktion von B in einen Zustand mit entgegengesetzter Spin-Komponente zusammenbricht (die zulässigen Spin-Zustände sind „auf" oder „ab" entlang der Achsen x, y, und z). Wenn an Teilchen A unterschiedliche Messungen vorgenommen werden, dann manifestiert Teilchen B unterschiedliche Zustände – der Effekt hängt ganz davon ab, was an Teilchen A gemessen wird. So offenbart die Messung an A nicht nur einen bereits bestehenden Zustand von B: Sie *erzeugt* in der Tat diesen Zustand.

Irgendwie „weiß" B, ob und wann A gemessen wird, zur Bestimmung welcher Parameter und mit welchen Ergebnissen, denn dementsprechend nimmt es seinen eigenen Zustand an. Eine nicht-lokale Verbindung scheint die Effekte unmittelbar von A auf B zu übertragen. Empirische Experimente, die in den 80er Jahren des letzten Jahrhunderts von Alan Aspect und seinen Mitarbeitern durchgeführt und im Jahr 1998 von Gisin und dessen Mitarbeitern wiederholt wurden, zeigen, daß diese Verbindung der Teilchen intrinsisch (immanent, innerlich) ist und nicht auf Signale zurückgeführt werden kann, die durch den Meßapparat übermittelt werden.

Spätere Experimente wurden mit einer größeren Zahl an Teilchen über immer größere Entfernungen hinweg (zur Zeit bis zu 41 Kilometern) durchgeführt, ohne daß sich an diesen überraschenden Ergebnissen etwas änderte. Es scheint, daß eine Trennung die Teilchen nicht voneinander entzweit – anderenfalls würde eine Messung an dem einen nicht eine Wirkung am anderen hervorrufen. Die Teilchen müssen ihren Ursprung nicht im selben Quantenzustand haben. Sie müssen nicht ursprünglich ein einziges System gebildet haben. Experimente zeigen, daß zwei beliebige Teilchen, ob Elektronen, Neutronen oder Photonen, ihren Ursprung an unterschiedlichen Punkten in Raum und Zeit haben können; es reicht völlig aus, daß sie innerhalb desselben Koordinatensystems aufeinander treffen. Daraufhin verhalten sie sich wie ein Teil desselben Quantensystems. Die Teilchen sind „nicht-lokal" – ihre Verbindungen sind nicht empfindlich für räumliche Entfernung oder zeitlichen Unterschied.

Als unmittelbare Korrelation zwischen Quantenzuständen ist die Nicht-Lokalität seit Jahrzehnten bekannt. Dieses Konzept ist auf Erwin Schrödinger zurückzuführen. In seiner Beurteilung des EPR-Experiments aus dem Jahr 1935 behauptete Schrödinger, daß Teilchen im unbeobachteten Quantenzustand keinen individuell definierten Zustand haben, sondern kollektive Zustände einnehmen – Zustände, in denen sie miteinander „verschränkt" sind. Der Zustand der kollektiven Überlagerung trifft auf zwei oder mehr Eigenschaften eines einzelnen Teilchens ebenso zu wie auf eine Reihe von Teilchen. Stets trägt nicht das einzelne Teilchen oder die einzelne Eigenschaft eines Teilchens die Information, sondern der Zustand des Ganzen, in das dieses Teilchen eingebettet ist. Es ist die überlagerte Wellenfunktion des ganzen Quantensystems, die den Zustand jedes beliebigen Teilchens innerhalb dieses Ganzen beschreibt.

Aus diesem Meer des Quantenrätsels tritt die bedeutsame Tatsache zutage, daß Teilchen keine wilden Tiere sind. Sie sind gesellige Wesenheiten, und unter bestimmten Voraussetzungen sind sie so gründlich miteinander verschränkt, daß sie augenblicklich aufeinander reagieren. Diese Verschränkung respektiert weder Zeit noch Raum: Sie funktioniert unabhängig davon, ob die Teilchen einander nahe oder weit voneinander entfernt sind und ob die Zeit, die sie voneinander trennt, in Sekunden oder in Jahrtausenden gemessen wird.

Könnte diese „Geselligkeit" der kleinsten bekannten Einheiten der physikalischen Welt auf ein elementares Feld zurückzuführen sein, das ihnen zugrunde liegt und sie miteinander verbindet? Könnte sie der Fußabdruck eines Urfeldes in der Natur sein?

2.

Die subtil kohärente Welt der post-darwinistischen Biologie

Die jüngsten Erkenntnisse in der Biologie – die verblüffende Feinabstimmung zwischen allen Teilen eines Organismus und auch zwischen Organismen und ihren jeweiligen Umgebungen – deuten darauf hin, daß hinter dem Funktionieren lebender Systeme mehr steckt als die bloße Interaktion von Genen und Molekülen: Es existiert auch ein Feld, das alle Teile innerhalb eines Organismus miteinander und den gesamten Organismus mit seiner Umgebung verbindet.

Wie wir gesehen haben, sind die winzigsten Bausteine der realen Welt wahrhaft merkwürdig, aber es ist offensichtlich, daß die Welt, die sie gemeinsam erschaffen, es nicht ist. Sie ist eine „klassische" Welt, in der die Dinge nur einen Zustand zu einer Zeit einnehmen und entweder hier oder dort, aber nicht an beiden Orten gleichzeitig sind. Von dieser Annahme geht man zumindest im allgemeinen aus, doch sie ist nicht mehr ganz zutreffend. Es zeigt sich, daß die lebende Welt in mancherlei Hinsicht fast genauso erstaunlich ist wie die Quantenwelt. Der laufenden Forschung in post-darwinistischer Biologie zufolge, zu der auch die neue Disziplin der Quantenbiologie gehört, sind nicht nur die Teile eines Organismus, sondern auch ganze Organismen und ihre Umgebungen beinahe in gleichem Maße „verschränkt" wie die Mikroteilchen, die ihren Ursprung im selben Quantenzustand haben.

Ein Spaziergang durch die fabulöse Welt post-darwinistischer Biologie

Der wichtigste Meilenstein: der kohärente Organismus

Der Organismus ist die grundlegende Einheit der lebenden Welt. Er besteht aus Zellen, die aus Molekülen bestehen, die aus Atomen bestehen, die aus Teilchen bestehen. Das Ganze, das sich aus diesen Teilen zusammensetzt, sollte eigentlich ein klassisches Objekt sein. Auf den lebenden Organismus trifft dies jedoch nicht zu. Er hat einige kuriose Eigenschaften:

- Der Organismus ist erstaunlich kohärent. Alle seine Teile stehen multidimensional, dynamisch und praktisch augenblicklich zu allen anderen Teilen in Korrelation. Was mit einer Zelle oder einem Organ geschieht, geschieht in irgendeiner Weise auch mit allen anderen Zellen und Organen – eine Korrelation, die an jene Form von „Verschränkung" erinnert (und in der Tat auf sie hindeutet), die charakteristisch für das Verhalten der Quanten in der ultrakleinen Dimension der Realität ist.
- Auch mit seiner Umgebung ist der Organismus kohärent. Was im äußeren Milieu des Organismus geschieht, spiegelt sich in gewisser Weise auch in seinem „inneren Milieu" wider. Dank dieser Kohärenz können Organismen sich in feiner Abstimmung zu ihrer Umgebung weiterentwickeln. Auch ein einfacher Organismus hat eine äußerst komplexe genetische Zusammensetzung, und seine „Tauglichkeit" für das Milieu ist in so hohem Maße empfindlich, daß eine Spezies ohne eine solche „Innen-Außen-Abstimmung" nicht auf die Herausforderung einer sich verändernden Umgebung reagieren könnte – zumindest nicht innerhalb der bekannten Zeitspanne der biologischen Evolution. Daß unsere Welt nicht allein von allereinfachsten Organismen wie Bakterien oder Blaugrünalgen bevölkert wird, ist in letzter Analyse

auf die Art von „Verschränkung" zurückzuführen, die zwischen Genen, Organismen und ihrer lebenserhaltenden Umgebung besteht.

Die unmittelbare Kohärenz des Organismus

Die Kohärenz des Organismus an sich ist nicht überraschend – überraschend sind lediglich Stufe und Form dieser Kohärenz. Es ist offensichtlich, daß die Teile und Organe lebender Organismen in präziser und doch flexibler Weise in Korrelation zueinander stehen müssen, um nicht den Zwängen der physikalischen Welt zu erliegen. Ohne diese ganzheitliche Kohärenz würde die Organisation des lebenden Zustandes bald durch physikalische Prozesse zum Erliegen kommen und sich dem trägen Zustand eines thermischen und chemischen Gleichgewichts annähern, in dem Leben, wie wir es kennen, unmöglich ist. Systeme, die sich in gleichgewichtsnahem Zustand befinden, sind größtenteils träge, unfähig der irreversiblen Prozesse (wie Stoffwechsel und Reproduktion), durch die ein Organismus sich in seiner Umgebung erhält. In thermodynamischem Gleichgewicht ist ein Organismus nur dann, wenn er tot ist – solange er lebt, ist er von dieser Form des Gleichgewichts weit entfernt: Er befindet sich in einem Zustand des *dynamischen* Gleichgewichts, in welchem er Energie und Informationen speichert und sie zur Verfügung hat, um seine Funktionen und Verhaltensweisen anzutreiben und zu steuern.

Ein dynamisches Gleichgewicht erfordert eine präzise, andauernde und beinahe augenblickliche Kohärenz zwischen allen Teilen und Organen des Organismus. Diese Stufe der Kohärenz ist insofern überraschend, als sie nicht durch eine mehr oder minder zufällige Verbindung zwischen den Teilen zu erreichen ist. Bloßes „Schütteln und Jonglieren" der Moleküle, aus denen der Organismus besteht, würde nicht ausreichen, um den Prozeß des Lebens in Gang zu halten. Diese Prozesse müssen durch langreichweitige, nahezu augenblickliche dynamische Korrelationen organisiert werden, die die Zufälligkeit durch ein stabiles und verläßliches Muster ersetzen.

In einem komplexen Organismus ist Ordnung eine gigantische Herausforderung. Der menschliche Körper besteht aus ungefähr 1.000.000 Milliarden Zellen, das sind mehr, als es Sterne in der Milchstraße gibt. Von dieser Population sterben täglich 600 Milliarden ab, und genauso viele erneuern sich – mehr als 10 Millionen Zellen pro Sekunde. Eine durchschnittliche Hautzelle lebt nur ungefähr zwei Wochen lang; Knochenzellen werden alle drei Monate erneuert. Alle 90 Sekunden werden durch Synthese Millionen von Antikörpern aufgebaut, jeder davon aus ungefähr 1.200 Aminosäuren; und in jeder Stunde werden 200 Millionen Erythrozyten erneuert. Von den Oak Ridge Laboratories durchgeführte Radioisotop-Analysen zeigen, daß im Laufe eines Jahres auch 98 Prozent der Atome, aus denen der Organismus besteht, ersetzt werden. Es gibt keine Substanz im Körper, die beständig wäre, obwohl Herz- und Gehirnzellen mehr Ausdauer haben als die meisten anderen. Und doch setzen die Substanzen, die zu einem bestimmten Zeitpunkt gemeinsam im Körper existieren, in jeder Sekunde viele tausend biochemische Reaktionen in Gang.

Die Art von dynamischer Ordnung, die den lebenden Organismus steuert, kann nicht durch Interaktionen entstehen, die auf der Kollision einzelner Moleküle beruhen. Einfache, aus Anstoß und Wirkung bestehende Beziehungen zwischen benachbarten Teilen (wie bei einer Billardkugel) müssen durch ein Netz sofortiger Kommunikation ergänzt werden, das alle Teile des lebenden Systems zueinander in Korrelation setzt, auch jene, die weit voneinander entfernt sind. Seltene Moleküle sind zum Beispiel nur selten benachbart, und doch finden sie sich gegenseitig im gesamten Organismus. Es stünde nicht genug Zeit zur Verfügung, um dies durch einen zufälligen Prozeß des Schüttelns und Mischens geschehen zu lassen; auch weit voneinander entfernte Moleküle müssen sich auf spezifische Weise gegenseitig lokalisieren und aufeinander reagieren können.

Die Biophysikerin Mae-Wan Ho stellte fest, daß der lebende Zustand dynamisch und fließend ist, seine unzähligen Aktivitäten selbstangeregt, selbstorganisierend und spontan. Von der mikroskopischen über die molekulare bis hin zur makroskopischen Ebene beziehen organische Prozesse alle Ebenen gleichzeitig ein. Im Organismus gibt es keine steuernden oder gesteuerten Teile oder Ebenen; seine Bausteine stehen in unmittelbarer und fortwährender Kommunikation.

Das führt dazu, daß Angleichungen, Reaktionen und Veränderungen, die für die Erhaltung des gesamten Organismus erforderlich sind, sich in alle Richtungen gleichzeitig fortpflanzen. Diese Art von unmittelbarer, netzwerkähnlicher Korrelation kann nicht durch ausschließlich physikalische oder chemische Interaktionen zwischen Molekülen, Zellen und Organen bewirkt werden. Eine gewisse biochemische Signalgebung – zum Beispiel von Kontrollgenen – mag zwar bemerkenswert effektiv sein, die Geschwindigkeit, mit der Aktivierungsprozesse sich im Körper ausbreiten, und die Komplexität dieser Prozesse lassen es jedoch unrealistisch erscheinen, daß diese nur auf Genetik und Biochemie zurückzuführen sind.

Damit wird eine weit verbreitete, sowohl von etablierten Wissenschaftlern als auch von der allgemeinen Öffentlichkeit vertretene Auffassung in Frage gestellt: daß organische Prozesse ausschließlich oder zumindest überwiegend physikalischer und chemischer Natur sind und durch den Gensatz des Organismus gesteuert werden. Die Aufregung, die das Humangenomprojekt hervorruft, und die Kontroversen, von denen die Gentechnik umgeben ist, basieren auf dem Glauben, daß das Genom einen vollständigen Satz an Instruktionen für den physikalischen und biochemischen Aufbau und Betrieb des Organismus enthält.

Nun scheint es, als sei dies nicht der Fall. Obwohl eine weit verbreitete Doktrin, stößt der „genetische Determinismus" gegen eine Reihe paradoxer Feststellungen. Zu den bekanntesten gehören das „C-Wert-Paradoxon" (wobei das C für Komplexität steht [englisch: complexity] und der C-Wert für die Komplexität der für die Spezies spezifischen DNS-Sequenz) und das „N-Wert-Paradoxon" (die Anzahl der Gene).

Das C-Wert-Paradoxon besagt, daß die Komplexität des Genoms und die Komplexität des Organismus in keinem proportionalen Verhältnis zueinander stehen. Das sollten sie aber. Wenn die Gene eines Organismus dessen Struktur und Funktion verschlüsseln und steuern, dann sollten wir normalerweise davon ausgehen, daß die Komplexitätsebenen der beiden übereinstimmen: Komplexere Organismen haben eine komplexere genetische Struktur. Eine einfache Amöbe hat aber 200mal mehr DNS in ihren Zellen als ein Mensch! Selbst Spezies, die eng miteinander verwandt sind, was ihre evolutionäre Abstammung betrifft, können radikal unterschiedliche

Genome aufweisen. Die Genomgröße eng verwandter Nagetiere weicht oft um den Faktor zwei voneinander ab, und das Genom der Hausfliege ist fünfmal größer als das der Fruchtfliege. Gleichzeitig haben aber einige evolutionär weit voneinander entfernte Organismen ganz ähnliche genetische Strukturen. Es ist nicht klar, wie diese Feststellungen mit der Vorstellung in Einklang zu bringen sind, daß ein Organismus durch die in seinem Genom enthaltenen Informationen vollständig festgelegt wird.

Das N-Wert-Paradoxon andererseits besagt, daß es außer den Genen, für die eine organische Funktion ermittelt werden kann, noch einen beträchtlichen Überschuß an Genen in der Zelle gibt. Es existiert eine große Vielfalt an Genen, die keine bekannte Funktion haben. Viele von ihnen können ohne schädliche Auswirkung auf den Organismus mutieren. Einige können sogar mutieren, ohne daß dies überhaupt eine Auswirkung hat. Außerdem werden Gene im Genom oft mit einer geringen Modifikation kopiert, ohne daß dies eine Auswirkung auf die Funktionsfähigkeit des Organismus hätte. Es scheint, daß schon alle Genkopien mutieren müßten, um eine Störung in der organischen Funktion zu verursachen. Diese Verdopplung (oder „Redundanz") der Gene ist gleichermaßen ein Paradoxon – sie paßt nicht zur von der Molekularbiologie vertretenen deterministischen Theorie der „Gen-Instruktion".

Eine neue Erkenntnis wird offenbar. Auch wenn viele organische Merkmale und Funktionen eine genetische Grundlage haben – was zu einer realen Chance führt, organische Fehlfunktionen genetisch korrigieren zu können –, so wird die in hohem Maße integrierte Struktur und Funktion des lebenden Systems durch genetische Instruktion allein nicht vollständig erklärt. Die integrale Ganzheit des lebenden Organismus besteht aus mehr als nur Genen und Biochemie!

Komplexe, schnelle und doch bemerkenswert zuverlässige Reaktionen sind notwendig, um zwischen den verschiedenen Teilen eines komplexen Organismus eine durchgängige Korrelation zu gewährleisten. Es muß auch sichergestellt sein, daß ein solcher Organismus über eine grundlegend korrekte, zuverlässige Wahrnehmung seiner Umgebung verfügt. Ein komplexer Organismus muß seinem Milieu gegenüber hoch sensibel sein. Eine solche Sensibilität ist häufig wirklich außergewöhnlich. So reagiert das Auge einer Katze beispielsweise auf das Vorhandensein eines einzelnen Photons, und ihr Ohr nimmt Geräusche wahr, die unterhalb der Ebene des thermischen Rauschens liegen. Organismen reagieren auch auf extrem niedrige Frequenzen elektromagnetischer Strahlung. Strahlung unterhalb molekularer Größenordnungen könnte auf eine molekulare Baugruppe aber keine Auswirkung haben, wenn nicht eine große Zahl von Molekülen kohärent miteinander verbunden wäre. Eine solche Verbindung kann es aber nur dann geben, wenn quantenähnliche Prozesse innerhalb des Organismus auftreten.

Die nicht-lokale, nicht-lineare, heterogene und multidimensionale Korrelation aller Teile des Organismus zueinander deutet darauf hin, daß diese Teile intrinsisch und eng miteinander verbunden sind. In allen wesentlichen Punkten reagieren sie als eine Einheit. Der Metapher von Mae-Wan Ho zufolge verhalten sie sich wie eine gute Jazzband, in der jeder Spieler sofort und spontan auf das reagiert, was auch immer die anderen gerade improvisieren. Die Super-Jazzband der Organismen spielt ein Leben lang und bringt die Harmonien und Melodien des individuellen Organismus mit immer wiederkehrendem Rhythmus und Takt, aber in unendlich vielen Variationen zum Ausdruck. Dabei denkt sie sich fortwährend etwas Neues aus. Sie kann jederzeit, spontan und ohne zu zögern, die Tonart, das Tempo oder die Melodie ändern, gerade so, wie sie sich fühlt oder wie die Situation es erfordert. Eine gewisse Struktur ist vorhanden, die wahre Kunst jedoch besteht in den unendlich vielen Improvisationen, bei denen jeder einzelne Spieler, wie klein er auch immer sein mag, größtmögliche Ausdrucksfreiheit genießt, während er gleichzeitig in vollkommenem Gleichschritt und vollkommener Harmonie mit dem Ganzen bleibt.

Die „Musik" des Organismus hat eine Bandbreite von mehr als siebzig Oktaven, und sie besteht aus der Schwingung örtlich begrenzter chemischer Verbindungen, dem Drehen molekularer Räder, dem Schlag winziger Härchen, der Weiterleitung von Elektronen- und Protonenströmen und dem Fluß von Stoffwechselprodukten und ionischen Strömen in und zwischen den Zellen über zehn Ordnungen räumlicher Größenklassen hinweg.

Es ist nur schwer zu erkennen, wie diese Musik allein durch ein Nervensystem orchestriert und dirigiert werden kann, das mittels DNS, RNS, Proteinen, Enzymen und Neurotransmittern und -erregern biochemische Signale von den Genen abliest. *Könnte es sein, daß eine Art „Biofeld" die unzähligen Interaktionen der unzähligen Moleküle, Gene und Zellen im lebenden Organismus miteinander koordiniert...?*

Bindeglieder zwischen Genen und ihren Umgebungen

Es stellt sich heraus, daß alle Teile des Organismus miteinander verbunden sind, einschließlich seines Gensatzes, des sogenannten Genoms. Für die etablierte Biologie ist dies eine Anomalie. Dem klassischen Darwinismus zufolge sollte das Genom von den Wechselfällen isoliert sein, denen der Rest des Organismus unterworfen ist. Keimbahn (die genetische Information, welche die Eltern an ihre Kinder weitergeben) und Soma (der Organismus, der die genetische Information zum Ausdruck bringt) sollten vollständig und umfassend voneinander getrennt sein.

Die klassische Theorie besagt, daß im Lauf aufeinanderfolgender Generationen im Leben einer Spezies die Keimbahn sich zufällig verändert, gänzlich unberührt von den Einflüssen, die auf das Soma einwirken. Die Evolution schreitet voran, indem sie unter den zufällig geschaffenen genetischen Varianten eine Auswahl trifft, die von der „Tauglichkeit" des entstandenen Organismus für seine jeweilige Umgebung abhängt. So ist die biologische Evolution das Produkt eines zweifachen Zufalls: der zufälligen Abwandlung des Genoms und der zufälligen Tauglichkeit der daraus entstandenen Mutanten für ihre Umgebung. Um die Metapher zu zitieren, die durch Richard Dawkins bekannt wurde: *Sie geschieht durch Versuch und Irrtum: die Arbeit des blinden Uhrmachers.*

Die Theorie, daß zufällige Mutation und natürliche Selektion der grundlegende Mechanismus der Evolution sind, wurde 1859 aufgestellt, ein ganzes Jahrhundert, ehe die Natur des Erbmaterials und der besondere Mechanismus zur Übertragung erblicher Wesenszüge erklärt wurden. Die Identifizierung der aus DNS-Strängen bestehenden Gene kam noch später, gefolgt von der Entdeckung der verschiedenen Modalitäten für Mutation und Neuordnung im Genom. Die Genstruktur vielzelliger Organismen wurde Ende der 70er Jahre des letzten Jahrhunderts geklärt, und eine ausreichend große Zahl von

DNS-Sequenzen, um eine Analyse des Ursprungs der Gene zu ermöglichen, stand erst in den 80er Jahren zur Verfügung. Trotzdem wurde der grundlegende Mechanismus der Evolution, wie er von Darwin beschrieben wurde, unverändert beibehalten: Die „synthetische Theorie", die moderne Form des Darwinismus, beharrt noch immer darauf, daß eine Spezies sich durch zufällig entstandene genetische Mutationen und die zufällige Eignung der Mutanten für das Milieu zu einer anderen Spezies weiterentwickelt, indem neue Gene und neue, entwicklungsgemäße genetische Keimbahnen geschaffen und neue, lebensfähige organische Strukturen, Körperteile und Organe verschlüsselt werden.

Die These, daß durch zufällige Neuordnungen im Genom aus alten Spezies neue entstehen, stimmt jedoch nicht mit den Tatsachen überein. Der „Suchraum" für mögliche genetische Neuordnungen innerhalb des Genoms ist enorm groß. Daher würden zufällige Prozesse wahrscheinlich sehr viel länger brauchen, um lebensfähige Spezies hervorzubringen, als die Zeitdimension, die für die Evolution auf diesem Planeten zur Verfügung stand. Die Wahrscheinlichkeiten werden noch wesentlich schlechter, wenn man berücksichtigt, daß viele Organismen und viele Organe innerhalb der Organismen „nicht reduzierbar komplex" sind. Der Biologe Michael Behe sagte, daß ein System dann nicht reduzierbar komplex ist, wenn seine Teile in einer solchen Wechselbeziehung zueinander stehen, daß die Entfernung auch nur eines einzigen Teils die Funktion des gesamten Systems zerstören würde. Damit ein nicht reduzierbar komplexes System zu einem anderen lebensfähigen System mutieren kann, muß während des gesamten Transformationsprozesses jedes seiner Teile eine funktionsfähige Beziehung zu jedem anderen Teil aufrechterhalten. Fehlt auf einer einzigen Stufe auch nur ein einziges Teil, so führt dies in eine Sackgasse. Wie aber konnte eine solche Ebene konstanter Präzision durch unsystematische Modifikationen erreicht werden, die vom Zufall regiert werden?

Es ist absolut unwahrscheinlich, daß ein isoliertes Genom, das mittels zufällig erzeugter Mutationen arbeitet, eine neue und funktionsfähige Mutante hervorbringt. Wenn eine solche Mutante tatsächlich erzeugt wird – und im Laufe der Evolution war dies immer wieder der Fall –, dann muß die Mutation des Genoms in präziser Korrelation zu den Bedingungen in der Umgebung des Organismus stehen. Diese Korrelation wurde häufig vermutet, im 20. Jahrhundert jedoch als eine rätselhafte Form der „Präadaption“ verworfen. Sie schmeckte nach Teleologie: der Vorstellung, daß die Evolution durch *Telos* – ein vorher festgelegtes Ziel – gesteuert wird. Dies ist für die Wissenschaft nicht annehmbar. Wenn aber eine Mutation im Genom nicht präzise auf die Bedingungen abgestimmt ist, die in seiner Umgebung entstehen, dann wird sie durch natürliche Selektion eliminiert. Im Laufe der Zeit hat es in der Tat eine beträchtliche Zahl von Mutationen gegeben, die präzise auf ihre Umgebung abgestimmt waren: Immerhin leben heutzutage Millionen komplexer Spezies und nicht nur Algen und Bakterien.

Nun gibt es stichhaltige Beweise dafür, daß Mutationen im Genom lebhaft und quasi unmittelbar auf die Umstände reagieren, die einen Einfluß auf den Organismus haben – daß Gene und ihre Umgebung ein eng miteinander verbundenes System bilden. Ein Teil der Beweise beruht auf Indizien, der andere auf Experimenten.

Die auf Indizien beruhenden Beweise gehen bis zu den Anfängen des Lebens auf diesem Planeten zurück. Die ältesten Steine sind ungefähr vier Milliarden Jahre alt, während die frühesten und bereits hoch komplexen Lebensformen (Bakterien und Blaugrünalgen) mehr als dreieinhalb Milliarden Jahre alt sind. Es ist äußerst unwahrscheinlich, daß diese Stufe der Komplexität sich innerhalb des relativ kurzen Zeitraums von ungefähr 500 Millionen Jahren entwickelt hätte, wenn das Genom der existierenden Spezies sich allein auf zufällige Veränderungen verlassen hätte. Selbst die einfachsten Lebensformen weisen einen verblüffenden Grad der Komplexität auf. Die Struktur eines primitiven, sich selbst reproduzierenden Prokaryonten (eine primitive Zelle ohne getrennten Zellkern) umfaßt den Aufbau einer doppelspiraligen DNS, die aus ungefähr 100.000 Nukleotiden (Spaltprodukt des natürlichen Eiweißstoffes des Zellkerns) besteht, von denen jedes eine exakte Anordnung von 30 bis 50 Atomen enthält. Außerdem besitzt er eine zweischichtige Haut und die Proteine, die der Zelle die Nahrungsaufnahme ermöglichen. Diese Konstruktion erfordert eine umfassende Reihe von Reaktionen, die fein aufeinander abgestimmt sein müssen. Der Astrophysiker Fred Hoyle wies darauf hin, daß die Wahrscheinlichkeit, daß dieser Prozeß ausschließlich zufällig geschieht, genauso hoch ist wie die Wahrscheinlichkeit, daß ein Hurrikan, der über einen Schrottplatz hinwegfegt, ein funktionierendes Flugzeug zusammenbaut.

Konrad Lorenz war zwei Jahrzehnte zuvor zu einer ähnlichen Schlußfolgerung gelangt. Während es formal korrekt ist, so sagte er, zu behaupten, daß die Prinzipien einer zufälligen Mutation und natürlichen Auslese in der Evolution eine Rolle spielen, so kann dies allein die Tatsachen nicht erklären. Mutation und natürliche Selektion mögen Abweichungen innerhalb einer bestimmten Spezies durchaus erklären, aber die schätzungsweise vier Milliarden Jahre, die der biologischen Evolution auf diesem Planeten zur Verfügung standen, hätten bei zufälligen Prozessen nicht ausgereicht, um die heutigen komplexen und geordneten Organismen aus ihren einzelligen Vorfahren hervorzubringen. Der Grund dafür ist, daß es nicht ausreicht, wenn Mutationen eine oder mehrere positive Veränderungen in einer Spezies bewirken; die Veränderung muß umfassend sein. Die Evolution von Federn bringt beispielsweise kein Reptil hervor, das fliegen kann: Radikale Veränderungen in Muskulatur und Knochenstruktur sind ebenso erforderlich wie ein schnellerer Stoffwechsel, der die Kraft für einen längeren Flug liefern kann. Es ist unwahrscheinlich, daß jede Innovation für sich allein betrachtet einen evolutionären Vorteil bietet. Im Gegenteil: Es ist sogar wahrscheinlich, daß ein Organismus dadurch untauglicher wird als die Form, aus der er hervorgegangen ist. Wenn das aber der Fall ist, dann hätten die gnadenlosen Mechanismen der natürlichen Selektion ihn bald eliminiert.

Die Mutationsmöglichkeiten im Genpool sind unendlich vielfältig, und im Hinblick auf die Lebensfähigkeit der Spezies sind die meisten von ihnen negativ. Daraus läßt sich folgern, daß für das plötzliche Erscheinen lebensfähiger Mutanten eine wahrhaft unglaubliche Zahl zufälliger Glückstreffer erforderlich wäre. Wenn reiner Zufall der bestimmende Faktor für genetische Mutationen wäre, dann hätte die Evolution lebensfähiger Organismen, insbesondere komplexer Organismen, wesentlich länger gedauert als die Zeit, die auf diesem Planeten dafür zur Verfügung stand. Ein „hoffnungsvolles Monster“ – eine gut an die sich verändernden Bedingungen ihrer Umgebung angepaßte Mutante – gab es immer wieder (anderenfalls wären die meisten Spezies mittlerweile ausgestorben), aber dies konnte unmöglich das Werk reinen, blinden Zufalls sein.

Der blinde Mann und der Rubik Cube

Ein treffendes, von Fred Hoyle vorgebrachtes Beispiel zeigt, warum selbst bei einer bescheidenen Zahl möglicher Alternativen eine zufällige Auswahl wahrscheinlich viel zu lange brauchen würde, um zu Ergebnissen zu führen. Nehmen wir an, daß ein blinder Mann versucht, die bunt gemischten farbigen Seiten eines Rubik Cube zu ordnen. (Das ist ein Würfel, dessen sechs Seiten in jeweils drei farblich gleiche Abschnitte unterteilt sind. Die Farben können geordnet werden, indem man die einzelnen Segmente dreht.) Der blinde Mann ist gehandikapt, weil er nicht weiß, ob eine Drehung des Würfels ihn näher an sein Ziel heran oder weiter von ihm weg bringt. Er ist gezwungen, mit dem Zufallsprinzip von Versuch und Irrtum zu arbeiten. Dies führt dazu, daß seine Chancen, eine gleichzeitige Farbengleichheit aller sechs Seiten zu erreichen, im Bereich von 1:1 bis $1{:}5.10^{18}$ liegen. Wenn der blinde Mann alle möglichen Bewegungen mit einer Geschwindigkeit von einer Bewegung pro Sekunde durchgehen will, dann benötigt er dafür 5.10^{18} Sekunden. Das wird ihm aber nicht möglich sein, denn 5.10^{18} Sekunden sind 126 Milliarden Jahre – wesentlich länger als das Universum alt ist!

Wird der blinde Mann in seinen Bemühungen unterstützt, ändert die Situation sich dramatisch. Die Gesetze der Wahrscheinlichkeit zeigen, daß er den Würfel in durchschnittlich 120 Zügen farblich geordnet haben wird, wenn er bei jeder Bewegung einen korrekten Hinweis „ja“ oder „nein“ erhält. Bei einer Geschwindigkeit von einem Zug pro Sekunde benötigt er dann nicht länger, als das Universum alt ist, um sein Ziel zu erreichen, sondern zwei Minuten...

Bereits 1937 stellte der Biologe Theodosius Dobzhansky fest, daß das plötzliche Entstehen einer neuen Spezies durch Genmutation in der Praxis unter Umständen unmöglich ist. „Rassen einer Spezies und in noch größerem Umfang Spezies einer Gattung", so schrieb er, „unterscheiden sich in vielen Genen und normalerweise auch in der Chromosomenstruktur. Eine Mutation, die ganz plötzlich eine neue Spezies ins Leben katapultiert, bedingt daher gleichzeitige Veränderungen an vielen Genorten sowie einige zusätzliche chromosomale Rekonstruktionen. Angesichts der bekannten Mutationsgeschwindigkeiten ist die Wahrscheinlichkeit eines solchen Ereignisses äußerst gering." Dobzhansky gab jedoch die darwinistische Theorie nicht auf, sondern nahm statt dessen an, daß die Bildung einer Spezies ein langsamer und schrittweiser Prozeß ist, der in einem „quasi geologischen Maßstab" stattfindet.

Neue Fossilienfunde in den 70er Jahren des 20. Jahrhunderts widersprachen der schrittweisen Natur und dem langsamen Tempo der Evolution: Sie zeigen, daß die „missing links" (fehlenden Glieder), die sich in den dokumentierten fossilen Funden finden, nicht auf die Unvollständigkeit der Dokumentation zurückzuführen sind, sondern echte Sprünge im Verlauf der Evolution darstellen. Neue Spezies scheinen nicht durch eine schrittweise Modifikation existierender Spezies zu entstehen – sie erscheinen fast urplötzlich. Dieses Ergebnis veranlaßte Stephen Jay Gould und Niles Eldredge zu ihrer Theorie des „durchbrochenen Gleichgewichts". In dieser makroevolutionären Theorie kann eine neue Spezies in einer Zeitspanne von nicht mehr als fünf- bis zehntausend Jahren entstehen. Uns mag dies wie eine lange Zeit vorkommen, aber „in geologische Zeit übertragen, ist es nur ein Augenblick".

Der zweite Teil der Beweise für eine Verbindung zwischen Genen und ihren Umgebungen ergibt sich aus tatsächlich durchgeführten Experimenten. Es scheint, daß diese Verbindung sogar durch mechanische Mittel übertragen werden kann. Der Zellbiologe A. Maniotis beschrieb ein Experiment, bei dem eine auf die äußere Zellmembran aufgebrachte mechanische Kraft an den Zellkern weitergegeben wird. Dies bewirkte eine fast augenblickliche Mutation. Der Experimentator Michael Lieber ging sogar noch weiter. Seine Arbeit zeigte, daß eine mechanische Kraft, die auf die äußere Membran von Zellen wirkt, nur eine Form möglicher Interaktion ist, die zu einer genetischen Neuordnung führt: Jede aus der Umgebung kommende Belastung, mechanisch oder nicht, löst eine globale „Hypermutation" aus.

Es zeigt sich, daß das Genom ein dynamisches und sehr anpassungsfähiges Ganzes ist. Es ruft eine komplexe und praktisch sofortige Reihe von Neuordnungen hervor, bei der auch Schritte vorkommen, die selbst nicht notwendig sind, die aber jene Schritte erleichtern, die notwendig sind.

Die neu entdeckte „Anpassungsreaktion" des Genoms offenbart sich in gleicher Weise, wenn der Organismus mit elektromagnetischen oder radioaktiven Feldern bestrahlt wird – auch dies hat eine direkte Auswirkung auf die Struktur seiner Gene. In vielen Fällen tritt die neue Anordnung bei seinen Nachkommen auf. Experimente in Japan und den USA zeigen, daß Ratten an Diabetes erkranken, wenn die Insulin produzierenden Zellen ihrer Bauchspeicheldrüse durch eine im Labor verabreichte Droge geschädigt werden. Diese diabetischen Ratten bringen Nachkommen zur Welt, bei denen Diabetes sich spontan entwickelt! Es scheint, daß die Veränderung in den Körperzellen der Ratten eine Neuordnung ihrer Gene bewirkt.

Noch eindrucksvoller sind Experimente, bei denen bestimmte Gene eines Bakterienstamms unbrauchbar gemacht werden – zum Beispiel Gene, die es den Bakterien ermöglichen, Laktose umzuwandeln. Wenn diese Bakterien mit einer Kost aus reiner Milch ernährt werden, dann mutieren einige von ihnen genau jene Gene wieder zurück, die es ihnen erneut erlauben, Laktose umzuwandeln. Angesichts der Tatsache, daß selbst niedrige Bakterien über ein äußerst komplexes Genom verfügen, ist die Wahrscheinlichkeit, daß diese Reaktion nur zufällig geschieht, äußerst gering. Auch die Einwirkung von Chemikalien ruft entsprechende Mutationen hervor. Wenn Pflanzen und Insekten toxischen Substanzen ausgesetzt werden, dann mutieren sie ihren Genpool häufig genau so, daß die Gifte unwirksam gemacht und eine Resistenz dagegen aufgebaut wird.

Die Beweise liegen vor, und sie sprechen eine klare Sprache. Der klassische darwinistische Lehrsatz vom isolierten Genom ist falsch. Er wurde sowohl indirekt durch statistische Wahrscheinlichkeit als auch empirisch durch Laborexperimente widerlegt. Genom, Organismus und Umgebung bilden ein integrales System, dessen funktionell autonome Teile so zueinander in Korrelation stehen, daß der Organismus überleben und Nachkommen zur Welt bringen kann, die fähig sind, auch unter Bedingungen zu überleben, denen der elterliche Organismus erlegen wäre.

Indem sie die genetische Struktur einer Spezies mit ihrer Umgebung verbindet, stellt die Natur genau jene Information zur Verfügung – den zeitsparenden „Auslöser" –, die es einer Spezies erlaubt, sich in effizienter Weise weiterzuentwickeln. Das Genom wird für Mutationen freigegeben, die für das sich verändernde Milieu geeignet sind. Fortschrittliche Biologen wissen, daß diese Auslöser nicht nur mechanische, chemische und biochemische Reize, sondern auch Felder sein können. Elektromagnetische Felder und Quantenfelder wirken auf den höchst sensiblen Organismus ein, und auch sie können entsprechende Mutationen im Genom bewirken. Quantenfelder scheinen nicht nur die einzelnen Teile des Organismus untereinander, sondern auch den gesamten Organismus mit seiner Umgebung zu verbinden.

Für die neue Disziplin der Quantenbiologie ist dies äußerst einleuchtend. Quantenbiologen wissen, daß zwischen Molekülen und molekularen Strukturen eine Korrelation stattfindet, wenn sie in denselben oder in kompatiblen Frequenzen schwingen. Ob die Kraft, die zwischen solchen Strukturen auftritt, anziehend oder abstoßend ist, hängt von den jeweiligen Phasenrelationen ab. Damit zwischen zwei Strukturen, egal ob sie benachbart oder weit voneinander entfernt sind, eine Kohärenz stattfinden kann, müssen sie in derselben Phase schwingen – für sie muß dieselbe Wellenfunktion zutreffen. Diese Regel gilt auch für die Kopplung von Frequenzen zwischen den Strukturen. Wenn schnellere und langsamere Reaktionen sich innerhalb eines kohärenten Gesamtprozesses anordnen, müssen die jeweiligen Wellenfunktionen sich decken. Dies tun sie tatsächlich, und daher sprechen führende Biologen von der „makroskopischen Wellenfunktion" des Organismus. In ihren Augen stellt lebendes Gewebe ein „Bose-Einstein-Kondensat" dar – eine Form von Materie, in der quantenähnliche Phänomene in alltäglichen Maßstäben auftreten. Die Existenz dieses Kondensats wurde 1995 durch Experimente nachgewiesen, für die die Physiker Cornell, Ketterle und Wieman im Jahr 2001 den Nobelpreis erhielten. Ihre Experimente zeigen, daß auf sehr tiefe Temperaturen gekühlte Ansammlungen von Materie – in den Experimenten wurden Rubidium- bzw. Natriumatome verwendet – sich wie nicht-lokale Wellen verhalten, die sich im gesamten Kondensat ausbreiten und Interferenzmuster bilden. In makroskopischen Maßstäben und bei normalen Temperaturen stellt der lebende Zustand, der sensibel für Quantenzustände und Schwingungsreaktionen ist, analoge Phänomene zur Schau.

Könnte es sein, daß der gegenseitigen Verbindung zwischen den Teilen eines lebenden Organismus und der Verbindung zwischen Organismen und ihrem sozialen und ökologischen System ein Urfeld zugrunde liegt, so wie es auch bei Quanten innerhalb ihres eigenen Koordinatensystems der Fall ist?

3.

Die transpersonale Welt der Bewußtseinsforschung

Wie die Korrelation zwischen Mikroteilchen in der Physik und zwischen Teilen und Organismen in der lebenden Welt, so weisen auch die Verbindungen, die nun zwischen unserem eigenen Bewußtsein und dem Bewußtsein anderer entdeckt – genauer gesagt, wiederentdeckt – werden, auf ein neus Paradigma hin, nach welchem ein grundlegendes Feld nicht nur der physikalischen Natur und der lebenden Welt, sondern auch der scheinbar getrennten und noch immer fest umrissenen Sphäre des menschlichen Geistes und Bewußtseins zugrundeliegt.

Bewußtsein ist das Phänomen, das wir in unserer Erfahrung am unmittelbarsten und vertrautesten erleben. Es begleitet uns von unserer Geburt an und mutmaßlich bis zu unserem Tod. Es ist einzigartig und scheint einzig und allein „mein“ zu sein. Doch es ist möglich, daß „mein“ Bewußtsein nicht ausschließlich, einzig und allein meines ist. Traditionelle (sogenannte primitive, aber tatsächlich in vieler Hinsicht hoch entwickelte) Kulturen wissen um die Verbindungen, die „mein“ Bewußtsein mit dem Bewußtsein anderer verknüpfen und die nun in kontrollierten Experimenten mit Gedanken- und Bildübertragung wieder neu entdeckt werden.

Ein Spaziergang durch die transpersonale Welt der Bewußtseinsforschung

Der wichtigste Meilenstein: Die transpersonale Verbundenheit des Bewußtseins

Bewußtseinsforschung ist zur Mode geworden. Ihre knospenden Zweige arbeiten zwar mit unterschiedlichen Methodologien, gelangen aber zu bemerkenswert ähnlichen Erkenntnissen. Ihre Ergebnisse gehen in die gemeinsame Richtung, daß der menschliche Geist keine isolierte Entität ist. Um einen Ausdruck zu verwenden, den Gregory Bateson bekannt gemacht hat: Er ist eine „Ökologie". Das Bewußtsein befindet sich nicht im ausschließlichen Besitz des Einzelnen, sondern ist in der gesamten Gesellschaft und Menschheit als Ganzes gegenwärtig. Eine Reihe von Erkenntnissen spricht dafür:

- ▷ Einige Bilder und Vorstellungen – universale Symbole und Archetypen – kommen in der Kultur aller – sowohl moderner als auch früher – Zivilisationen immer wieder vor, ganz unabhängig davon, ob diese Zivilisationen sich kannten oder überhaupt etwas von der Existenz der jeweils anderen wußten.
- ▷ Im Labor zeigen auch moderne Menschen die Fähigkeit zur spontanen Übertragung von Eindrücken und Bildern, insbesondere dann, wenn sie sich gefühlsmäßig nahe stehen.
- ▷ Eingeborenenstämme scheinen fähig zu sein, jenseits der Reichweite von Auge und Ohr miteinander zu kommunizieren. Wie sich durch ihre Gebräuche, ihre Bauweise und ihre Artefakte zeigt, scheinen ganze Kulturen Informationen miteinander geteilt zu haben, obwohl sie in keinem direkten Kontakt zueinander standen.
- ▷ Der Geist eines Menschen scheint in der Lage zu sein, auf Gehirn und Körper eines anderen Menschen einwirken zu können. Diese Fähigkeit, die traditionellen Völkern bekannt war, wird heute durch kontrollierte Experimente belegt und bildet die Grundlage für einen neuen Zweig der Medizin, der als „telesomatische" oder „nicht-lokale" Medizin bezeichnet wird.

Das Bewußtsein der Menschen scheint auf eine subtile, beinahe unmittelbare Weise verbunden zu sein, und weder Zeit noch Raum scheinen diese transpersonale Verbindung zu begrenzen. Die Trennung „meines" Bewußtseins vom Bewußtsein anderer ist eine weitere klassische Anschauung, die auf der Strecke bleiben müssen wird...

Die neuen Bewußtseinsforscher dringen tiefer in die ungeahnten und ungeahnt weitläufigen Bereiche des menschlichen Geistes vor als Schul-Psychologen. Quantenhirnforscher untersuchen die Interaktion des Bewußtseins mit der physikalischen Welt und nutzen dazu die fortgeschrittenen Quantenkonzepte, zu denen Nicht-Lokalität, Verschränkung, Phasenrelation und Hyperraum gehören. Forscher im Bereich der psychosomatischen Medizin, der Psychoneuroimmunologie und anderer Formen der Biofeedback-Forschung richten ihre Aufmerksamkeit auf die Verbindungen zwischen Bewußtsein und Körperprozessen. Wissenschaftler, die sich mit der Erforschung veränderter Bewußtseinszustände befassen, untersuchen die Auswirkungen von Träumen, psychedelischen Substanzen, Trance und meditativen Zuständen, wobei sie davon ausgehen, daß durch diese wichtige und ansonsten verborgene Aspekte enthüllt werden, und zwar nicht nur im Hinblick auf das eigene Bewußtsein der Versuchsperson, sondern auch im Hinblick auf ihre Bindeglieder mit der äußeren Welt. Noch weiter gehende Forschungen konzentrieren sich auf die Auswirkungen, die nicht konventionelle Formen von Energie wie *Prana, Kundalini* und *Chi* auf das Bewußtsein haben.

Die Wiederentdeckung des transpersonalen Bewußtseins

Aktuelle Erkenntnisse auf dem neuen Feld der Bewußtseinsforschung rufen uns die Aussage wieder in Erinnerung, die Albert Einstein vor einem halben Jahrhundert machte. „Ein Mensch“, sagte er, „ist ein Teil des Ganzen, das von uns als ‚Universum‘ bezeichnet wird, ein Teil, der in Zeit und Raum begrenzt ist. Er erfährt seine Gedanken und Gefühle als etwas, das vom Rest getrennt ist – wie eine Art optischer Täuschung seines Bewußtseins. Diese Täuschung ist für uns wie eine Art Gefängnis, das uns auf unsere persönlichen Entscheidungen und auf die Zuneigung zu einigen wenigen Menschen in unserer unmittelbaren Umgebung begrenzt.“ Während nach konservativer Meinung die menschliche Kommunikation und Interaktion auf unsere Sinneskanäle begrenzt ist (man sagt, daß alles, was im Geist ist, zuerst im Auge oder im Ohr gewesen sein müsse), entdecken führende Psychologen, Psychiater und Bewußtseinsforscher heute wieder neu, was

Einstein erkannt hatte und was frühe Kulturen immer wußten: daß wir nämlich auch durch subtilere und umfassendere Bindeglieder miteinander verbunden sind.

Sogenannte primitive Menschen erfreuen sich schon lange am transpersonalen Kontakt untereinander. Medizinmänner und Schamanen konnten durch Einsamkeit, Konzentration, Fasten, Singen, Tanzen, Trommelmusik oder psychedelische Kräuter die Kräfte der Telepathie auf den Plan rufen. Ganze Clans konnten miteinander in Verbindung bleiben, völlig unabhängig davon, wo ihre Mitglieder umherstreiften. Der Anthropologe A. P. Elkin fand heraus, daß australische Ureinwohner auch dann über das Schicksal ihrer Familie und ihrer Freunde informiert sind, wenn sie sich außerhalb der Reichweite einer sinnesorientierten Kommunikation mit ihnen befinden. Ein Mann, der weit von seiner Heimat entfernt ist, verkündet plötzlich, daß sein Vater tot ist, daß seine Frau ein Kind zur Welt gebracht hat oder daß es in seinem Land Probleme gibt. Er ist sich dessen so sicher, daß er bereit ist, sofort nach Hause zurückzukehren. Viele Stammesangehörige, so stellte Marlo Morgan fest, können Informationen aus ihrer Umgebung aufnehmen, etwas Einzigartiges tun, um diese zu entschlüsseln, und dann bewußt darauf reagieren, fast so, als hätten sie so etwas wie einen winzigen himmlischen Empfänger entwickelt, durch den sie universale Botschaften empfangen. Die modernen Menschen haben den alltäglichen Zugang zu diesem „himmlischen Empfänger" verloren, aber Laborexperimente zeigen, daß der Empfänger selbst immer noch vorhanden ist. Unter den richtigen Bedingungen können die meisten von uns sich der vagen, aber bedeutsamen Bilder, Intuitionen und Gefühle bewußt werden, die bezeugen, daß wir „in Berührung" mit anderen Menschen und mit einigen Aspekten unserer Umgebung sind, selbst dann, wenn wir uns jenseits der Reichweite von Auge und Ohr, Geschmack, Geruch und Berührung befinden.

Einige erwähnenswerte transpersonale Experimente

Eine der ersten Reihen kontrollierter Experimente auf dem Gebiet der transpersonalen Gedanken- und Bildübertragung führten in den frühen 70er Jahren des 20. Jahrhunderts die beiden Physiker Russell Targ und Harold Puthoff durch. Sie setzten den „Empfänger" in eine schalldichte, blickdichte und elektrisch abgeschirmte Kammer. Der „Sender" kam in einen anderen Raum, in dem er in regelmäßigen Abständen hellen Lichtblitzen ausgesetzt wurde. Ein Elektro-Enzephalogramm (EEG) zeichnete die Muster der Gehirnwellen sowohl des Senders als auch des Empfängers auf. Wie man erwartet hatte, traten beim Sender die rhythmischen Gehirnwellen auf, die gewöhnlich die Einwirkung heller Lichtblitze begleiten. Nach kurzer Zeit begannen sich beim Empfänger jedoch die gleichen Muster zu entwickeln, obwohl er den Blitzen nicht direkt ausgesetzt war und vom Sender keine herkömmlichen, durch die Sinne wahrnehmbaren Signale empfing.

Targ und Puthoff führten auch Experimente im Bereich der Fernwahrnehmung durch. Bei diesen Tests wurden Sender und Empfänger durch Entfernungen getrennt, die jede Form einer sinnesorientierten Kommunikation zwischen ihnen unmöglich machten. An einem zufällig ausgewählten Ort agierte der Sender als „Signalfeuer", während der Empfänger versuchte, das aufzunehmen, was der Sender sah. Um ihre Eindrücke zu dokumentieren, beschrieben die Empfänger mündlich das, was sie sahen, und fertigten manchmal auch Zeichnungen an. Unabhängige Schiedsrichter stellten fest, daß die Beschreibungen und Skizzen in durchschnittlich 66 % der Zeit den Charakteristiken des Ortes entsprachen, den der Sender tatsächlich gesehen hatte.

1994 taten die Physiker Peter Stewart und Michael Brown aus England sich mit Helen Stewart, einer Universitäts-Administratorin aus New York, zusammen, um das von „Seth" vorgeschlagene telepathische Verfahren zu testen, von dem Jane Roberts in ihren Bestsellern berichtet. Es fand ein Versuch der Kommunikation über den Atlantik hinweg statt, und zwar in vierzehn zeitlich genau festgelegten Sitzungen zwischen April und September desselben Jahres. Nach jeder Sitzung wurden detaillierte Aufzeichnungen der gemachten Beobachtungen und Eindrücke per E-Mail erstellt und auf Disketten mit automatischer Datums- und Zeiterfassung gespeichert. Obwohl die „hellseherischen“ Bilder eher in Form von Assoziationen als in genauen bildlichen Reproduktionen der vom Sender gesehenen Bilder beschrieben wurden, so entsprachen sie im großen und ganzen doch diesen Bildern. Ein Meteoritenschauer kam beispielsweise als Schneesturm an, und das Bild eines Turms mit einem sich drehenden Restaurant auf der Spitze wurde als Kugel oder Globus auf einem Ständer empfangen. Es wurden sowohl statische Bilder als auch dynamische Bildsequenzen empfangen – „stille Bilder“ und „bewegte Bilder“. Die Physiker schlossen daraus, daß die Gültigkeit des Verfahrens zweifelsfrei erwiesen ist.

Anthropologische und nun auch kontrollierte parapsychologische Beweise sprechen für die Realität einer transpersonalen Verbindung zwischen den Menschen. Archäologische und historische Beweise wiederum zeugen vom Vorhandensein solcher Verbindungen auch zwischen ganzen Völkern und Kulturen.

Beweise für die kollektive Form einer transpersonalen Verbindung findet man, wenn man Artefakte verschiedener Zivilisationen studiert. Verschiedene Zivilisationen haben Bauwerke und Werkzeuge hervorgebracht, die einander erstaunlich ähnlich sind, selbst dann, wenn diese Zivilisationen in keiner bekannten Form von Kontakt zueinander standen. An weit voneinander entfernten Orten und zu unterschiedlichen historischen Zeiten entwickelten frühe Kulturen eine große Vielzahl einander bemerkenswert ähnlicher Artefakte und Bauwerke. Im frühen Ägypten und auch im präkolumbianischen Amerika wurden riesige Pyramiden gebaut, deren Bauweisen bemerkenswerte Übereinstimmungen aufwiesen. Handwerkliche Fähigkeiten wie das Töpfern nahmen in allen Kulturen sehr ähnliche Formen an. Der Acheuléen-Faustkeil zum Beispiel, ein weit verbreitetes Werkzeug der Steinzeit, hatte eine typische mandel- oder tränenförmige Form, die doppelseitig symmetrisch zugerichtet war. In Europa wurde dieser Keil aus Feuerstein hergestellt, im Nahen Osten aus

Hornstein und in Afrika aus Quarzit, Schiefer oder Diabas. Seine Grundform war funktional, die Übereinstimmung in den Details seiner Ausführung in praktisch allen traditionellen Kulturen kann aber nicht mit der gleichzeitigen Entdeckung zweckmäßiger Lösungen für ein gemeinsames Bedürfnis erklärt werden: Es ist sehr unwahrscheinlich, daß bei so vielen so weit voneinander entfernt lebenden Bevölkerungen nur durch Versuch und Irrturm eine solche Ähnlichkeit im Detail hätte hervorgebracht werden können.

Auf Anregung des Verfassers dieses Buches stellte der Historiker Ignazio Masulli von der Universität Bologna eine umfassende Untersuchung der Töpfe, Urnen und anderen Artefakte an, die in der Zeit vom 5. bis zum 2. Jahrtausend vor Christus von eingeborenen und in ihrer Entwicklung voneinander unabhängigen Kulturen in Europa, Ägypten, Persien, Indien und China hergestellt worden waren. Masulli stellte fest, daß Grundformen und Muster sich in verblüffender Weise wiederholten, konnte aber nicht mit einer allgemeingültigen Erklärung dafür aufwarten. Die Zivilisationen lebten räumlich und manchmal auch zeitlich weit voneinander entfernt und schienen in keiner konventionellen Form von Kontakt zueinander gestanden zu haben.

Transpersonaler Kontakt zwischen den Kulturen war weit verbreitet. Zwar fügte jede Kultur ihre eigenen Verschönerungen hinzu, doch Azteken und Etrusker, Zulus und Malaien, Inder und frühe Chinesen bauten ihre Monumente und fertigten ihre Werkzeuge auf eine Weise, als würden sie gemeinsamen Mustern oder Archetypen folgen. Die Archetypen selbst werden von mehreren Zivilisationen miteinander geteilt, unabhängig davon, ob diese sich kannten oder nicht. C. G. Jung und eine ganze Reihe anderer kultureller Anthropologen und Historiker stellten fest, daß viele archetypische Symbole wie die Große Mutter Erde, die Heldenreise, das Mandala, der Schatten und das Ewige Kind immer wiederkehrende Themen sowohl in den Mythen als auch in der dekorativen und bildenden Kunst aller Zivilisationen sind.

Im Gegensatz zu den modernen Gesellschaften sahen traditionelle Kulturen den transpersonalen Kontakt mit weit entfernten Menschen, Stämmen oder Kulturen nicht als bloße Illusion an. Der moderne Geist ist nicht bereit, etwas als real zu akzeptieren, das nicht „manifest“ – im wahrsten Sinne des Wortes „greifbar“ – ist. Folglich wird der transpersonale Kontakt als übersinnlich betrachtet und nur in Ausnahmesituationen zugestanden. Psychologen erkennen zum Beispiel an, daß zwischen eineiigen Zwillingen, bei Müttern und Söhnen, Ehepartnern, Liebespaaren und anderen Menschen, die sich gefühlsmäßig nahe stehen, gelegentlich eine Form von Telepathie auftritt. Aber nur außergewöhnlich offene Psychologen geben zu, daß alle Menschen über telepathische Fähigkeiten verfügen. Genau das aber ist das Ergebnis kürzlich durchgeführter Experimente. Viele Quellen und Laboratorien berichten von Experimenten mit Fernwahrnehmung, bei denen die Entfernung zwischen Sender und Empfänger von einer halben Meile bis zu mehreren tausend Meilen betrug. Völlig unabhängig davon, wo und von wem die Experimente durchgeführt wurden, die Erfolgsrate lag erheblich höher als die Zufallswahrscheinlichkeit. Die erfolgreichsten Betrachter sind jene, die entspannt, aufmerksam und meditativ sind. Sie berichten für gewöhnlich, daß sie in einer zarten und flüchtigen Form einen vorläufigen Eindruck erhalten, der sich allmählich zu einem zusammenhängenden Bild verdichtet. Aus zwei Gründen erleben sie das Bild als eine Überraschung: zum einen, weil es so klar ist, und zum anderen, weil es „anderswo" ist.

Die telepathischen Kräfte normaler Menschen – ihre Fähigkeit, verschiedene Formen der Gedanken- und Bildübertragung durchzuführen – sind keineswegs bloßes Wunschdenken oder gar eine Fehlinterpretation der Ergebnisse. Ein umfassendes Spektrum experimenteller Protokolle wurde erarbeitet, das von dem als Ganzfeld-Technik bezeichneten Verfahren zur Reduzierung des Rauschens bis zur strengen DMILS-Methode (direct mental influence on living systems = direkter geistiger Einfluß auf lebende Systeme) reicht. Erklärungsversuche in Form von versteckten sensorischen Hinweisen, Verzerrung durch die Geräte, Betrug durch die Versuchspersonen und Inkompetenz oder Irrtum der Experimentatoren wurden in Betracht gezogen, konnten eine Reihe statistisch bedeutsamer paranormaler Ergebnisse jedoch nicht erklären.

Jacobo Grinberg-Zylberbaum von der Nationaluniversität Mexiko führte in fünf Jahren mehr als fünfzig Experimente zur spontanen Kommunikation zwischen voneinander getrennten Einzelpersonen durch. Er setzte seine Versuchspersonen zu zweit in einen gegen Schallwellen und elektromagnetische Strahlung gesicherten „Faradayschen Käfig“ und bat sie, zwanzig Minuten lang gemeinsam zu meditieren. Anschließend setzte er sie in getrennte Faradaysche Käfige, in denen eine Versuchsperson stimuliert wurde, die andere nicht. Die stimulierte Versuchsperson erhielt Stimuli in zufälligen Zeitabständen, und zwar so, daß weder sie noch der Experimentator wußten, wann der nächste Stimulus erfolgen würde. Die nicht stimulierten Versuchspersonen wurden angewiesen, entspannt zu bleiben, die Augen geschlossen zu halten und die Gegenwart des Partners zu erfühlen, ohne daß sie etwas über dessen Stimulation wußten.

Gewöhnlich wurde eine Reihe von einhundert Stimuli gesetzt – wie Lichtblitze, Geräusche oder kurze, intensive, aber nicht schmerzhafte Elektroschocks an Zeige- und Ringfinger der rechten Hand. Die durch ein Elektro-Enzephalogramm (EEG) aufgezeichneten Gehirnwellen beider Versuchspersonen wurden dann synchronisiert und auf „normale“ Potentiale bei der stimulierten Versuchsperson und „übertragene“ Potentiale bei der nicht stimulierten Person untersucht. In Kontrollsituationen wurden keine übertragenen Potentiale festgestellt, wenn die stimulierte Versuchsperson durch einen Schirm daran gehindert wurde, die Stimuli (wie Lichtblitze) wahrzunehmen, oder wenn zwischen den zu einem Paar zusammengestellten Versuchspersonen keine vorherige Interaktion stattgefunden hatte. In Situationen mit Versuchspersonen, die zuvor Kontakt zueinander gehabt hatten, erschienen die übertragenen Potentiale während der Experimente jedoch beständig in ungefähr 25 Prozent der Fälle. Ein besonders beeindruckendes Beispiel lieferte ein junges Paar, das sich innig liebte. Ihre EEG-Muster blieben während des gesamten Experiments sehr eng miteinander synchronisiert, ein Beweis dafür, daß ihr Gefühl des tiefen Einsseins, von dem sie berichteten, keine Illusion war.

In beschränktem Umfang konnte Grinberg-Zylberbaum seine Ergebnisse auch reproduzieren. Waren bei einer Person die übertragenen Potentiale in einem Experiment aufgetreten, dann war dies gewöhnlich auch in nachfolgenden Experimenten der Fall. Die Ergebnisse waren nicht von einer räumlichen Trennung zwischen Sender und Empfänger abhängig – die übertragenen Potentiale traten völlig unabhängig davon auf, wie nahe oder wie weit sie voneinander entfernt waren.

Eine wachsende Zahl von Experimenten mißt heute den Harmonisierungsgrad der EEG-Wellen, die von den Gehirnen verschiedener

Personen ausgesandt werden. Im normalen Wachzustand weisen die beiden Gehirnhälften – das sprachorientierte, linear denkende, rationale „linke Gehirn“ und das Gestalt wahrnehmende, intuitive „rechte Gehirn“ – unkoordinierte, zufällig divergierende EEG-Muster auf. Gelangt eine Person in einen meditativen Zustand, neigen diese Muster zur Synchronisation, und in tiefer Meditation entwickelt sich in beiden Gehirnhälften ein nahezu identisches Muster. Eine beachtenswerte Reihe von Experimenten, die der italienische Arzt und Gehirnforscher Nitamo Montecucco durchführte und deren Zeuge der Verfasser des vorliegenden Buches war, zeigt, daß in tiefer Meditation nicht nur die linke und die rechte Gehirnhälfte einer einzelnen Versuchsperson identische Muster aufweisen, sondern daß dies auch bei mehreren Versuchspersonen der Fall ist. Versuche mit bis zu zwölf meditierenden Personen offenbarten eine enge Synchronisation der EEG-Wellen innerhalb der gesamten Gruppe, ohne daß zwischen den meditierenden Personen eine sinnesorientierte Kommunikation stattgefunden hätte.

Ein weiteres Experiment, das in Gegenwart des Verfassers durchgeführt wurde, fand am 4. Juni 2001 in Süddeutschland statt. Bei einem Seminar mit ungefähr einhundert Teilnehmern nahm Günther Haffelder vom Institut für Kommunikation und Gehirnforschung in Stuttgart eine Messung der EEG-Muster von Dr. Maria Sági, einer ausgebildeten Psychologin und begnadeten Naturheilerin, und eines jungen Mannes, der sich aus dem Kreis der Teilnehmer freiwillig zur Verfügung gestellt hatte, vor. Die Heilerin befand sich in einem separaten Raum. Sie und auch die Versuchsperson waren mit Elektroden verkabelt, und ihre EEG-Muster wurden auf einen großen Bildschirm im Seminarraum projiziert. Die Heilerin versuchte, die gesundheitlichen Probleme der Versuchsperson zu diagnostizieren und dann zu heilen. Dieser saß mit geschlossenen Augen in einem leicht meditativen Zustand. Während die Heilerin sich auf ihre Aufgabe konzentrierte, tauchten ihre EEG-Wellen in den tiefen Delta-Bereich ein (zwischen 0 und 3 Hz pro Sekunde), wobei plötzliche Ausschläge der Wellenamplitude auftraten. Mit bemerkenswerter Regelmäßigkeit trat das gleiche Muster ungefähr zwei Sekunden später im EEG des jungen Mannes auf! Doch Heilerin und Versuchsperson befanden sich in keinem sensorischen Kontakt zueinander, und weder die Versuchsperson noch sonst jemand im Seminarraum wußte, wann genau die

Heilerin sich auf ihre Diagnose und auf den Heilungsvorgang konzentrieren würde.[1]

Es gibt nun bedeutende Beweise dafür, daß die Bandbreite der Information, die unser Gehirn und unser Bewußtsein erreicht, jene Information transzendiert, die durch unsere Sinnesorgane zu uns gelangt. Die besten Chancen, in unser Bewußtsein zu gelangen, hat das „übersinnliche" Segment der Information, die uns erreicht, in den sogenannten „veränderten Zuständen" (von Bewußtseinsforschern als ASC bezeichnet: *altered states of consciousness* = veränderte Bewußtseinszustände). Das normale Wachbewußtsein neigt dazu, die Informationen zu unterdrücken, die nicht unserer Vorstellung von der Welt entsprechen. Eltern sagen ihren Kindern, daß sie sich keine Dinge einbilden sollen. Lehrer bestehen darauf, daß sie das Träumen lassen und vernünftig werden sollen. Die Bezugsgruppe des Kindes, bereits einer Gehirnwäsche unterzogen, lacht das Kind aus, wenn es auf seinen „Einbildungen" beharrt. Das führt dazu, daß die meisten Menschen als Erwachsene einen „gesunden Menschenverstand" entwickeln, der alles unterdrückt und ignoriert, was nicht der derzeitig geltenden, vorgefaßten Meinung im Hinblick auf die Natur der Welt und des Geistes entspricht. Wenn Menschen sich in einem veränderten Bewußtseinszustand befinden – zum Beispiel in tiefer Meditation, im Gebet, unter dem Einfluß von Musik oder Tanz (und leider auch von psychedelischen Drogen) –, dann funktionieren diese „Zensoren" jedoch nicht mehr. Seltsame Dinge dringen in das Bewußtsein ein – und nicht alle von ihnen beruhen auf purer Einbildung.

Traditionelle Menschen kannten die Fähigkeit veränderter Bewußtseinszustände zur Übertragung von Information, und sie würdigten und kultivierten diese Zustände aufgrund der Macht, die sie verliehen. Die semitischen Kulturen nutzen veränderte Bewußtseinszustände in der Kabbala, die alten Ägypter in den Tempeleinweihungen von Isis und Osiris. Die klassischen Griechen setzten sie in Bacchanalien, den Riten von Attis und Adonis und den Eleusinischen Mysterien ein. Eingeborene Kulturen im präkolumbianischen Amerika und Afrika

---

1 Weitere Einzelheiten zu diesem bemerkenswerten Phänomen des Heilens aus der Entfernung – eine Form des Heilens, die sich in praktischer Weise des Urfeldes bedient, das alle Organismen und alles Bewußtsein miteinander verbindet – sind in dem Bericht von Frau Dr. Sági im Anhang dieses Buches enthalten.

nutzten veränderte Bewußtseinszustände für schamanische Verfahren, Heilzeremonien und *rites de passage*, und die Hochkulturen Asiens setzten sie in verschiedenen Systemen ein wie Yoga, Vipassana oder Zen-Buddhismus, tibetischem Vajrayana, Taoismus und Sufismus. Die Mitglieder einiger Stämme in Afrika, wie die !Kung-Buschmänner der Kalahari-Wüste, konnten – und können – sich alle gleichzeitig in einen veränderten Bewußtseinszustand versetzen.

Moderne Menschen betrachten veränderte Zustände häufig als pathologisch – als Zeichen für Krankheit, Demenz oder Drogenkonsum. Nur Träume, Tagträume, der Alkoholrausch und der sexuelle Orgasmus gelten als „normale“ Abweichung vom Wachbewußtsein. Naturheiler, Psychiater und Bewußtseinsforscher beurteilen solche Zustände natürlich anders. Der Psychiater John Nelson beispielsweise betrachtet veränderte Bewußtseinszustände als grundlegend für die menschliche Psyche, wobei das eine Ende des Spektrums sich in den Schatten des Wahnsinns verliert, während das andere in die erhabensten Regionen von Kreativität, Erkenntnis und Genialität emporsteigt.

In mehr als vierzig Jahren klinischer Erfahrung untersuchte der transpersonale Bewußtseinsforscher Stanislav Grof die Kräfte veränderter Bewußtseinszustände. In diesen Zuständen, so fand er heraus, berichten die Menschen von einer Loslösung, von einem Schmelzen der Grenzen des körperlichen Ego und von einem Gefühl der Verschmelzung mit einer anderen Person in Einheit und Einssein. Manche erzielen ein Gefühl der vollständigen Identifizierung, das so weit geht, daß sie das Bewußtsein für ihre eigene Identität verlieren. In noch tieferen veränderten Zuständen können die Menschen ihr Bewußtsein in einem solchen Maße erweitern, daß es die Gesamtheit des Lebens auf dem Planeten umfaßt und sogar bis in den Kosmos hinausreicht.

Neue Beweise für das interagierende Bewußtsein

Unser Gehirn und unser Geist können nicht nur spontan mit Gehirn und Geist eines anderen Menschen kommunizieren. Auch mit anderen Organismen können wir auf diese nicht sinnesorientierte Weise interagieren. Mittlerweile gibt es zuverlässige Beweise dafür, daß der bewußte Geist eines Menschen eine wiederholbare und meßbare Wirkung auf Gehirn und Körper eines anderen Menschen ausüben kann. Diese Wirkung bezeichnet man als „telesomatisch“.

Das bahnbrechende telesomatische Experiment

Eines der ersten Experimente im Bereich telesomatischer Wirkungsübertragung führte der Kardiologe Randolph Byrd durch, früher Professor an der Universität von Kalifornien in Berkeley. In seiner zehnmonatigen, computergestützten Studie ging es um die medizinischen Fallgeschichten von Patienten, die auf der Pflegestation für Koronarkrankheiten des San Francisco General Hospital eingeliefert worden waren.

Byrd stellte eine Experimentatorengruppe aus ganz gewöhnlichen Menschen zusammen, die lediglich gemeinsam hatten, daß sie regelmäßig in katholischen oder protestantischen Kirchengemeinden im Land zu beten pflegten. Die ausgewählten Leute wurden gebeten, für die Genesung einer Gruppe von 192 Patienten zu beten; eine zweite Gruppe von 210 Patienten, für die in dem Experiment niemand betete, stellte die Kontrollgruppe dar. Es wurden strenge Kriterien angesetzt: Die Auswahl erfolgte zufällig, und das Experiment wurde nach dem Doppelblind-Prinzip durchgeführt, bei dem weder die Patienten noch das Pflegepersonal oder die Ärzte wußten, welche Patienten zu welcher Gruppe gehörten.

Man gab den Experimentatoren die Namen der Patienten, einige Informationen über deren Zustand und bat sie, täglich für diese zu beten. Weitere Auskünfte erteilte man nicht. Da jeder Experimentator für mehrere Patienten beten konnte, beteten zwischen fünf und sieben Menschen für jeden Patienten. Die Ergebnisse waren im Hinblick auf ihre Wahrscheinlichkeitsstatistik höchst signifikant. Bei der Gruppe, für die gebetet wurde, lag die Wahrscheinlichkeit, daß sie ein Antibiotikum benötigten, fünfmal niedriger als bei der

Kontrollgruppe (drei gegenüber 16 Patienten); das Risiko eines Lungenödems war dreimal geringer (sechs im Vergleich zu 18 Patienten); kein Patient in der Gruppe, für die gebetet wurde, mußte künstlich beatmet werden (während 12 Patienten in der Kontrollgruppe künstlich beatmet werden mußten); und in der ersten Gruppe gab es weniger Todesfälle als in der zweiten (obwohl dieses Ergebnis statistisch unbedeutend war). Es spielte keine Rolle, wie nahe oder wie weit die Patienten von den Menschen entfernt waren, die für sie beteten, oder welche Form des Gebets praktiziert wurde – allein die Tatsache des konzentrierten und wiederholten Gebets schien zu zählen, völlig unabhängig davon, an wen das Gebet gerichtet wurde und wo es stattfand.

Es gibt eine Reihe möglicher Wege, um konkrete physiologische Wirkungen zu übertragen. Die Ursprungsform dieser Übertragung ist Anthropologen gut bekannt: Sie bezeichnen sie als „Analogiezauber". Schamanen, Hexendoktoren und jene, die diese Form der Magie – zum Beispiel Voodoo – praktizieren, handeln nicht an der Person, die ihr eigentliches Ziel ist, sondern an einem Abbild dieser Person, wie zum Beispiel einer Puppe. Bei traditionellen Völkern ist diese Praxis weit verbreitet, und auch die Rituale der Ureinwohner Amerikas bedienen sich ihrer. In seiner berühmten Studie *The Golden Bough* („Der goldene Zweig") berichtete Sir James Frazer, daß die Schamanen der amerikanischen Ureinwohner die Figur eines Menschen in Sand, Asche oder Lehm zeichneten, um sie dann mit einem scharfen Stock zu durchstechen oder ihr eine andere Verletzung zuzufügen. Man glaubte, daß der Person, die diese Figur darstellte, damit die entsprechende Verletzung zugefügt wurde. Beobachter fanden heraus, daß die Person, gegen die dieser Zauber gerichtet war, häufig krank und lethargisch wurde, manchmal sogar starb.

Dean Radin und seine Mitarbeiter an der Universität von Nevada beschlossen, die positive Variante dieses Effekts unter kontrollierten Laborbedingungen zu testen. In Radins Experimenten bastelten die Versuchspersonen eine kleine Puppe nach ihrem eigenen Abbild und stellten verschiedene Objekte zur Verfügung (Bilder, Schmuck, eine Autobiographie und andere persönlich wichtige Dinge), die sie selbst „darstellen" sollten. Außerdem stellten sie eine Liste der Dinge zusammen, durch die sie sich „genährt" und behaglich fühlten. Diese und die begleitenden Informationen verwendete der „Heiler" (der in diesem Fall analog zum „Sender" in den Experimenten zur Gedanken- und Bildübertragung fungierte), um eine mitfühlende Verbindung zu seinem „Patienten" zu schaffen. Dieser war verkabelt, um die Aktivitäten seines vegetativen Nervensystems zu überwachen – elektrodermale Aktivität, Herzfrequenz, Pulsvolumen des Blutes. Währenddessen befand sich der Heiler in einem akustisch und elektromagnetisch abgeschirmten Raum in einem benachbarten Gebäude. Er legte die Puppe und die anderen kleinen Objekte auf den Tisch vor sich und konzentrierte sich darauf, während er in zufälliger Folge „nährende" (aktiv heilende) Botschaften und Botschaften der „Ruhe" aussandte.

Es zeigte sich, daß die elektrodermale Aktivität und auch die Herzfrequenz der Patienten während der aktiv nährenden Perioden deutlich anders waren als während der Ruheperioden, wohingegen das Pulsvolumen des Blutes während der nährenden Perioden einige Sekunden lang signifikant war. Sowohl die Herzfrequenz als auch der Blutfluß deuteten auf eine „Entspannungsreaktion" hin – was einleuchtend ist, da der Heiler versuchte, die Versuchsperson mittels der Puppe zu „nähren". Andererseits zeigte die erhöhte elektrodermale Aktivität jedoch, daß das vegetative Nervensystem der Patienten angeregt wurde. Der Grund hierfür war zunächst ein Rätsel, bis die Experimentatoren erkannten, daß die Heiler die Patienten „nährten", indem sie Schultern, Haare oder Gesicht der Puppen – welche die Patienten darstellen sollten – streichelten. Auf die Haut der Patienten hatte dies offensichtlich den Effekt einer „Fernmassage"!

Radin und seine Kollegen schlossen daraus, daß der nicht anwesende Patient die lokalen Aktionen und Gedanken des Heilers fast genau so empfindet, als säßen Heiler und Patient unmittelbar nebeneinander. Die Entfernung zwischen Sender und Empfänger schien kaum einen Unterschied zu machen. Dies bestätigte sich in einer großen Zahl von Versuchen, die von den experimentellen Parapsychologen William Braud und Marilyn Schlitz durchgeführt wurden, um festzustellen, welchen Einfluß die mentale Bildersprache des Senders auf die Physiologie des Empfängers hat. Braud und Schlitz stellten fest, daß die mentalen Bilder des Senders über räumliche Grenzen hinweg Veränderungen in der Physiologie des nicht anwesenden Empfängers hervorrufen konnten. Die Wirkungen sind jenen vergleichbar, die eigene mentale Prozesse im eigenen Körper hervorrufen. Eine „telesomatische" Aktion durch eine nicht anwesende Person scheint fast genauso effektiv zu sein wie der „psychosomatische" Einfluß der Versuchsperson selbst.

Die oben erwähnten Experimente tragen zu einer sich füllenden Schatzkammer an Beweisen bei, die von der neuen Bewußtseinsforschung zusammengetragen werden. In einer Sammlung von Dokumenten, die von der angesehenen und normalerweise konservativen *American Psychological Association* (Verband der amerikanischen Psychologen) veröffentlicht wurden, wurde diese Schatzkammer im Frühjahr des Jahres 2000 sachverständig geprüft und beurteilt. *Varieties of Anomalous Experience: Examining the Scientific Evidence* (Arten anomaler Erfahrungen: Eine Untersuchung der wissenschaftlichen Beweise) wurde von Etzel Cardena, Steven Jay Lynn und Stanley Krippner herausgegeben und untersuchte die gesamte Bandbreite dessen, was man früher als nicht-wissenschaftliche, esoterische oder „paranormale" Phänomene betrachtet hatte: halluzinatorische Erfahrungen, Synästhesie, hellsichtiges Träumen, außerkörperliche und psi-bezogene Erfahrungen, Entführungen durch Außerirdische, Erfahrungen aus früheren Leben, Nahtod-Erfahrungen, außergewöhnliche Heilungserfahrungen und mystische Erfahrungen. Die Verfasser stimmten zu, daß diese Erfahrungen weder als illusorisch noch als Zeichen für Psychopathologie abgetan werden können. Sie sind weiter verbreitet, als man allgemein angenommen hatte, und sie haben eine reale Auswirkung auf die Menschen, die sie erleben. Mit einer allgemeingültigen Erklärung dafür konnten die Verfasser jedoch nicht aufwarten.

Es gilt nun die Frage zu beantworten, ob die anomalen Erfahrungen, die in veränderten Bewußtseinszuständen zutage treten, ihren Ursprung *im* Gehirn oder *außerhalb* des Gehirns haben. Wenn sie einen inneren Ursprung haben, dann werden sie vom Gehirn selbst erzeugt und haben keinen Referenzpunkt in der äußeren Welt: Sie weisen lediglich auf ungewöhnliche Formen der Gehirnfunktion hin. Es ist jedoch ebensogut möglich, daß das Gehirn die ungewöhnlichen Informationen, die in veränderten Bewußtseinszuständen zutage treten, nicht *erzeugt*, sondern lediglich *überträgt*. In diesem Fall sind außerkörperliche Erfahrungen, Erfahrungen aus früheren Leben, mystische und andere „esoterische" Erfahrungen nicht – oder jedenfalls *nicht ausschließlich* – eingebildet: Sie sagen uns etwas über die Welt außerhalb unseres Gehirns und unseres Körpers.

Dies ist eine profunde Frage. Sie kann nicht beantwortet werden, indem man allein das Gehirn untersucht, ebensowenig wie der Ursprung der Signale, die das Bild in unserem Fernseher erzeugen, allein dadurch bestimmt werden kann, daß man den Fernseher betrachtet. Wenn wir allein den Fernseher betrachten, haben wir keine Möglichkeit festzustellen, ob die Bilder, die wir auf dem Bildschirm sehen, von einer VHS-Kassette im eigenen Gerät stammen oder außerhalb des Gerätes erzeugt und lediglich zu diesem übermittelt wurden. In gleicher Weise können wir durch die alleinige Untersuchung unseres Gehirns nicht feststellen, ob die ungewöhnlichen Informationen, die in unserem Bewußtsein entstehen, von unserem Gehirn selbst erzeugt wurden oder aus der äußeren Welt stammen und lediglich an unser Gehirn übermittelt wurden – vielleicht durch ein Feld, das Träger dieser Informationen ist.

Es ist sehr wahrscheinlich, daß letzteres der Fall ist. Führende Forscher – darunter Roger Penrose, Stuart Hameroff, Glen Rein und Richard Amoroso –, die mit Konzepten von Quantenfeldern, Wellenfunktionen, Verschränkung und Korrelation arbeiten, führen das Bewußtsein nicht ausschließlich auf Prozesse in Gehirn und Nervensystem zurück, sondern auch auf eine Interaktion von Gehirn und Nervensystem mit den Kräften und Feldern, von denen der Mensch in seinem Umfeld umgeben ist.

Bahnbrechende Forschungsarbeiten in der Bewußtseinsforschung, besonders auf dem neuen Feld der Quantenhirn-Theorie, entdecken eine Tatsache wieder neu, die viele tausend Jahre lang durch unmittelbare persönliche Erfahrung bekannt war: Unser Bewußtsein reicht über unseren Körper hinaus und kommuniziert und interagiert mit der Welt als Ganzem. Ist dies eine hartnäckige Anomalie, oder gibt es dafür eine wissenschaftliche Erklärung?

Könnte es sein, daß dasselbe Informationen übertragende Urfeld, das Quanten in der Mikrowelt und Organismen in der Welt des Lebenden miteinander verbindet, auch unser Gehirn und unseren Körper mit dem Gehirn und dem Körper anderer Menschen verbindet?

4.

Die verwirrende Welt der neuen Kosmologie

Der Kosmos ist keine bloße Ansammlung von Materiebrocken, die wahllos zu Sternen, Planeten und Galaxien zusammengeballt sind – er ist ein erstaunlich kohärentes Ganzes in sich. In diesem abschließenden Teil unserer Forschungen entdecken wir, daß die Kohärenz des Kosmos auf ein in subtiler Weise verbindendes Urfeld hindeutet – auf das Paradigma von einem kosmisches Feld, das in Raum und Zeit alles mit allem verbindet.

Die Kosmologie befindet sich inmitten einer Revolution, die ebenso tiefgreifend und in einigen Aspekten sogar noch dramatischer ist als die Revolutionen, die Physik, Biologie und Bewußtseinsforschung erschüttern. Die Kosmologie – ein Zweig der astronomischen Wissenschaften – ist technisch weit fortgeschritten, denn sie profitiert von der Verfügbarkeit hoch leistungsfähiger Instrumente, die es ermöglichen, immer weiter und tiefer in Raum und Zeit vorzudringen. Und doch hat sie nicht alle Fragen hinsichtlich des Ursprungs und der Evolution des Universums beantwortet. Im Gegenteil, je weiter die Kosmologen vordringen, um so mehr Rätsel decken sie auf.

Ein Spaziergang durch die verwirrende Welt der neuen Kosmologie

Der wichtigste Meilenstein: Das kohärent strukturierte und sich entwickelnde Universum

Der Kosmos ist weitaus komplexer, kohärenter und ganzheitlicher, als jeder, von Poeten und Mystikern einmal abgesehen, sich vorzustellen gewagt hätte. Plötzlich treten eine Reihe verwirrender Beobachtungen zutage:

- ▷ Die „Flachheit“ des Universums: In Abwesenheit von Materie erweist die Raumzeit sich als „flach“ oder „euklidisch“ (die Art von Raum, in dem die kürzeste Entfernung zwischen zwei Punkten eine gerade Linie ist), statt positiv oder negativ gekrümmt zu sein. Dies aber bedeutet, daß der „Urknall“, der unser Universum entstehen ließ, eine verblüffende Feinabstimmung aufwies – denn wenn er nur ein Milliardstel mehr Materie geschaffen hätte, als es tatsächlich der Fall war, dann wäre die Raumzeit positiv gekrümmt, und wenn er ein Milliardstel weniger geschaffen hätte, dann wäre sie negativ gekrümmt.
- ▷ Die „fehlende Masse“ des Universums: Es herrscht eine größere Anziehungskraft im Kosmos, als durch sichtbare Materie zu erklären ist – doch man glaubt, daß nur Materie allein eine Massenanziehung ausüben kann. Auch wenn Kosmologen eine Vielfalt an „dunkler“ (optisch unsichtbarer) Materie einrechnen, so fehlt doch immer noch ein großer Brocken Materie (und somit Masse).
- ▷ Die Kohärenz einiger kosmischer Zahlenverhältnisse: Die Masse von Elementarteilchen, ihre Zahl und die Kräfte, die zwischen ihnen wirken, sind auf geheimnisvolle Weise so aufeinander abgestimmt, daß sie bestimmte Zahlenverhältnisse begünstigen, die immer und immer wieder auftreten.
- ▷ Die Feinabstimmung der Konstanten im Universum: Die Schlüsselparameter des Universums sind in so erstaunlicher Weise fein aufeinander abgestimmt, daß sie nicht nur wiederkehrende harmonische Zahlenverhältnisse hervorbringen, sondern auch jene – ansonsten äußerst unwahrscheinlichen – Bedingungen erschaffen, unter denen sich Leben im Kosmos entwickeln kann.
- ▷ Das „Problem des Horizonts“: Die Galaxien und anderen Makrostrukturen des Universums entwickeln sich von der Erde aus fast gleichförmig in alle Richtungen – und das

selbst über so große Entfernungen hinweg, daß die Strukturen nicht durch Licht miteinander verbunden gewesen sein und somit auch nicht durch Signale in Korrelation zueinander gestanden haben können, die durch Licht übertragen wurden (der Relativitätstheorie zufolge kann kein Signal schneller reisen als Licht).

- Die sich beschleunigende Ausdehnung des Kosmos: Ferne Galaxien scheinen sich mit zunehmender Geschwindigkeit voneinander weg zu bewegen – doch eigentlich sollten sie langsamer werden, denn die Kraft des „Urknalls", die sie voneinander wegtreibt, wird durch die Gravitation gebremst.
- Das Rätsel super-energetischer Eruptionen: An verschiedenen Orten im Universum scheinen Explosionen stattzufinden, die wesentlich stärker sind als jene, die normalerweise das Ende eines Sterns kennzeichnen (die sogenannten Supernovae). Einige von ihnen sind möglicherweise sogar stark genug, um große Mengen an Materie – vielleicht ganze Universen – zu erschaffen.

Angesichts dieser und ähnlicher Rätsel ziehen Kosmologen nun die Möglichkeit in Betracht, daß es eine Vielzahl von Universen gibt, von denen unser Universum nur eines ist.

Dem Standardszenario kosmischer Evolution zufolge entstand das Universum vor ungefähr zwölf bis fünfzehn Milliarden Jahren durch den Urknall. Dieser war eine explosive Instabilität im „Urraum" des Universums, einem fluktuierenden Meer virtueller Energien, das mit dem irreführenden Begriff „Vakuum" bezeichnet wird. Ein Bereich dieses Urvakuums explodierte und schuf einen Feuerball von unvorstellbarer Hitze und Dichte. In den ersten Millisekunden wurde alle Materie geschaffen, die nun die Raumzeit bevölkert. Die entstehenden Paare aus Teilchen und Anti-Teilchen kollidierten miteinander und vernichteten sich gegenseitig, und das eine überlebende Milliardstel der ursprünglich geschaffenen Teilchen (der winzig kleine Überschuß von Teilchen zu Anti-Teilchen) bildete den Materieinhalt des jetzigen Universums. Nach ungefähr 300.000 Jahren entkoppelten sich diese Teilchen vom Strahlungsfeld des uranfänglichen Feuerballs: Der Raum wurde transparent, und Materieklumpen bildeten sich als eigenständige Elemente des Kosmos heraus. Durch die Anziehungskraft verdichteten sie sich zu gigantischen Wirbeln, die sich zu Galaxien verfestigten. Mit der Zeit gewannen diese in Form von Sternen und stellaren Systemen weiter an Struktur.

Mitte der neunziger Jahre glaubte man, die Gesamtmerkmale der kosmischen Evolution umfassend ermittelt zu haben. Sie wurden durch die Computeranalyse von ungefähr 300 Millionen Beobachtungen bestätigt, die der NASA-Satellit COBE (Cosmic Background Explorer) gemacht hatte. Eingehende Messungen der kosmischen Mikrowellen-Hintergrundstrahlung – die vermuteten Überreste des Urknalls – zeigen, daß deren Schwankungen sich aus der ursprünglichen Explosion ableiten und keine Verzerrungen sind, die durch die Strahlung stellarer Körper verursacht werden. Die Schwankungen reichen zurück in die Zeit, als das Universum ungefähr 300.000 Jahre alt war: Sie deuten die Existenz riesiger Materiewolken an – die Vorläufer von Galaxien. Man glaubt, daß sie die Überreste winziger Fluktuationen innerhalb des kosmischen Feuerballs sind, als dieser weniger als eine Billionstel Sekunde „jung" war. Sie weisen auf die Menge – wenn nicht die Natur – der Materieteilchen hin, die in den ersten wenigen Sekundenbruchteilen nach dem Urknall erschaffen wurden.

Die kosmischen Rätsel

Heute ist die Kosmologie des Urknalls nicht so eindeutig bewiesen, wie es vor wenigen Jahren noch den Anschein hatte. Eine Reihe von Anomalien ist ans Tageslicht gekommen: „kosmische Rätsel", die durch die Urknalltheorie nicht zu erklären sind.

Das flache Universum. 1998 wurden in der Antarktis Beobachtungen mit einem Teleskop gemacht, das an einem Ballon befestigt war. Ehe die Ergebnisse dieser Beobachtungen vorlagen, konnten Kosmologen die Frage, ob das Universum flach (mit einer Raumzeit-Struktur, die im wesentlichen „euklidisch" ist, das heißt, in der Licht

– außer in der Nähe fester Körper – sich in einer geraden Linie fortbewegt) oder offen (mit einer sich unendlich ausdehnenden, negativ gekrümmten Raumzeit) oder geschlossen (sich bis zu einer bestimmten Grenze ausdehnend und sich dann mit einer positiv gekrümmten Raumzeit wieder zusammenziehend) ist, nicht beantworten. Die Antwort hängt von der Menge von Materie im Universum ab. Wenn die „Materiedichte" eine bestimmte Menge übersteigt (die auf 5×10^{-26} g/cm^3 geschätzt wird), dann beherrscht die mit den Materieteilchen einhergehende Anziehungskraft ultimativ die Trägheitskraft, die durch den Urknall erzeugt wurde. In diesem Fall kehrt die Ausdehnung des Universums sich um, und wir finden uns in einem „geschlossenen" Universum wieder, das in sich selbst zusammenfällt. Wenn die Materiedichte unterhalb der kritischen Menge liegt, dann beherrscht die Ausdehnung auch weiterhin die Gravitation, und das Universum ist „offen" und dehnt sich unendlich aus. Wenn die Materiedichte sich hingegen genau am kritischen Wert befindet, dann gleichen die Kräfte von Ausdehnung und Zusammenziehung sich aus, und das Universum ist „flach". Es steht auf des Messers Schneide zwischen den entgegengesetzten Kräften von Expansion und Kontraktion.

Als die Ergebnisse der Beobachtungen vorlagen, die das „Boomerang"-Projekt (der Name steht für „Balloon Observations of Millimetric Extragalactic Radiation and Geophysics") vom Mikrowellen-Hintergrund durchgeführt hatte, schien die Frage, ob das Universum nun offen, geschlossen oder flach ist, zufriedenstellend beantwortet zu sein. Diese Beobachtungen deckten zwar nur 2,5 Prozent des Himmels ab, hatten aber eine Auflösung, die 35mal höher war als die von COBE. Sie deuten darauf hin, daß das Universum präzise flach ist. Diese Erkenntnis bestätigt Vorausberechnungen, die sich aus der Urknalltheorie ergaben, aber trotzdem ist sie erstaunlich. Denn wenn das Universum heute flach ist, dann muß der Urknall, der alle Materie im Universum schuf, mit einer Feinabstimmung in der atemberaubenden Größenordnung von einem Teil zu 10^{50} stattgefunden haben. Wie eine solche Stufe der Präzision zustande kommen konnte, dafür hat die Urknalltheorie keine Erklärung. Daß sie lediglich zufällig geschah, ist nur dann plausibel, wenn eine sehr große Zahl nicht miteinander verbundener Universen existieren würde – dann bestünde selbst bei einem unwahrscheinlichen Universum eine gewisse zufällige Wahrscheinlichkeit, daß es entstehen könnte.

Die fehlende Masse. Ein weiteres Rätsel ist, daß es durch Beobachtungen mit optischen Teleskopen nicht gelingt, die genannte Menge an Materie im kosmischen Raum zu lokalisieren. Diesen Beobachtungen zufolge müßte die Materiedichte des Universums weniger als 10^{-30} g/cm^3 betragen – weit weniger als die Menge, die zu einem flachen Universum führen würde. Zur Zeit sind Astrophysiker sich einig, daß die Substanz des Universums nur zu fünf Prozent aus gewöhnlicher Materie in Form von Galaxien, Sternen, Planeten, interstellarem Staub und anderen astronomischen Körpern besteht, die mit den gegenwärtig verfügbaren Instrumenten beobachtet werden kann. (Gewöhnliche Materie setzt sich hauptsächlich aus Protonen und Neutronen, sogenannten Baryonen, zusammen.) Weitere 30 Prozent scheinen aus „baryonischer dunkler Masse" (Protonen und Neutronen in Strukturen, die zu schwach leuchten, um sichtbar zu sein) und aus „nicht-baryonischer dunkler Masse" (exotische Teilchen wie Axione, Neutrinos mit Masse und WIMPs – weakly interacting massive particles [schwach wechselwirkende massereiche Teilchen]) zu bestehen. Aber selbst wenn man die Summe aller sichtbaren und unsichtbaren Materie zusammenrechnet, bleiben immer noch ungefähr 60 Prozent der Substanz des Universums ungeklärt. Diese enorm große Menge scheint überhaupt keine Materie, sondern „dunkle Energie" zu sein – eine Eigenschaft des Raumes selbst, die sehr wahrscheinlich auf die Fluktuation virtueller Teilchen in dem fundamentalen Meer von Energie zurückzuführen ist, das man als Quantenvakuum bezeichnet.

Die sich beschleunigende Ausdehnung. Wenn das Universum flach ist und die Kräfte von Ausdehnung und Anziehungskraft sich gegenseitig genau ausgleichen, dann müßte die Ausdehnung der Galaxien sich allmählich verlangsamen (da die Wucht der Explosion, die die Galaxien auseinander treibt, durch die Anziehungskraft zwischen den Galaxien verlangsamt wird). Das ist aber nicht der Fall: Die Ausdehnung des Kosmos nimmt an Geschwindigkeit zu.

Erst seit kurzem sind Beobachtungen möglich, die präzise genug sind, um die Ausdehnung weit entfernter Makrostrukturen zu bestimmen. Vorher hatten Edwin Hubble und andere Astronomen die Entfernungen zu den beobachteten Galaxien geschätzt, indem sie davon ausgingen, daß die Galaxien eine einheitliche Helligkeit besitzen. Wenn das stimmt, dann sind Galaxien, die heller erscheinen, uns näher als jene, die schwächer leuchten. Dabei wird aber nicht berücksichtigt, daß es Galaxien gibt, deren Sterne eine unterschiedliche intrinsische (von innen herkommende) Leuchtkraft besitzen. Ebenfalls nicht berücksichtigt werden Galaxien, die so weit entfernt sind, daß das Licht, das uns nun erreicht, in einer frühen Phase ihrer Evolution ausgesandt wurde, also zu einer Zeit, in der ihre intrinsische Helligkeit sich beträchtlich von der Helligkeit einer voll entwickelten Galaxie unterschied. Astronomen brauchen Galaxien mit einer bereits hinreichend ermittelten Helligkeit, die sogenannten „Standardkerzen". In den 90er Jahren wurden einige dieser Kerzen bekannt. Sie sind eine Form von Supernova (die Explosion, die das Ende des Lebenszyklus bestimmter Sterne kennzeichnet), die als Typ Ia bekannt ist.

Wenn ein Stern den größten Teil des in seiner Masse enthaltenen Wasserstoffs in Helium, Kohlenstoff, Sauerstoff, Neon und einige andere schwere Elemente umgewandelt hat, dann werden seine äußeren Schichten durch die Schwerkraft auf eine Größe zusammengepreßt, die ungefähr der Größe der Erde entspricht, aber eine Million Mal dichter ist als gewöhnliche Materie. Die meisten dieser „weißen Zwerge" kühlen ab und vergehen ohne dramatische Veränderungen, aber wenn eines dieser superdichten Objekte sich auf einer Kreisbahn in der Nähe eines aktiven Sterns befindet, dann schöpft seine extrem große Schwerkraft Materie von diesem Stern ab. Das erhöht die Dichte des weißen Zwerges, bis eine thermonukleare Kettenreaktion beginnt. Sie bewirkt, daß der weiße Zwerg explodiert und seine atomare Materie mit einer Geschwindigkeit von zehntausend Kilometern pro Sekunde von sich fort speit. Da die Dauer der Explosion von seiner Helligkeit abhängt, können Astronomen, die seine Entwicklung verfolgen, seine inhärente Helligkeit sehr präzise bestimmen.

Mittlerweile wurden Dutzende von Standardkerzen in Entfernungen von vier bis sieben Milliarden Lichtjahren untersucht. Ihre intrinsische Helligkeit kann auf der Basis ihrer Entfernung berechnet werden. Aber diese Kerzen leuchten schwächer, als ihre Entfernung annehmen lassen würde – die beobachteten Werte stimmen nicht mit den vorausberechneten Werten überein! Das heißt, daß sie weiter entfernt sind, als das Standardmodell vorausberechnet. Der Kosmos muß sich also schneller ausdehnen, als die Kosmologen glaubten. Etwas – eine Kraft oder Energie – muß die Galaxien auseinander treiben.

Die gegenwärtigen Erkenntnisse rufen das Konzept einer kosmologischen Konstanten wieder in Erinnerung, das von Einstein zunächst postuliert, dann aber wieder verworfen wurde. In Einsteins Universum des „steady state“ (stabiler Zustand) wird die Materie nicht im Mutterschoß eines Urknalls geschaffen, sondern ist homogen im Raum verteilt. Daß sie dort bleibt – statt sich unter der Anziehungskraft zusammenzuballen –, wird durch seine kosmologische Konstante sichergestellt. Sie steht für eine Kraft der Abstoßung, welche die anziehende Kraft der Gravitation präzise ausgleicht. Folglich dehnt das Universum sich weder aus, noch zieht es sich zusammen, sondern es bleibt in einem stabilen Zustand. Innerhalb von fünf Jahren, nachdem Einstein diese Hypothese der kosmischen Konstanten aufgestellt hatte, verwarf er sie jedoch wieder und bezeichnete sie als seine größte Eselei. Beweise für die Instabilität des Universums tauchten auf, und in einem Brief an den Mathematiker Hermann Weyl aus dem Jahr 1923 gab Einstein zu, daß man, wenn es keine quasi statische Welt gebe, sich auch des kosmologischen Faktors entledigen müsse.

Diese Schlußfolgerung war verfrüht. Gegenwärtige Messungen des kosmischen Hintergrundes deuten darauf hin, daß, auch wenn alle Materie im Universum durch einen Urknall entstanden ist, die Raumzeit dennoch flach ist: Das Universum sollte sich also in einem präzisen Gleichgewicht zwischen Expansion und Kontraktion befinden. Aber die Galaxien dehnen sich aus! Vielleicht gibt es schließlich doch eine kosmische Konstante.

Kosmologen vermuten, daß das Quantenvakuum die Quelle jener seltsamen Energien ist, für die diese Konstante steht. Der Raum ist mit virtuellen Teilchen gefüllt, die sich in ständiger Fluktuation befinden. Die Energie der Teilchen entspricht den Wirkungen, die man ihnen zuschreibt, selbst wenn ihre Existenz zu kurz ist, um sie messen zu können. Dies sind die Energien des Vakuums, von denen man annahm, daß sie für die beschleunigte Ausdehnung des Universums verantwortlich sind. Diese Annahme ist nicht neu: Bereits in den 60er Jahren des 20. Jahrhunderts zeigte Yakov Zeldovich, daß Vakuumenergien sich genau so verhalten, wie Einsteins kosmologische Konstante es vorausgesetzt hatte.

Aber die Annahme ist nicht perfekt: Die Gesamtsumme des Energiegehaltes im Quantenvakuum ist wesentlich größer als der für die zusätzliche Expansionskraft benötigte Wert. Die Größenordnung von Vakuumenergien ist umwerfend – selbst wenn man Korrekturen aufgrund der Quanteneffekte berücksichtigt, übersteigt sie die in der gesamten Materie des Universums enthaltene Energie immer noch um 120 Größenordnungen. Diese Energien würden zu einer ultraschnellen Ausdehnung der Raumzeit führen, die den Materieinhalt in allen Regionen der Raumzeit dünn werden ließe. In unserer eigenen unmittelbaren Umgebung wäre die Raumzeit fast leer. Wir würden in den Nachthimmel schauen und nichts anderes sehen als den Mond und die Planeten unseres Sonnensystems. Noch nicht einmal diese würden wir sehen: Die Raumzeit wäre so stark gekrümmt, daß die Sicht auf einen Kilometer begrenzt wäre. Tagsüber würden wir die Sonne nicht sehen, noch nicht einmal Flugzeuge, die höher als tausend Meter fliegen. Und doch sehen wir tagsüber die Sonne und hoch fliegende Flugzeuge, und nachts sehen wir Milliarden von Sternen, die Milliarden von Lichtjahren weit entfernt sind.

Numerische Zufälle. Mit den Parametern des Universums verbindet sich eine Reihe seltsamer „Zufälle". Hinsichtlich der „dimensionslosen Verhältnisse", welche die Parameter des elementaren Universums zueinander in Relation setzen, fielen Arthur Eddington und Paul Dirac schon in den 30er Jahren des letzten Jahrhunderts einige kuriose Tatsachen auf. Das Verhältnis von elektrischer Kraft zu Schwerkraft liegt zum Beispiel bei ungefähr 10^{40}, das Verhältnis der beobachtbaren Größe des Universums zur Größe des Elementarteilchens liegt ebenso bei ungefähr 10^{40}. Dies ist um so seltsamer, als das erste Zahlenverhältnis unverändert bleiben sollte (man geht davon aus, daß beide Kräfte konstant sind), wohingegen das zweite sich verändert (da das Universum sich ausdehnt). In seiner „Hypothese der großen Zahlen" spekulierte Dirac, daß die Übereinstimmung dieser Zahlenverhältnisse, das eine variabel, das andere nicht, mehr als nur ein vorübergehender Zufall sei. Wenn es sich aber um mehr als nur einen vorübergehenden Zufall handelt, dann dehnt sich entweder das Universum nicht aus, oder die Kraft der Gravitation verändert sich entsprechend der Ausdehnung des Universums.

Weitere Zufälle betreffen das Verhältnis von Elementarteilchen zur Planck-Länge (dieses Verhältnis ist 10^{20}) und die Anzahl von Nukleonen im Universum („Eddingtons Zahl", die bei ungefähr 2×10^{79} liegt). Dies sind sehr große Zahlen, und doch kann man aus ihnen

„harmonische“ Zahlen bilden. Eddingtons Zahl entspricht beispielsweise ungefähr der Quadratwurzel von 10^{40}.

Die Astrophysiker Kafatos, Roy und Amoroso haben kürzlich gezeigt, daß viele dieser Zufälle durch die Beziehung zwischen den Massen von Elementarteilchen und der Gesamtzahl von Nukleonen im Universum einerseits und zwischen der Gravitationskonstante, der Ladung des Elektrons, der Planck-Konstante und der Lichtgeschwindigkeit andererseits interpretiert werden können. Skaleninvariante Beziehungen treten zutage – es stellt sich zum Beispiel heraus, daß alle Längen proportional zur Skala des Universums sind. Dies deutet auf ein äußerst verblüffendes Maß an Kohärenz im Universum hin. Kafatos und seine Mitarbeiter deuten einen Grund dafür an: Es ist die „Nicht-Lokalität“, die der Verschränkung von Quanten in der Mikrodomäne zugrunde liegt. Im frühen Universum mag eine solche Verschränkung weit verbreitet gewesen sein (durch die bekannte Vernichtung von Elektronen und Positronen), und die anschließende Kaskade von Prozessen rief raumähnliche Korrelationen zwischen den verschränkten Photonen hervor. Es entstanden die räumliche und auch die zeitliche Verschränkung, ebenso wie eine höhere räumlich-zeitliche Form, welche die Raumzeit selbst zu einem vereinigten Ganzen machte.

Von Kafatos und Nadeau erstellte „universelle Diagramme“ zeigen die nicht-lokale Verschränkung als elementares Prinzip der Architektur des Kosmos. In diesen Diagrammen werden verschiedene physikalische Mengen unterschiedlicher Objekte auf multidimensionalen Mustern dargestellt. Die Diagramme enthalten Objekte aus allen Skalen: Quantenskalen, astronomischen Skalen sowie den mittleren Skalen des Lebens und der menschlichen Welt. Sie offenbaren eine enge Beziehung zwischen äußerst verschiedenen Dimensionen und Parametern – eine Tatsache, die man nur schwerlich als bloßen Zufall betrachten kann.

Das Problem des Horizonts. Die durch numerische Beziehungen angedeutete Kohärenz wird durch beobachtende Beweise bekräftigt. Diese lassen das „Horizont-Problem“ entstehen: die Gleichförmigkeit des Universums in großem Maßstab. Es tritt in den Vordergrund sowohl im Hinblick auf die Hintergrundstrahlung des Universums als auch in bezug auf die Evolution seiner Galaxien und anderen Makrostrukturen.

Die Mikrowellen-Hintergrundstrahlung des Universums ist isotrop – in alle Richtungen gleich. Wie bereits erwähnt, glaubt man, daß diese Strahlung der Überrest des Urknalls ist: Dem Standardszenario zufolge wurde sie emittiert, als das Universum ungefähr einhunderttausend Jahre alt war. Das Problem ist, daß zu dieser Zeit die gegenüberliegenden Seiten des sich ausdehnenden Universums bereits zehn Millionen Lichtjahre voneinander entfernt waren. Licht hätte in dieser Zeit nur eine Strecke von einhunderttausend Lichtjahren zurücklegen können – aber im gesamten Universum, das wir nun beobachten, ist die kosmische Hintergrundstrahlung gleich.

Nicht nur die Hintergrundstrahlung, sondern auch Galaxien und multigalaktische Strukturen im kosmischen „Vordergrund" entwickeln sich von der Erde aus in alle Richtungen gleichförmig. Das gilt selbst für Galaxien, die seit dem Urknall in keinem physikalischen Kontakt zueinander gestanden haben können. Wenn eine Galaxie, die in einer Richtung zehn Milliarden Lichtjahre von der Erde entfernt ist, ganz ähnliche Strukturen aufweist wie eine Galaxie, die in entgegengesetzter Richtung ebenso weit entfernt ist, dann erweisen sich Strukturen als gleichförmig, die zwanzig Milliarden Lichtjahre voneinander entfernt sind. Diese Gleichförmigkeit kann aber nicht die Folge physikalischer Faktoren sein, denn die größtmögliche Geschwindigkeit, mit der sich physikalische Kräfte in der Raumzeit bewegen können, ist die Lichtgeschwindigkeit. Bis heute konnte das Licht zwar die Entfernung von zehn Milliarden Lichtjahren von der Erde zu jeder dieser Galaxien zurücklegen (und deshalb können wir sie sehen), aber wenn das Universum weniger als zwanzig Milliarden Jahre alt ist, dann konnte das Licht die Entfernung von einer dieser Galaxien zur anderen noch nicht überbrücken.

Doch selbst über Entfernungen hinweg, die das Licht noch nicht zurückgelegt hat, zeigt sich das Universum als ein in sich selbst kohärentes Ganzes. Wie diese Stufe der Kohärenz zustande kommen konnte, darüber gibt es verschiedene Hypothesen. Allgemein anerkannt ist die Hypothese der „Inflation", die zunächst durch den amerikanischen Kosmologen Alan Guth und anschließend durch den in Rußland geborenen Andrei Linde aufgestellt wurde. Der Inflationstheorie zufolge (bei der das Wort „Inflation" im gleichen Sinn verwendet wird wie beim Aufpumpen eines Reifens oder eines Ballons) dehnte sich der Kosmos in der anfänglichen und fast unendlich kleinen Planck-Zeit von 10^{-33} Sekunden schneller aus als das Licht – er blähte sich auf [*engl.: to inflate*]. Die allgemeine Relativitätstheorie wurde dadurch nicht verletzt, denn (so behauptet die Theorie) es war keine Materie, die sich mit diesen Geschwindigkeiten bewegte, sondern der Raum selbst – relativ zum Raum, in den sie eingebettet war, stand die Materie still. Während der Inflation standen alle Teile des Universums in unmittelbarem Kontakt zueinander und teilten dieselbe Dichte und Temperatur. Anschließend verloren einige Teile des sich ausdehnenden Universums den Kontakt zueinander und entwickelten sich eigenständig weiter. Auch wenn das Licht den Umfang des sich ausdehnenden Universums nicht einholen konnte (weil der Umfang des Universums in der seit dem Urknall vergangenen Zeit größer wurde als die zehn oder zwölf Milliarden Lichtjahre, die das Licht in dieser Zeit hätte zurücklegen können), so konnten sich alle seine Strukturen trotzdem in gleichförmiger Weise entwickeln: Während der Zeit der Inflation waren sie miteinander verbunden.

Die Abstimmung der Konstanten. Noch ein weiteres kosmisches Rätsel ist die erstaunliche „Feinabstimmung" der physikalischen Konstanten des Universums. Die grundlegenden Parameter des Kosmos haben präzise den Wert, der die Entstehung komplexer Strukturen ermöglicht. Aus unserer Perspektive betrachtet, können wir von Glück sagen, daß dies so ist, denn die Existenz dieser Strukturen ist Voraussetzung für Leben sowohl auf diesem Planeten als auch an allen anderen Orten im Kosmos, an denen es entsteht.

Zur Feinabstimmung der Konstanten gehören mehr als dreißig Faktoren und ein beträchtliches Maß an Genauigkeit. Wenn das frühe Universum sich zum Beispiel um ein Milliardstel langsamer ausgedehnt hätte, als es tatsächlich der Fall war, dann wäre es fast sofort wieder in sich zusammengefallen; und wenn es sich um ein Milliardstel schneller ausgedehnt hätte, dann wäre es so schnell auseinander geflogen, daß es nur schwache, kalte Gase hätte bilden können. Ein ähnlich geringer Unterschied in der Stärke des elektromagnetischen Feldes relativ zum Gravitationsfeld hätte die Existenz heißer und stabiler Sterne wie der Sonne verhindert. Außerdem könnten keine größeren chemischen Reaktionen stattfinden, wenn der Unterschied zwischen den Massen des Neutrons und des Protons nicht genau die zweifache Masse des Elektrons betragen würde. Wenn die elektrischen Ladungen von Elektronen und Protonen sich nicht in einem präzisen Gleichgewicht befänden, dann wären alle Materiekonfigurationen instabil, und das Universum würde aus nicht mehr als Strahlung und einem relativ gleichförmigen Gemisch von Gasen bestehen.

Es ist statistisch höchst unwahrscheinlich, daß ein Leben spendendes und erhaltendes Universum nur durch einen reinen, glücklichen Zufall entstanden sein soll. Paul Davies wies darauf hin, daß die benötigte Zeit zur Entstehung eines Universums wie dem unseren, wäre reiner Zufall am Werk gewesen, in einer Größenordnung von $10^{10^{80}}$ Jahren liegen würde. Und den Berechnungen von Roger Penrose zufolge läge die Wahrscheinlichkeit, daß ein solches Universum durch eine zufällige Selektion aus alternativen Möglichkeiten entsteht, bei eins zu $10^{10^{123}}$. Dies sind unvorstellbar große Zahlen; Penrose selbst spricht von einer „Singularität" jenseits der Gesetze der Physik. Aber es gibt noch eine andere Möglichkeit.

Metaversum: Das Universum der Universen

Es scheint, daß das Universum in wesentlich stärkerem Maße kohärent ist, als es durch ein Modell zu erklären wäre, das auf einem einzigen, zufällig stattfindenden Urknall beruht. Das läßt an die Möglichkeit denken, daß unser Universum vielleicht nicht durch eine zufällige Fluktuation des ihm zugrunde liegenden Quantenvakuums entstanden ist, sondern statt dessen in der Umarmung eines bereits existierenden Meta-Universums entstanden sein könnte, das als „Metaversum" bezeichnet wird. Eine Reihe äußerst ausgereifter kosmologischer Theorien argumentiert nun dafür, daß unser Universum im Mutterschoß eines Urfeldes geschaffen wurde, das durch bereits vorher existierende Universen „informiert" war. Wenn das der Fall ist, dann ist unser Universum nicht „alles, was es im Kosmos gibt". Die größere Realität ist das Metaversum, die Mutter unseres Universums und vielleicht einer unermeßlich großen Zahl anderer Universen, von denen einige vor unserem Universum existiert haben und andere gemeinsam mit ihm existieren.

Neuere Szenarien für ein Metaversum

Einige Kosmologien gehen davon aus, daß das Universum geschlossen ist und wieder in sich zusammenfallen wird (obwohl das in der Tat nicht länger wahrscheinlich ist). Nach dem großen Zusammenfall („Big Crunch“) könnte es wieder explodieren, und ein neues Universum könnte entstehen. In den Quantenunsicherheiten, die im Augenblick des maximalen Zusammenfalls herrschen, bestehen fast unendlich viele Möglichkeiten zur Schaffung neuer Universen. Das ist das Modell von John Wheeler. Es erklärt die fein abgestimmten Merkmale unseres besonderen Universums mit der Tatsache, daß bei einer hinreichend großen Zahl aufeinanderfolgender Oszillationen, bei denen immer ein neues Universum entsteht, sogar die unwahrscheinliche Feinabstimmung unseres Universums eine Chance hat, zu entstehen.

Es könnten auch viele Universen zur gleichen Zeit entstanden sein. Dies wäre wiederum der Fall, wenn die Explosion, durch die sie entstanden sind, „retikular“ (netzförmig) war. In Andrei Lindes Inflationstheorie hatte der Urknall mehrere voneinander getrennte Regionen, ganz ähnlich einer Seifenblase, in der mehrere kleine Blasen stecken. Wenn eine solche Blase zum Explodieren gebracht wird, dann werden die kleineren Blasen voneinander getrennt, und jede von ihnen bildet eine eigene Blase. In Lindes Theorie hatte die Explosion, die unser Universum entstehen ließ, viele Regionen, und jede blähte sich zu einem eigenen Universum auf. Es sind andere Blasen-Universen, die sich in den Raum hinein ausdehnen und ihrer eigenen evolutionären Bestimmung folgen. Jedes Blasen-Universum hat eigenständig gewählte physikalische Konstanten. Diese können sich beträchtlich von denen unseres Universums unterscheiden. In einigen Universen kann die Schwerkraft zum Beispiel so stark sein, daß sie fast sofort wieder in sich zusammenfallen, während sie in anderen vielleicht so schwach ist, daß sich keine Sterne bilden können. Wir leben zufälligerweise in einer fein abgestimmten Blase. Es könnte in der Tat auch nicht anders sein, denn für die Evolution von Leben ist diese Feinabstimmung unabdingbar.

Neue Universen könnten auch im Inneren von schwarzen Löchern entstehen. Die extrem hohen Dichten dieser Raumzeit-Regionen stellen „Singularitäten" dar, in denen die bekannten Gesetze des Universums keine Gültigkeit haben. Stephen Hawking und Alan Guth vertraten die Auffassung, daß die Raumzeit-Region des schwarzen Lochs sich unter diesen Bedingungen vom Rest loslöst und sich ausdehnt, um ein eigenes Universum zu erschaffen.

In einem weiteren Szenario entstehen in periodischen Abständen „Baby-Universen" durch Eruptionen, die jener Eruption ähnlich sind, durch die auch unser Universum entstand. Die von Fred Hoyle, G. Burbidge und J. V. Narlikar vertretene QSSC (Quasi-Steady State Cosmology = Kosmologie des quasi stabilen Zustandes) stellt die Theorie auf, daß die Evolution des Metaversums von solchen „Materie erschaffenden Ereignissen" durchsetzt ist. Eine überlagerte Oszillationsperiode von vierzig Milliarden Jahren soll ihrer Gesamtexpansion zugrunde liegen. Materie erschaffende Ereignisse finden in den starken Gravitationsfeldern statt, die mit dichten Anhäufungen bereits existierender Materie einhergehen, zum Beispiel in den Kernen von Galaxien. Der letzte Ausbruch fand vor ungefähr vierzehn Milliarden Jahren statt und stimmt daher in angemessener Weise mit dem Standardszenario überein.

Im QSSC-Szenario existiert Materie, die im gegenwärtigen Zyklus entstanden ist, gemeinsam mit Materie, die in früheren Zyklen geschaffen wurde. Ob die Materie einer bestimmten Galaxie aus dem gegenwärtigen oder aus einem früheren Zyklus stammt, kann durch den Wert ihrer Rotverschiebung bestimmt werden: Galaxien, die in einem früheren Zyklus entstanden sind, weichen, relativ zueinander gesehen, schneller zurück und haben daher eine höhere Rotverschiebung als Galaxien aus dem gegenwärtigen

Zyklus. In Narlikars und Halton Arps Kosmologie werden Teilchen spontan erschaffen, und ihre Masse nimmt zu, wenn sie mit bereits existierenden Teilchen interagieren. Im Vergleich zu Atomen derselben Elemente auf der Erde geben Atome, die aus kürzlich entstandenen Teilchen mit geringer Masse bestehen, eine im Rotbereich verschobene Strahlung ab. Daher ist die hohe Rotverschiebung weit entfernter Galaxien nicht auf ihre zurückweichende Geschwindigkeit, sondern auf ihre erst kurze Zeit zurückliegende Entstehung zurückzuführen. Galaxien, die vor ungefähr vierzehn Milliarden Jahren durch den Urknall geschaffen wurden, existieren gemeinsam mit Galaxien, die durch spätere Eruptionen entstanden, so daß wir, wenn wir weit entfernte, im Rotbereich verschobene Objekte betrachten, auf erst vor kurzer Zeit entstandene Materie blicken.

Eine weitere Kosmologie multipler Universen ist die Arbeit von Ilya Prigogine, J. Geheniau, E. Gunzig und P. Nardone. Ihre Theorie vertritt, ebenso wie die QSSC, die Auffassung, daß von Zeit zu Zeit größere, unserem Urknall ähnliche Eruptionen stattfinden, bei denen Materie entsteht. Die großflächige Geometrie der Raumzeit erzeugt einen Vorrat an „negativer Energie“ (das ist die Energie, die nötig ist, um einen Körper entgegen der Richtung seiner Anziehungskraft anzuheben), und daraus zieht die gravitierende Materie positive Energie. Daher ist die Schwerkraft für das laufende Entstehen von Materie verantwortlich: Sie produziert eine Mühle, die fortwährend Materie erzeugt. Je mehr Teilchen geschaffen werden, um so mehr negative Energie entsteht, die als positive Energie wiederum für die Entstehung weiterer Teilchen umgesetzt wird. Da das Quantenvakuum in Gegenwart einer Gravitationsinteraktion instabil ist, bilden Materie und Vakuum eine selbst-erzeugende Rückkupplungs-Schleife. Eine kritische, durch die Materie ausgelöste Instabilität läßt das Vakuum in den inflationären Modus übergehen, und dieser Modus wiederum kennzeichnet den Beginn einer neuen Ära in der Entstehung von Materie.

Die Hypothese, daß Universen in periodischen Zeitabständen entstehen, wird durch Beobachtungen mit hochleistungsfähigen Instrumenten unterstützt. Astronomen fanden Beweise für Energieeruptionen, die erheblich größer sind als die Supernovae, die das Ende des Lebenszyklus eines Sterns anzeigen – und doch galten diese Explosionen bis in die 90er Jahre des letzten Jahrhunderts als die energiereichsten Ereignisse im Universum. Neun bis zwölf Milliarden Lichtjahre von der Erde entfernt scheinen „Gammastrahlen-Explosionen" stattzufinden (auch als „Sterneneruptionen" bezeichnet), deren Energie der von fünf Milliarden Supernovae oder mehr entspricht, und das häufig sogar zwei- bis dreimal am Tag. In größeren Zeitabständen – denkbar sind zehn bis zwölf Milliarden Jahre – finden möglicherweise Eruptionen von noch größerem Ausmaß statt, die energiereich genug sind, um mit der Menge an Materie, die sie erzeugen, ganze Galaxien ausstatten zu können. Materie, die durch supergroße Gammastrahlen-Eruptionen entstanden ist, würde verschiedene Stufen einer Evolution durchlaufen, die zu Quasaren (Objekte im Kosmos mit extrem starker Radiofrequenzstrahlung) und letztlich zu schwarzen Löchern führt. Diese wiederum würden eigene Energieeruptionen erzeugen, und so würde der Prozeß wieder von vorne beginnen.

Das Szenario eines „pulsierenden Metaversums" besitzt eine enorm große und noch unerforschte Erklärungskraft. Wenn wir die Möglichkeit zulassen, daß ein reger Informationsaustausch zwischen den Universen – und das schließt *unser* Universum ein – stattfindet, dann können wir für viele der hier beschriebenen kosmischen Rätsel eine Erklärung finden. Wir müssen nur annehmen, daß eine Übertragung von Information zwischen den Universen stattfindet. Dies ist keine sonderlich spekulative Hypothese: Es gibt zwingende, wenn auch notwendigerweise indirekte Beweise. Ein stillschweigender Hinweis ist die Tatsache, daß die Fluktuationen des Vakuums, aus denen unser eigenes Universum hervorgegangen ist, nicht gänzlich zufällig waren. Dies ist eine bemerkenswerte Tatsache, die mehr als nur einen Augenblick der Aufmerksamkeit verdient.

Wie wir festgestellt haben, wurde die kosmologische Inflationstheorie durch die Analyse der Mikrowellen-Hintergrundstrahlung eindrucksvoll bestätigt: Die Art der entstehenden Muster stimmt mit den Vorausberechnungen dieser Theorie überein. Die Muster, mit denen die Hintergrundstrahlung übersät ist, entstanden jedoch nicht während der Inflationsperiode unseres Universums – sie wurden durch sie lediglich *verstärkt*. Die ursprünglichen Muster waren bereits vorhanden, als unser Universum geboren wurde. Und diese Muster treten in einer höchst spezifischen Vielfalt auf: Bestimmte Muster treten immer wieder auf, während andere gar nicht vorkommen. Ein zufälliger Prozeß hätte nicht so selektiv sein können. Es muß eine Grenze für die Zufälligkeit der urzeitlichen Vakuumfluktuationen gegeben haben. Wenn dies nicht das Werk eines transzendentalen Schöpfers war (eine Annahme, die außerhalb des Bereichs der Wissenschaft liegt), dann war es das Werk eines früheren Universums.

Wissenschaftlich annehmbar ist nur, daß die Explosion, die unser Universum erschuf, durch ein früheres Universum oder eine Reihe früherer Universen gesteuert war. Dies setzt voraus, daß es zwischen unserem Universum und seinen Vorgängern eine Verbindung gibt. Auch hier begegnen wir wieder dem Fußabdruck eines Feldes – diesmal eines wahrhaft „transuniversalen" Urfeldes.

Könnte es sein, daß das Feld, auf das die Rätsel der Quantenphysik, der evolutionären Biologie, der Quantenbiologie und der Bewußtseinsforschung hindeuten, ein kosmisches Urfeld ist, das sich über unser gesamtes Universum... und sogar das gesamte Metaversum ... erstreckt?

5.

Das Psi-Feld: Die Wiederentdeckung des Urfeldes

Unsere Erforschung der fabulös anmutenden Welten von Quantenphysik, post-darwinistischer Biologie, aktueller Bewußtseinsforschung und neuer Kosmologie hat uns einige faszinierende Erkenntnisse geliefert. Wir haben eine Reihe bedeutsamer Anhaltspunkte für die Existenz eines verbindenden Urfeldes in der Natur gefunden. Das Vorhandensein eines solchen Feldes ist die logischste Erklärung für die seltsame „Verschränkung" von Quanten, den kleinsten identifizierbaren Einheiten von Materie-Energie im Universum, für die ebenso rätselhafte, nahezu unmittelbare Kohärenz von Organismen, für die scheinbar esoterischen transpersonalen Verbindungen, die in den Randbereichen der Bewußtseinsforschung zutage treten, und für die verblüffende Kohärenz des Kosmos als eines Ganzen.

Nun wird es Zeit, daß wir diese Anhaltspunkte zusammensetzen und schauen, was sich daraus ergibt.

Das neue und doch alte Konzept des Urfeldes in den Wissenschaften

Fassen wir die maßgeblichen Feststellungen zusammen. Wir wollen diese Zusammenfassung auf die grundlegendsten Erkenntnisse beschränken, denn wenn wir zu sehr ins Detail gingen, müßten wir auf die Komplexitäten von Feldtheorien und deren Wirkung auf die beobachtbare Welt eingehen – Aspekte, die eine erhebliche wissenschaftliche Vorbereitung seitens des Lesers erfordern.[2]

Die Quantenphysik zeigt, daß zwei Quanten, die jemals gemeinsam denselben Quantenzustand eingenommen haben, auf eine rätselhafte, nicht-energetische und unmittelbare Weise in Korrelation zueinander bleiben. Die post-darwinistische Biologie entdeckt ähnlich verwirrende Wechselbeziehungen sowohl innerhalb des Organismus selbst als auch zwischen dessen genetischer Organisation und den Veränderungen, die in seinem Milieu stattfinden. Gleichermaßen bemerkenswerte Korrelationen treten in der Bewußtseinsforschung zutage: „transpersonale Verbindungen" zwischen dem Bewußtsein einer Person und dem einer anderen – und sogar dem vieler anderer. Kosmologen schließlich entdecken, daß das Universum als Ganzes fein abgestimmte Korrelationen manifestiert, die sich einer allgemeingültigen Erklärung entziehen.

Die Verschränkung von Quanten auf der superkleinen Skala der Realität; die unmittelbare Korrelation, die Zellen und Organe des lebenden Organismus verbindet; die subtilen Bindeglieder, die bei Menschen in veränderten Bewußtseinszuständen zutage treten; „Zufälle", die zu einem sich kohärent und gemeinsam entwickelnden Kosmos führen: Sie alle haben ein und dieselbe Erklärung. *Sie werden durch ein fortlaufendes Feld in der Natur vermittelt.*

Dieses Feld ruft die ewige Ahnung von einem Urfeld im Herzen des Universums wieder in Erinnerung. Aber das von der Wissenschaft (wieder) entdeckte Feld ist kein vages und allgemeines, sondern ein klar definiertes Feld. Es verdient einen eigenen Namen. So wie es ein elektromagnetisches Feld, ein Gravitationsfeld, verschiedene Quantenfelder und nukleare Felder gibt, so gibt es auch ein spezifisches Feld, das die Dinge, die sich in Raum und Zeit bewegen und entwickeln, zueinander in Korrelation setzt und miteinander verbindet. Wir nennen es das *Psi-Feld*.[3]

---

2 Leser, die weitergehende Untersuchungen anstellen möchten, finden in der Bibliographie eine Liste der entsprechenden wissenschaftlichen Literatur, einschließlich der früheren Werke des Verfassers des vorliegenden Buches.

3 Die vollständige Theorie des Psi-Feldes findet sich in Ervin Laszlos Werk *Coherence in Cosmos and Consciousness* (2003, in Vorbereitung). Frühere Aussagen zu dieser Theorie finden sich in zwei weiteren Werken des Verfassers: *Kosmische Kreativität* (1993), und *Das fünfte Feld* (1997–98).

Der Name „Psi“ ist der Name des klassischen griechischen Symbols Ψ. Es ist jenes Symbol, das der Physiker Erwin Schrödinger der Wellenfunktion gab, die den Zustand des Quantenteilchens definiert; und es steht für die Vorstellung des vitalen Atems und vitalen Lebens, die den Griechen zufolge Kennzeichen für alle lebenden Dinge sind. Es steht außerdem für das „psi“ in der Psyche, dem essentiellen Element des menschlichen Geistes und Bewußtseins, und im heutigen Gebrauch taucht es in den „Psi-Phänomenen“ auf, der Domäne eines bisher noch rätselhaften Aspektes des menschlichen Geistes. In all diesen Bereichen ist das Psi-Feld ein wichtiger Faktor.

Wir wissen, daß das Universum aus nicht mehr als 5 Prozent gewöhnlicher (atomarer) Materie besteht – 95 Prozent setzen sich zusammen aus esoterischen Teilchen, die unter dem Oberbegriff dunkle Materie zusammengefaßt werden, und aus einer noch seltsameren Form von Energie, die als dunkle Energie bezeichnet wird. Allen Dingen, auch den 5 Prozent gewöhnlicher Materie, liegt ein unermeßliches Energiemeer zugrunde, das, obwohl es nicht beobachtet werden kann, doch physikalisch real ist. Bekannt als Quantenvakuum, ist dieses Feld nicht nur ein elektromagnetisches Feld: Es ist, wie wir bald erfahren werden, ein komplexes Feld. Unter anderem ist es auch das kosmische Psi-Feld.

Das Quantenvakuum:
Was die Physik uns bereits sagen kann

Eine Region des Raums kann frei von Materie sein, aber sie ist niemals frei von Energie – von Energie tragenden Feldern, um genauer zu sein. Materiefreier Raum ist mit einer Vielfalt komplexer Felder gefüllt. Dies sind Felder im Quantenvakuum, dem Energiemeer, das sich durch den gesamten kosmischen Raum erstreckt. Die Energien des Vakuums selbst sind nicht beobachtbar (obwohl sie Auswirkungen haben, die beobachtet werden können), und aus diesem Grund bezeichnet man sie als „virtuell“. Die virtuellen Vakuumenergien fluktuieren um ihren Nullpunkt-Basiswert herum und sind selbst am absoluten Nullpunkt der Temperatur noch aktiv – sie werden als Nullpunktenergien (Zero-Point Energies oder ZPE) bezeichnet. Ihr Feld ist das Nullpunktfeld.

Das Konzept, daß die Raumzeit ein mit virtueller Energie gefülltes physikalisches Medium ist, entwickelte sich allmählich im Laufe des 20. Jahrhunderts. Zu Beginn des Jahrhunderts glaubte man, daß der Raum mit dem lichtspendenden Äther gefüllt sei. Als der Äther im ersten Jahrzehnt aus dem Weltbild der Physiker verschwand, wurde dessen Platz von der Vorstellung eines universellen Vakuums eingenommen. In den vereinheitlichten Theorien, die in der zweiten Hälfte des Jahrhunderts entwickelt wurden, wandelte sich das Vakuum jedoch vom leeren Raum hin zu dem Medium, das Träger des elektromagnetischen Nullpunktfeldes ist. In der Quantenfeld-Theorie entwickelte sich das elektromagnetische Nullpunkt-Vakuum wiederum weiter zum komplexeren „Fermionen-Vakuum“ (Fermionen = nach dem italienischen Physiker Fermi benannte Elementarteilchen) oder Dirac-Ozean. In den verschiedenen Varianten der vereinheitlichten Theorien schließlich wurde das Fermionen-Vakuum selbst zum noch komplexeren „vereinigten Vakuum“, dem geometrischen Ort aller Kräfte und Felder der Natur.

Physiker haben erkannt, daß die virtuellen Energien des Vakuums mit geladenen Teilchen interagieren. In den 60er Jahren des 20. Jahrhunderts zeigte Paul Dirac, daß Fluktuationen in Fermionen-Feldern (Felder aus Elementarteilchen) eine Polarisierung des Vakuums erzeugen, wobei das Vakuum die Masse, die Ladung, den Spin (den Eigendrehimpuls der Elementarteilchen) oder den Drall der Teilchen beeinflußt. Ungefähr zur gleichen Zeit wies Andrei Sacharow darauf hin, daß relativistische (durch die Relativitätstheorie beschriebene) Phänomene das Resultat von Auswirkungen sein könnten, die durch das Vorhandensein geladener Teilchen im Vakuum induziert werden. In den 70er Jahren stellten Davis und Unruh dann die Hypothese auf, die zwischen gleichförmiger und beschleunigter Bewegung im Nullpunktfeld unterscheidet. Eine gleichförmige Bewegung würde das Nullpunktfeld nicht stören und es in einem isotropen Zustand belassen (nach allen Richtungen hin gleiche Eigenschaften aufweisend). Eine beschleunigte Bewegung hingegen würde eine thermische Strahlung erzeugen, welche die in alle Richtungen gehende Symmetrie des Feldes aufbricht.

Auf der Grundlage dieser Prämisse wurden während der 90er Jahre zahlreiche Forschungen durchgeführt. Sie gehen über die bereits „klassische" Casimir-Kraft und die Lamb-Verschiebung hinaus, die beide umfassend erforscht und etabliert sind. Die Casimir-Kraft ist wohlbekannt. Zwischen zwei eng benachbarten Metallplatten werden einige Wellenlängen der Energien des Vakuums ausgeschlossen. Dadurch wird die Energiedichte zwischen den Platten gegenüber den Vakuumenergien an der Außenseite der Platten reduziert. Dieses Ungleichgewicht erzeugt einen Druck, der die Platten nach innen und zusammendrückt – die „Casimir-Kraft". Die „Lamb-Verschiebung", eine weitere, ebenfalls umfassend erforschte Auswirkung des Vakuums, besteht in der Frequenzverschiebung, die jene Photonen an den Tag legen, die emittiert werden, wenn Elektronen, die den Kern eines Atoms umkreisen, von einem Energiezustand in einen anderen springen. Diese Verschiebung ist auf die Interaktion der Photonen mit dem Nullpunktfeld zurückzuführen.

Nun treten weitere Auswirkungen zutage. Harold Puthoff, Bernhard Haisch und ihre Mitarbeiter stellen die Behauptung auf, daß Trägheitskraft, Schwerkraft und sogar Masse die Folgen einer Interaktion geladener Teilchen mit dem Nullpunktfeld sind. Puthoff merkt auch an, daß Elektronen, die einen atomaren Kern umkreisen, ständig Energie ausstrahlen und daß sie sich dem Kern immer mehr annähern würden, wenn das Quantum an Energie, das sie aus dem Vakuum absorbieren, nicht die Energie ausgleichen würde, die sie durch ihre kreisförmige Bewegung um den Kern verlieren. Das bedeutet, daß nicht nur Trägheit, Schwerkraft und Masse, sondern sogar die Stabilität des Atoms selbst auf eine Interaktion mit den Energien des Quantenvakuums zurückzuführen ist. Diese Tatsache zeigt, daß das Vakuum ein fundamentaler Faktor im Universum ist: Ohne das Vakuum würde Materie, die aus stabilen Atomen besteht, im Universum nicht existieren, und die elementaren Gesetze und Kräfte des Universums würden eine völlig andere Form annehmen.

Aber wie werden die Dinge und Ereignisse in der Welt durch das Psi-Feld des Quantenvakuums in Korrelation zueinander gesetzt und miteinander verbunden? Die Antwort darauf ist in der Wissenschaft neu, doch sie ist überraschend einfach und offensichtlich: *holographisch*. Das Psi-Feld ist im wesentlichen ein holographisches Feld.

Wir wissen, daß alle Dinge im Universum, ob es sich nun um Quanten oder um Galaxien handelt, im Energiemeer des Quantenvakuums existieren. In Abwesenheit von Materie ist das Quantenvakuum im Grundzustand: Es ist ungestört. Die Gegenwart von Materie stört es: Die Physiker sagen, sie „versetzt das Vakuum in einen angeregten Zustand“. Diese Störung ruft „Wellen“ im Energiemeer des Vakuums hervor, ganz ähnlich wie ein Kieselstein oder ein Ozeandampfer Wellen im gewöhnlichen Meer hervorrufen. Von ihrem Ursprungspunkt breiten die Wellen sich nach außen hin aus und interagieren mit anderen Wellen. Sie bilden Interferenzmuster (sich überlagernde Wellenmuster) – natürliche Hologramme.

Sich überlagernde Wellenmuster weisen Spuren der Störung auf, durch die sie erzeugt wurden; genauer gesagt, sie enthalten diesbezügliche Informationen. Diese Information ist in einer verteilten Form enthalten: Sie ist im gesamten Hologramm verteilt und kann an jedem beliebigen Punkt des Hologramms ausgelesen werden. Das kennen wir aus unserer Erfahrung mit gewöhnlichen Hologrammen. Wir können Hologramme mit zwei Lichtstrahlen erzeugen, indem wir einen Strahl auf den holographischen Film richten und den anderen von dem Objekt abprallen lassen, das wir photographieren wollen. Das Durcheinander der Linien, das auf dem Film entsteht, enthält

Informationen über die Konturen des Objekts. Wenn das Durcheinander von Linien mit einem hellen Licht beleuchtet wird – für diesen Zweck ist Laserlicht am besten geeignet –, dann wird erneut ein dreidimensionales Bild des Objekts dargestellt. Es scheint über oder vor dem beleuchteten Film zu schweben. Und es schwebt dort völlig unabhängig davon, welchen Teil des Films wir beleuchten, obwohl das Bild undeutlicher wird, je kleiner der beleuchtete Teil ist.

Das Vakuum ist ein komplexes Feld aus virtueller Energie. In ihm werden durch sich überlagernde Wellenfronten Hologramme erzeugt, die Informationen enthalten. Das holographische Feld ist kein elektromagnetisches Feld, denn im Gegensatz zu elektromagnetischen Wellen durchdringen die Wellenfronten sich nicht gegenseitig, sondern erzeugen ein für Hologramme typisches Welleninterferenzmuster. Die Wellen der sich überlagernden Wellenfronten (es sind, genauer gesagt, „Störungen" in einem bestehenden Feld von Skalarpotentialen) pflanzen sich in Längsrichtung fort (elektromagnetische Wellen verlaufen quer), und durch die Überlagerung bewahren sie Informationen über die Objekte, durch die sie erzeugt wurden. Diese Objekte sind die Teilchen sowie die größeren und komplexeren, aus in sich komplexen Teilchenanordnungen bestehenden Objekte, die den Grundzustand des Vakuums in einen angeregten Zustand versetzt haben. Die durch diese Anregung geschaffene Information wird in den sich überlagernden, wellenartigen Störungsfronten – das heißt, in den Hologrammen des Feldes – bewahrt.

Die in einem vakuum-basierten Hologramm verschlüsselte Information ist nicht passiv: Die sich überlagernden, wellenartigen Störungsfronten, die das Hologramm darstellen, sind mehr als nur eine einfache Aufzeichnung der Teilchen und Objekte, von denen sie erzeugt wurden. Das Gegenteil ist der Fall: Die im Vakuum-Hologramm enthaltene Information „in-formiert" buchstäblich die Teilchen und Strukturen, von denen es erzeugt wurde. Das mag überraschend erscheinen – wir sind immer noch gewohnt, Information als abstrakt oder konzeptionell zu betrachten –, aber es gibt eine durchaus sinnvolle Erklärung.

Betrachten wir die Wellen, die sich auf der Oberfläche des Meeres fortpflanzen. (Die Oberfläche des Meeres ist insoweit eine gute Analogie zum Psi-Feld, als auch sie ein umfassendes, zur Wellenbildung fähiges Medium ist.) Wenn wir einen Moment nachdenken, dann wird uns klar, daß die Wellen des Meeres eine aktive Verbindung zwischen den Dingen herstellen, die sich im Meer befinden.

Denken wir an ein Schiff oder, noch besser, an ein Unterseeboot. Das U-Boot ist vollständig im Meer eingetaucht – es ist auf allen Seiten sowie oben und unten von Wasser umgeben. Jede Bewegung des U-Bootes übt einen Druck auf das Wasser aus, das es umgibt, und dieser Druck pflanzt sich in alle Richtungen fort. Ein anderes U-Boot – wie auch jeder Fisch, jeder Wal und jeder andere Gegenstand im Meer – ist diesem wellenförmigen Druck ausgesetzt und wird in gewissem Sinn von ihm geformt, sozusagen „in-formiert". Ganz ähnlich ruft auch seine eigene Bewegung wiederum Wellen hervor, die das erste U-Boot beeinflussen – es „in-formieren".

Alles im Meer ist mit allen anderen Dingen verbunden, zum einen, indem es im Wasser einen Druck erzeugt, der sich wellenförmig sowohl an der als auch unter der Oberfläche fortpflanzt, und zum anderen, weil es selbst von diesen Wellen beeinflußt wird. Da jedes Ding Wellen erzeugt, verschmelzen seine Wellen mit den Wellen anderer Dinge. Wenn zwei Wellen miteinander verschmelzen, dann erzeugen sie ein Interferenzmuster. Das entstehende Muster verschlüsselt die Phasen der einzelnen Wellen und stellt so eine Information über jene Dinge dar, die die Wellen erzeugt haben. Im Fall des Meeres kann man aus der Analyse sich überlagernder Wellen Standort, Geschwindigkeit und sogar Tonnage der Schiffe ableiten, die sie erzeugt haben. Durch das Aussenden von Schallwellen im Wasser offenbaren Unterwasser-Sonarsysteme die präzisen Eigenschaften der Objekte, die die ausgesandten Wellen reflektieren.

Wenn sich in einem wellenbildenden Medium viele Dinge gleichzeitig bewegen – sei es im gewöhnlichen Meer oder im außergewöhnlichen Quantenvakuum –, dann wird dieses Medium moduliert: Es füllt sich mit Wellen, die sich gegenseitig überschneiden und überlagern. Das Ausmaß der Modulation im wellenbildenden Medium steigt in dem Maße, in dem neue Wellen die bereits vorhandenen Wellen überlagern. Das ist das, was wir aus unserer Erfahrung mit dem Meer kennen. Wenn seine Oberfläche von vielen Schiffen durchpflügt wird, dann wird sie in hohem Maße moduliert. An ruhigen Tagen bleibt diese Modulation stundenlang, manchmal auch tagelang, bestehen. Die anhaltenden Wellen sind eine Erinnerung an die Schiffe und anderen Objekte, die sich in diesem Gebiet des Meeres bewegt haben. Wenn

Wind, Schwerkraft und Küstenlinie diese Wellen nicht aufheben würden, dann bliebe die Modulation für immer bestehen. Da diese Faktoren aber ins Spiel kommen, lösen die Wellen im Meer sich früher oder später auf.

Das Quantenvakuum, das kosmische Medium, das alle Dinge in Raum und Zeit einbettet, wird durch die Materieteilchen und -strukturen moduliert, die es „in einen angeregten Zustand versetzen". Wie das Meer, so bewahrt auch das Quantenvakuum diese Information in Form von Interferenzmustern. Nur werden im Quantenvakuum die durch die Anregung seines Grundzustandes erzeugten Wellen weder durch Schwerkraft, noch durch den Wind, die Küstenlinie oder andere Faktoren, die uns in den Sinn kommen könnten, aufgehoben, ja noch nicht einmal abgeschwächt. Wie neuere Theorien bestätigen, ist das Vakuum ein reibungsfreies Medium, vergleichbar mit extrem unterkühltem Helium. Wellen, die sich in ihm ausbreiten, treffen auf keinen Widerstand. Ihre Ausbreitung wird lediglich durch die Fortpflanzungsgeschwindigkeit der Wellen selbst begrenzt.

Aber welche Art von Wellen genau pflanzt sich denn im Quantenvakuum fort? Die Antwort ist: alle – einschließlich Skalarwellen. Was diese Wellen sind, werden wir bald sehen.

Wie schon erwähnt, betrachtet die neue Physik das Vakuum als ein universelles Medium, als die Quelle aller Felder und Kräfte der Natur. Dazu gehören auch die Kraftfelder von Gravitation, Trägheit, Elektromagnetismus und nuklearer Interaktion. Elektromagnetische Wellen pflanzen sich in diesem Medium am schnellsten fort: Sie bestehen aus Photonen, die mit Lichtgeschwindigkeit „reisen". Elektromagnetische Wellen können aber nicht die Art der beinahe unmittelbaren Korrelation erklären, die wir gefunden haben – ihre Geschwindigkeit ist zwar hoch, aber streng begrenzt, und Entfernung und Zeit schwächen sie ab. Wären die Korrelationen durch elektromagnetische Wellen hervorgerufen worden, wären sie lokal. Im Gegensatz dazu sind die rätselhaften Korrelationen, die wir entdeckt haben, „nicht-lokal": Sie treten auch über Entfernungen hinweg auf, die das Licht in der entsprechenden Zeit nicht zurückgelegt haben kann, und in zeitlichen Abständen, in denen elektromagnetische Auswirkungen sich bereits abgeschwächt hätten. Diese Art der Korrelation muß durch sich überlagernde Wellen anderer Art hervorgerufen werden. Die wahrscheinlichsten Kandidaten für Wellen dieser Art sind Skalarwellen.

Kurz erklärt: Skalarwellen

Skalarwellen im Vakuum leiten sich von den Skalarpotentialen des Nullpunktfeldes ab. Wie Physiker nun erkennen, ist das Vakuum nicht bloß ein elektromagnetisches Feld, sondern ein komplexes Feld, das sowohl magnetische Vektorpotentiale (Vektor = physikalische Größe, die durch einen Pfeil dargestellt wird und durch Angriffspunkt und Richtung festgelegt ist, z. B. Geschwindigkeit oder Beschleunigung) als auch elektrostatische Skalarpotentiale enthält.

Die Vorstellung eines komplexen Feldes im Vakuum ist nicht neu: Seit mehr als einem Jahrhundert ist sie wesentlicher Bestandteil der physikalischen Theorie. James Clerk Maxwells Theorie zum Elektromagnetismus aus dem Jahr 1873 umfaßte sowohl Vektor- als auch Skalarpotentiale. Die spätere Revision der Theorie (durch Heaviside, Gibbs und Hertz – die Standardtheorie zum Elektromagnetismus) betrachtete magnetische Vektorpotentiale und elektrostatische Skalarpotentiale als Abstraktionen ohne physikalische Wirkung. Dies erlaubte zwar vielfältige technische Anwendungen, übersah aber subtile, durch die Skalarpotentiale erzeugte Wirkungen, die Information vermitteln, ohne Kraft zu übertragen. Beweise für diese Wirkungen traten in den letzten Jahren zutage, beginnend mit dem berühmten Aharonov-Bohm-Effekt, bei dem ein Feld, das keine Kraft überträgt (weil die elektrischen und magnetischen Komponenten E und B Null sind), trotzdem die Bewegung von geladenen Teilchen beeinflußt (weil die Potentiale eben nicht Null sind).

Skalarwellen wurden bereits vor über hundert Jahren von Nikola Tesla entdeckt und sind allgemein als Tesla-Wellen bekannt. Sie können im Labor erzeugt werden, indem man zuläßt, daß magnetische Wellen mit entgegengesetzter Polarisierung sich gegenseitig aufheben. Die Kraft des Feldes – seine magnetische Komponente – geht dann auf Null, aber die Skalarpotentiale bleiben erhalten.

Es gibt eine Reihe von Gründen, warum Skalarwellen angezeigt sind, wenn es darum geht, quasi unmittelbare Korrelationen in der Natur zu erklären.

- ▷ Zunächst einmal haben Skalarwellen zwar eine Intensität, übertragen aber keine Energie. Demzufolge agieren sie ausschließlich auf der Grundlage von Form. Dies erklärt, warum die anomalen Formen der Korrelation freie Energie in der Natur nicht abbauen, sondern das Energiegleichgewicht unverändert lassen.
- ▷ Zweitens sind Skalare Wellen, die sich in Längsrichtung fortpflanzen, so daß die sich linear fortpflanzenden Wellenfronten sich überlagern, statt sich gegenseitig zu durchdringen. Folglich produzieren Interferenzmuster, die durch Skalarwellen erzeugt wurden, sogenannte „Schrödinger-Hologramme", die Phaseninformationen speichern. Solche Informationen finden sich in verteilter Form an allen Punkten innerhalb des Bereichs der Wellenfronten. Dies erklärt wiederum, warum innerhalb eines bestimmten – vorstellbar unermeßlich großen – Bereichs eine quasi sofortige Korrelation zwischen den Teilchen stattfindet.
- ▷ Nicht zuletzt ist die Fortpflanzungsgeschwindigkeit von Skalarwellen (genauer: die Geschwindigkeit der „Störungen" im skalaren Medium, das den ganzen Raum durchdringt) variabel, denn sie ist proportional zur Quadratwurzel ihrer spezifischen Frequenz. In Regionen mit hoher Massendichte – im Inneren und in der Nähe von Sternen und Planeten – können die wellenartigen Störungen im Skalarfeld sich schneller als Licht fortpflanzen. Dies liefert endlich eine Erklärung dafür, daß eine quasi unmittelbare Korrelation sogar über kosmologische Entfernungen hinweg stattfinden kann.

Skalarwellen im Vakuum breiten sich aus und überlagern sich. Die in ihnen verschlüsselte Information durchdringt die gesamte Region innerhalb des Bereiches der sich überlagernden Wellenfronten, und sie bleibt bewahrt. Diese Information kann jederzeit simultan an allen Punkten in diesem Bereich „ausgelesen" werden. Das Auslesen ist aktiv: Es „in-formiert" den Empfänger buchstäblich. Ganz ähnlich wie die Schiffe, die dasselbe Gewässer durchpflügen, so werden auch die Teilchen und Objekte in Raum und Zeit durch das kosmische Feld in-formiert, in das sie eingebettet sind.

Alle Dinge in Raum und Zeit sind in das Psi-Feld eingetaucht, das dem gewöhnlichen Meer insofern entspricht, als es zur Wellenbildung fähig ist. Jedes einzelne Ding in diesem kosmischen Feld erzeugt Wellen, und die Wellen, die von jedem Ding erzeugt werden, wirken sich auf alle anderen Dinge aus. In dieser Weise wird alles wechselseitig durch alles andere „in-formiert". Was aber bedeutet diese gegenseitige In-formation in der Praxis?

Die essentielle Bedeutung der In-formation durch das Psi-Feld besteht darin, daß jedes Ding, sei es ein Teilchen, ein Atom, ein Molekül, eine Amöbe, eine Maus oder ein Mensch, mit jedem anderen Ding verbunden ist. Hinter der In-formation durch das Psi-Feld verbirgt sich jedoch noch mehr. Nicht alles ist mit allen anderen Dingen auf gleiche Weise verbunden – mit gleicher Intensität und Wirkung. In der Natur ist eine universelle Verbindung vorhanden, doch ist sie hinsichtlich aller Dinge nicht im selben Maße aktiv. Die direkteste, intensivste und daher offensichtlichste In-formation findet zwischen Dingen statt, die sich ähnlich sind (sie sind isomorph – sie haben die gleiche grundlegende Form). Das ist der Fall, weil in einem komplexen Hologramm jedes Element zu isomorphen Elementen paßt – zu jenen, die ihm ähnlich sind. Man kann jedes beliebige einzelne Muster im komplexen Wellenmuster eines Hologramms herausgreifen, indem man dieses (oder ein isomorphes) Wellenmuster als „Code" verwendet. Man gibt diesen Code in die unzählig vielen Wellenformen des Hologramms ein, und er verbindet sich mit der Wellenform, die isomorph zu ihm ist (bzw. den Wellenformen, die isomorph zu ihm sind). Das geschieht zum Beispiel auch dann, wenn wir aus den Millionen und Abermillionen von Websites im Internet genau die eine auswählen, die wir brauchen. Wir geben den Code dieser Website ein (ihre URL), und das System verknüpft ihn mit der einen Seite, die auf diesen Code reagiert. Die URL schließt genau die eine Tür unter den Millionen von Türen im Web auf, die wir geöffnet haben möchten.

Wenden wir dieses Prinzip auf die Natur an, dann erhalten wir ein einfaches und logisches Bild. Alle Dinge werden unmittelbar durch jene Dinge in-formiert, die ihnen am ähnlichsten sind. So wird eine Amöbe beispielsweise direkt durch andere Amöben in-formiert. Das bedeutet aber nicht, daß Dinge, die sich unähnlich sind, sich nicht auch wechselseitig in-formieren würden. Auch zwischen ihnen findet entsprechende In-formation statt, aber weniger offensichtlich und weniger intensiv. Amöben werden auch durch andere einzellige Organismen und sogar Moleküle einerseits und durch komplexe Organismen andererseits in-formiert. Diese In-formation ist jedoch weniger intensiv und daher weniger offensichtlich. Dasselbe gilt für uns Menschen. Wir werden unmittelbar durch andere Menschen informiert, aber ebenso, wenn auch weniger direkt, durch Tiere, Pflanzen, die gesamte Biosphäre und sogar das ganze Universum. Glücklicherweise ist das so, denn wenn wir von allen Dingen in der Welt in gleichem Maße in-formiert würden, dann würde uns das völlig „erschlagen". Aufgrund der Selektivität „gleiches entspricht gleichem" werden wir durch Dinge in-formiert, die uns am ähnlichsten sind, und nicht durch das ungeheure Ausmaß der Informationen im Psi-Feld erdrückt.

Eine auf passenden Mustern basierende Selektivität ist nicht gleichbedeutend mit absolutem Ausschluß. Da alle Dinge wechselseitig durch alle anderen Dinge in-formiert werden, wirken sich alle Muster, die in den Hologrammen des Psi-Feldes gespeichert sind, auch auf uns aus. Das gilt auch für die Muster, die nicht vollkommen zu unserem Gehirn und unserem Organismus passen. Dies bedeutet, daß wir auf subtile Weise nicht nur durch andere Menschen, sondern auch durch andere Dinge in-formiert werden. Je stärker Sensibilität und Kraft des Einzelnen zur Verarbeitung von Informationen ausgeprägt sind, um so mehr In-formationen kann er dem Psi-Feld entnehmen. Auf diese Weise können wir weitaus mehr In-formation vom Rest des Universums empfangen als eine Amöbe. Wir sollten jedoch hinzufügen, daß wir, im Gegensatz zu einer Amöbe, diese In-formationen auch unterdrücken können.

Das Psi-Feld und die Rätsel der neuen Wissenschaften

Die obigen Ausführungen sind das Grundkonzept des Feldes, das allen Dingen im Universum zugrunde liegt und diese wechselseitig in-formiert. Diese grundlegende, in der westlichen Welt jedoch lange Zeit ignorierte physikalische Realität kann die Anomalien erklären, die den Wissenschaftlern heute Rätsel aufgeben. Wir beginnen mit den Rätseln der Quantenphysik.

Im „EPR“-Experiment haben wir gesehen, daß Teilchen, die einmal einen identischen Quantenzustand eingenommen haben, dauerhaft miteinander verschränkt bleiben. Ihre Korrelation bleibt bestehen, auch wenn sie durch endliche Entfernungen und endliche Zeiten voneinander getrennt sind. Die „kosmologische“ Version von Wheelers Strahlaufspalt-Experiment wiederum deutet darauf hin, daß Teilchen selbst dann verschränkt bleiben, wenn sie astronomische Entfernungen zurücklegen und in einem zeitlichen Abstand von vielen tausend Jahren ankommen. Einen ähnlichen Fall von Verschränkung zeigen die Doppelspalt-Experimente. Die Photonen, Elektronen oder Atome, die durch Schlitze hindurch auf einen Schirm geschossen werden, und die experimentelle Ausrüstung selbst stellen ein einziges Koordinatensystem dar. In all diesen Fällen hinterlassen Teilchen und Teilchen-plus-Experimentiergerät eine holographische Spur im Psi-Feld des Vakuums, und diese Spur findet ihre Zuordnung in jedem der Teilchen innerhalb des vorgegebenen Koordinatensystems. Jedes Teilchen wird durch das Hologramm des gesamten Systems in-formiert und steht daher zu jedem anderen Teilchen in diesem System in Korrelation.

Dieses Konzept können wir auf die Rätsel der lebenden Welt anwenden. Dort in-formiert das durch das Psi-Feld übermittelte Hologramm des gesamten Organismus all dessen Moleküle, Zellen und Organe. Das umfassendere Hologramm ganzer Kolonien, Gruppen oder Gemeinschaften von Organismen wiederum in-formiert alle Organismen, die Teil dieser Kolonie oder Gemeinschaft sind. Das ist die Erklärung für die quasi unmittelbare Kohärenz, die führende Wissenschaftler in allen Teilen eines lebenden Organismus finden, und es erklärt auch die bemerkenswerte Art und Weise, in der das Genom in Übereinstimmung mit der sich verändernden Umgebung mutieren kann. Das Hologramm des sozialen und ökologischen Systems, in das die Organismen eingebettet sind, in-formiert alle Organismen, die in diesem System leben, bis hinunter zu ihren Zellen und Genen.

Dieselbe grundlegende Erklärung gilt für spontane transpersonale Erfahrungen in der Sphäre des Bewußtseins. Unzählige Generationen von Menschen hinterlassen ihre holographische Spur im Psi-Feld, und dieses Hologramm stellt das Hologramm der jeweiligen Person, des jeweiligen Stammes, der jeweiligen Gemeinschaft, Kultur und Spezies dar. Diese subtile In-formation wird von den Menschen wahrgenommen, die sie erzeugt haben: Ihr Gehirn und ihr Nervensystem passen zu den Mustern ihres eigenen Hologramms. Auf diese Weise werden wir Menschen hauptsächlich durch Dinge und Ereignisse aus unserer eigenen Vergangenheit in-formiert (das ist die eigentliche Erklärung für das wahre Langzeitgedächtnis, das bis zur eigenen Geburt und sogar bis zu Erfahrungen im Mutterleib zurückreicht), aber auch durch unsere Mitmenschen und unsere Umgebung. Wir können jedoch auch durch Dinge und Ereignisse in-formiert werden, die weiter von uns entfernt sind, ob nun in Zeit oder Raum – wie Jung entdeckte, als er die „Archetypen" und die anderen Merkmale dessen erforschte, was er als das kollektive Unbewußte der Menschheit bezeichnete. Sogar andere lebende Wesen und verschiedene Aspekte der Natur können uns in-formieren. Sensible Menschen und Menschen in tiefen meditativen oder anderen veränderten Bewußtseinszuständen können die Realität dieser Form transpersonaler Erfahrung bezeugen.

Normalerweise unterdrücken wir jedoch die In-formation, die nicht mit unserer Vorstellung von dem übereinstimmt, was wir von der Welt um uns herum wissen. Moderne Menschen sind der Meinung, daß alles, was es zu wissen gibt, durch unsere fünf körperlichen Sinne zu uns gelangt: durch Sehen, Hören, Riechen, Schmecken und Tasten. Alles andere in unserem Bewußtsein beruht entweder auf Eindrücken, die wir durch diese Sinne empfangen haben, oder es ist reine Einbildung. Doch Eindrücke, die aus der externen Welt außerhalb der Reichweite unserer Sinne zu uns gelangen, existieren tatsächlich, und wenn sie aus dem Alltagsbewußtsein verdrängt werden, treten sie in die unterbewußten Schichten unseres Geistes ein. Verdrängte Information beeinflußt oft unsere Tag- und Nachtträume und bestimmt die emotionale Ebene unserer Wahrnehmung. Auch Intuitionen, Vorahnungen und sonst rätselhafte Sympathien und Empathien gehören in diese Kategorie.

Wir können uns dieser Elemente unseres Unterbewußten bewußt werden, wenn wir ihnen unseren Geist öffnen – was für die meisten Menschen bedeutet, sich in einen veränderten Bewußtseinszustand zu versetzen. Einige der bemerkenswertesten Glanzleistungen menschlicher Vision und Intuition beruhen auf Elementen, die aus den unterbewußten Sphären des Geistes wieder in das Bewußtsein zurückgeholt wurden. Dazu gehören bahnbrechende wissenschaftliche Einsichten, prophetische und mystische Erkenntnisse, die telepathische Fähigkeit, den Schmerz eines geliebten Menschen zu fühlen oder zu spüren, und die erstaunlichen Visionen, die Psychotherapeuten aufzeichnen, wenn sie ihre Patienten in einen veränderten Zustand versetzen und ihren Erfahrungsberichten zuhören.

Instinkt und Reinkarnation: Zwei Rätsel enträtselt

Instinkt und Reinkarnation scheinen unterschiedliche Phänomene zu sein: Das eine gehört in die Domäne der rechtmäßigen Wissenschaft, das andere zu Esoterik und Parapsychologie. Aber sowohl Instinkt als auch Reinkarnation sind immer wieder auftretende Phänomene, das eine im Reich der Tiere und das andere im Reich des Menschen. Beide können durchaus real sein. Und wenn sie es sind, dann liegt beiden dieselbe Erklärung zugrunde.

Sprechen wir zuerst über den Instinkt. Die Literatur über den Instinkt ist zwar sehr umfangreich, aber größtenteils beschreibender Natur. Die gelegentlichen Erklärungen beziehen sich auf das Lernen durch Versuch und Irrtum oder auf ererbte genetische Informationen. Bei näherer Betrachtung sind jedoch beide gleichermaßen wenig überzeugend.

Spinnen scheinen zu „wissen", wie sie verschlungene Netze spinnen müssen, um ihre Beute darin zu fangen; Vögel und Fische scheinen zu „wissen", wie sie sich über manchmal enorm große Entfernungen hinweg orientieren müssen, und die meisten Tiere scheinen genau zu „wissen", wie sie sich vor Raubtieren schützen können. Bei Säugetieren zeigt sich die Reaktion von „Kampf-oder-Flucht" schon kurz nach der Geburt. Sie dauert nicht länger als einige wenige Millisekunden, in denen das Tier die Fluchtrichtung wählt und alle Energie mobilisiert, die es für eine schnelle Bewegung benötigt, ohne dabei jedoch Gleichgewicht und Orientierung zu verlieren. Dies ist eine bemerkenswerte Errungenschaft. Doch die Jungtiere lebender Spezies vollbringen sie – sie überleben in hinreichend großer Zahl, um ein Aussterben ihrer Spezies zu verhindern. Ihr

„Wissen“ zeigt sich bereits zu kurz nach ihrer Geburt, um das Resultat von Erfahrung sein zu können: Die meisten Tierspezies wären schon seit langem ausgestorben, wenn ihre Jungen auf Gedeih und Verderb hätten lernen müssen, durch Versuch und Irrtum zu überleben.

Unwahrscheinlich ist auch, daß instinktives Verhalten völlig in genetischer Information verschlüsselt ist. Es ist schon schwierig zu erkennen, wie allein durch genetische Information die Entwicklung einer komplexen organischen Struktur zu erklären wäre – wir erinnern uns an die Paradoxa des C-Wertes und des N-Wertes in Kapitel 2 –, und noch schwieriger ist zu verstehen, wie ererbte Information in den Genen ein komplexes und präzises Verhalten steuern könnte. Wenn aber die meisten Spezies überleben sollen, dann muß das Verhalten ihrer Neugeborenen und Jungen sowohl präzise als auch komplex sein. Es ist unwahrscheinlich, daß ein solches Verhalten nur darauf beruht, daß RNS, Proteine, Enzyme und andere biochemische Transmitter die genetische Information ablesen, die in der DNS gespeichert ist. Es gibt keinen Beweis dafür, daß die volle erforderliche Information in der DNS verschlüsselt wäre.

Nun richten wir unsere Aufmerksamkeit auf die Phänomene der Reinkarnation. Genau betrachtet, handeln die Phänomene selbst niemals *von* der Reinkarnation: Reinkarnation ist die Interpretation, die ihnen zugeschrieben wird. Die Phänomene betreffen Kinder und manchmal auch Erwachsene, die sich an Menschen, Orte und Ereignisse erinnern, die sie in ihrem jetzigen Leben nicht erfahren haben und auch nicht erfahren haben können. Daher nimmt man an, daß sie diese Erfahrungen in einem früheren Leben gemacht haben. Solche „Geschichten aus früheren Leben“ kommen regelmäßig in der Praxis von Psychotherapeuten vor, die mit der Methode der Regressionsanalyse arbeiten. Sie versetzen ihre Patienten in einen leicht veränderten Bewußtseinszustand – Hypnose ist nicht erforderlich, einfache Suggestion reicht meist aus – und führen sie aus ihren heutigen Erfahrungen zurück zu den Erfahrungen ihrer Vergangenheit. Normalerweise können sie ihre Patienten bis in deren frühe Kindheit und sogar bis ins Säuglingsalter zurückführen. In vielen Fällen treten Erfahrungen zutage, die der Schwangerschaft im Mutterleib und der Geburt zu entsprechen scheinen.

Interessanterweise und zunächst völlig unerwartet erkannten Psychotherapeuten, daß sie ihre Patienten noch weiter zurück führen konnten als bis zum Mutterleib und zur körperlichen Geburt. Nach einer Zeit scheinbarer Dunkelheit und Stille tauchen andere Erfahrungen auf. Sie handeln an anderen Orten und zu anderen Zeiten. Aber die Patienten erzählen sie nicht nur wie einen Roman, den sie gelesen, oder einen Film, den sie gesehen haben, sondern erleben sie in der Tat noch einmal. Sie werden zu der fraglichen Person, bis hin zum Tonfall der Stimme, zur Sprache (die dem Patienten in diesem Leben möglicherweise völlig unbekannt ist) und, wenn die Erfahrung in der frühen Kindheit handelt, zu den unwillkürlichen Muskelreflexen, die für Säuglinge typisch sind.

In der Erfahrung des Psychotherapeuten Stanislav Grof können sich sowohl junge als auch alte Patienten mit anderen Menschen, anderen Spezies und sogar mit nicht-menschlichen Elementen ihrer Umgebung identifizieren. Grofs Aufzeichnungen wurden in mehr als viertausend psychedelischen Sitzungen mit verschiedenen, den Bewußtseinszustand verändernden Substanzen, in zweitausend Sitzungen, die von Kollegen durchgeführt wurden, und in mehr als dreißigtausend Sitzungen, bei denen die Methode des holotropen Atmens eingesetzt wurde, gesammelt. Sie zeigen, daß die Information, die Menschen in veränderten Bewußtseinszuständen zur Verfügung steht, über das Vermögen ihrer Sinnesorgane und sogar über das Freudsche Unbewußte hinausgeht. In veränderten Bewußtseinszuständen, so stellt Grof fest, haben Menschen Zugang zu Informationen über fast alle Aspekte des Universums, auch Aspekte, die der Einzelne während seiner Lebenszeit unmöglich erfahren haben kann. Die Erklärung dafür ist nach Grofs Meinung in den neuen Erkenntnissen der Wissenschaften über die Natur der Realität zu suchen.

Ian Stevenson von der Universität South Carolina erforschte die von Kindern berichteten Erfahrungen aus früheren Leben. In mehr als drei Jahrzehnten interviewte Stevenson im Westen und im Osten viele tausend Kinder. Er fand heraus, daß viele Kinder ab einem Alter von zwei oder drei Jahren, in dem sie beginnen, ihre Eindrücke in Worte zu fassen, bis zum Alter von fünf oder sechs Jahren über ihre Identifizierung mit Menschen berichten, die sie in ihrem jungen Leben weder gesehen noch getroffen hatten und von denen sie auch noch nichts gehört hatten. Häufig können diese Berichte als Erfahrung eines Menschen bestätigt werden, der zuvor gelebt hatte und dessen Tod zu den Eindrücken paßte, von denen die Kinder berichteten. Manchmal weist ein Kind Muttermale auf, die mit dem Tod der Person in Verbindung gebracht werden können, mit der das Kind sich identifiziert – beispielsweise Vertiefungen oder Verfärbungen an dem Teil des Körpers, in den die tödliche Kugel eindrang, oder auch Mißbildungen an Händen oder Füßen, an denen der Verstorbene sich verletzt oder die er verloren hatte.

Der Instinkt bei Tieren und transpersonale Erfahrungen oder Erfahrungen aus früheren Leben beim Menschen haben dieselbe Wurzel. Es ist die Information, die der Organismus aus dem Psi-Feld „ausliest" und die zu diesem Organismus paßt – aktive „In-formation". Bei Tieren aktiviert dieses Auslesen Reaktionen im Verhalten, während die meisten Menschen es unterdrücken: Wir sind eher zu rationalen als zu instinktiven Wesen geworden. Trotzdem bleibt die Tatsache bestehen: Jeder Organismus liest die In-formation des Psi-Feldes, die seiner eigenen Morphologie und Physiologie entspricht. Tiere unterdrücken diese In-formation nicht: Sie durchleben tatsächlich noch einmal die Erfahrungen früherer Generationen. Dadurch ernten sie die Früchte einer langen, viele Generationen umfassenden Folge aus Versuch und Irrtum. Sie müssen die Versuche nicht wiederholen: Sie „erinnern sich“ an das, was sie tun müssen. Da sie außerhalb der Reichweite eines genetisch bedingten Verhaltens liegt, bezeichnet man diese Erinnerung als „Instinkt“.

Wir Menschen können uns gleichermaßen an Erfahrungen erinnern, die über die Reichweite unserer Sinne hinausgehen, und diese noch einmal durchleben. Diese Erfahrungen treten jedoch nur unter bestimmten Umständen zutage – bei Kindern, deren Gehirn noch in einem sogenannten „Alpha-Zustand“ funktioniert, der einem veränderten Bewußtseinszustand bei Erwachsenen entspricht, besonders dann, wenn sie keiner „Gehirnwäsche“ unterzogen wurden, damit sie glauben, ihre Erfahrungen seien nicht mehr als Illusionen und Tagträume. Das gilt auch für Erwachsene, die sich in einen veränderten Bewußtseinszustand versetzen. In diesen Zuständen tauchen Bilder, Ereignisse und andere „Erinnerungen“ auf, die unser Gehirn und unser Nervensystem mit dem anderer Menschen verknüpfen, unabhängig davon, ob diese zur gleichen Zeit leben wie wir oder längst vergangenen Zeiten angehören.

Alles in allem sind die Phänomene des Instinkts und der Reinkarnation nicht rätselhaft. Sie treten auf, wenn man das „Psi-Feld liest“ – genauer gesagt, wenn wir die Elemente der kollektiven Wellenfunktion der Menschheit lesen, die unserem eigenen Gehirn und Körper entsprechen.

Nicht zuletzt sollten wir jene Rätsel einer näheren Betrachtung unterziehen, von denen die Wissenschaften der supergroßen Dimension der Realität bedrängt werden: die kosmologischen Wissenschaften. Hier erhalten wir eine ähnliche Erklärung für das zentrale Geheimnis der neuen Kosmologie: die verblüffende Kohärenz des Kosmos. Wir erkennen nun, daß die Kohärenz des Kosmos auf eine Korrelation zwischen den Makrostrukturen des Universums zurückzuführen ist, die durch das Psi-Feld vermittelt wird. Alle Makrostrukturen – Sterne, stellare Systeme, ganze Nebel – hinterlassen ihr Hologramm im Psi-Feld, und die Anordnung dieser Systeme erschafft das umfassende Hologramm der Galaxie. Die Metagalaxie (die Anordnung aller Galaxien im Universum) wiederum hinterläßt ihre eigene wellenförmige Spur im Psi-Feld: Dies ist das metagalaktische Hologramm – das Hologramm des Universums. Dieses riesige Hologramm folgt bei der In-formation und Korrelation aller ihm untergeordneten Makrostrukturen demselben Prinzip wie die In-formation des Psi-Feldes in anderen Domänen: Es in-formiert wechselseitig alle Dinge mit allen anderen Dingen, wobei es am direktesten und offenkundigsten jene Dinge in-formiert, die isomorph zueinander sind. Auf diese Weise ist die Struktur von Galaxien durch die wechselseitige In-formation im gesamten kosmischen Raum kohärent (wenn auch nicht gleichförmig), und das sogar über Entfernungen hinweg, die weder das Licht noch ein anderes der Standard-Wissenschaft bekanntes Signal zur Kraftübertragung hätte überwinden können.

Wir sollten hinzufügen, daß die Kohärenz der Makrostrukturen nicht das einzige Rätsel der neuen Kosmologie ist: Es gibt auch noch das Rätsel der „Feinabstimmung der Konstanten". Die grundlegenden Parameter des Universums sind auf erstaunlich feine Weise miteinander koordiniert. Hinsichtlich seiner Kraft und seiner Zeitplanung war der Urknall fast unglaublich präzise. Eine winzige Abweichung – ein Milliardstel des Wertes einer universellen Kraft wie Elektromagnetismus oder Schwerkraft –, und unser Universum hätte nicht die Bedingungen erschaffen können, unter denen Leben entstehen und sich weiterentwickeln konnte. In einem weniger fein abgestimmten Universum als dem unseren wären wir nicht hier, um über diese Präzision zu staunen. Für die konventionelle Wissenschaft ist dies in der Tat ein Grund zum Staunen – wie wir bereits festgestellt haben, kann die Feinabstimmung der universellen Konstanten nicht überzeugend erklärt werden: Daß sie das Ergebnis zufälliger Fluktuationen im kosmischen Vakuum ist, ist – statistisch betrachtet – extrem unwahrscheinlich. Die tiefere Erklärung dafür ist, daß der Urknall nicht rein zufällig geschah: Er war durch das Hologramm früherer Universen informiert. Auch das ist logisch. Das Quantenvakuum ist nicht einzigartig für unser Universum – es existierte bereits, ehe unser Universum entstand, und es wird auch noch existieren, wenn unser Universum verschwunden ist. Dieses bleibende, verbindende Medium enthält die Spuren aller Teilchen und Objekte, die in früheren Universen entstanden sind, und es gibt diese reich strukturierte In-formation an unser Universum weiter. Bei seiner Geburt wurde unser Universum durch die Spuren früherer Universen in-formiert, ähnlich wie unsere Zellen bei der Zeugung durch den genetischen Code unserer Eltern in-formiert wurden.

* * * * *

Der menschliche Geist ahnte schon immer, daß allen Phänomenen der Welt ein Urfeld zugrunde liegt, das sie miteinander verbindet. Diese Einsicht ist in praktisch allen traditionellen Kosmologien und auch in der traditionellen Metaphysik vertreten. In früherer Zeit und noch bis vor kurzem beruhte das Konzept eines solchen Urfeldes jedoch auf Erkenntnis, Intuition und persönlich unzweifelhafter, aber zwangsläufig privater und nicht reproduzierbarer Erfahrung. Nun entdecken wir, daß die Ergebnisse der technisch ausgereiftesten Experimente der führenden Wissenschaften im Grunde genommen auf genau dasselbe Urfeld hindeuten. Diese Wiederentdeckung ist von großer Bedeutung, denn sie untermauert die durch interpersonelle und quantitative Methoden der Wissenschaften gewonnenen Daten mit dem Zeugnis immerwährender persönlicher Erfahrung. Diese Kombination gibt uns die größtmögliche Sicherheit, daß wir auf dem richtigen Weg sind: daß das Urfeld, das Teilchen und Galaxien, Körper und Geist miteinander verbindet, in der Natur – und auch in unserem eigenen Bewußtsein – wahrhaftig existiert.

So wie Teilchen durch das Hologramm ihres ganzen Koordinatensystems, Moleküle und Zellen durch das Hologramm ihres Organismus und menschliches Gehirn und menschlicher Geist durch das Hologramm ihrer Spezies in einer Wechselbeziehung zueinander stehen, so stehen auch Planeten, Sterne, stellare Systeme und Galaxien durch das Hologramm des Universums zueinander in Korrelation. Diese Korrelationen sind in ein und demselben kosmischen Feld enthalten – dem Psi-Feld. Seine (Wieder-)Entdeckung vermittelt uns ein gänzlich anderes – in mancher Hinsicht seltsames, aber in anderer Hinsicht auch seltsam vertrautes – Bild der Realität. Dieser seltsamen und doch vertrauten Welt wollen wir uns nun zuwenden.

Teil Zwei

Die Erforschung des Psi-Feld-Universums

Kurz nach der Veröffentlichung von Stephen Hawkings Buch *Eine kurze Geschichte der Zeit* erschien in der *New York Times* ein Bericht mit der Schlagzeile: „Ja, Mr. Hawking, aber was bedeutet es?" Die Frage war angebracht: Hawkings Theorie der schwarzen Löcher sowie sein Konzept des Universums sind komplex und nicht leicht zu verstehen. Wir stellen nun dieselbe Frage in bezug auf eine Welt, in der ein Urfeld Teilchen, Kosmos und menschlichen Geist miteinander verbindet und in-formiert. Wir stellen diese Frage nicht nur, wir können auch eine sinnvolle und verständliche Antwort darauf geben: Die gegenseitige In-formation aller Dinge durch das Psi-Feld, die wissenschaftliche Wiederentdeckung des Urfeldes der spirituellen Tradition, gibt uns eine stichhaltige Grundlage, um einen Sinn im Universum zu entdecken.

Der Sinn, den wir entdecken werden, entspricht jedoch nicht dem Sinn, den viele Menschen der Welt heute zuschreiben – und er steht in krassem Gegensatz zu der Sinnlosigkeit, die in modernen Gesellschaften verbreitet ist. Die bemerkenswerten Formen von Wechselbeziehung und Ganzheit, denen wir begegnet sind, als wir das Weltbild der neuen Physik, der neuen Biologie, der neuen Bewußtseinsforschung und der neuen Kosmologie erforscht haben, vermitteln uns ein sinnvolles, aber radikal verändertes Bild der Realität. Das Bild, das wir erhalten, hat nur wenig Ähnlichkeit mit Newtons gigantischem Uhrwerk, mit Darwins von Zähnen und Klauen beherrschtem Dschungel, Freuds unterbewußten, triebbeherrschten und ichbezogenen Individuen und der häufig – aber fälschlicherweise – Einstein zugeschriebenen Welt, in der „alles relativ ist". Es ist vielmehr ein Bild mit äußerst fein abgestimmten, vielfältigen Ordnungsstufen, die durch das Psi-Feld – das Informationen aufzeichnende und übermittelnde Energiemeer des Kosmos – geformt und miteinander verbunden sind.

Wir wollen uns nun aufmachen, das neue Paradigma des „Psi-Feld-Universums" zu erforschen. Unsere Bekanntschaft mit der Natur und den Funktionsweisen des kosmischen Psi-Feldes gibt uns den Kompaß, den wir benötigen. Wir werden einige der faszinierendsten Domänen menschlicher Suche betreten und jene Fragen stellen, die denkende Menschen seit der Morgendämmerung der Zivilisation immer wieder gestellt haben. Die Antworten, die wir erhalten, werden sich von den Antworten unterscheiden, die man uns in der Schule gelehrt hat, werden dafür aber einige der ältesten Erkenntnisse der Menschheit wieder in Erinnerung rufen. Sie sind jedoch keine Rückkehr zu Mythos und Mystizismus, sondern eine Wiederentdeckung – durch die führenden Zweige der zeitgenössischen Wissenschaften – von Vorstellungen, die seit undenklichen Zeiten im menschlichen Geist gegenwärtig waren. Es lohnt sich, sie zu erforschen, denn das, was sie uns über uns selbst und über die Welt sagen, ist sowohl seltsam als auch vertraut – und auf seltsame Weise tröstlich. Als organischer Teil eines organisch ganzen Universums sind wir niemals allein – und wir hören niemals auf, Teil einer größeren Realität zu sein, die in alle Ewigkeit wächst und sich weiterentwickelt.

6.

Neue Antworten auf grundlegende, durch die Wissenschaft heute schon begreifbare Fragen

Ursprung, Leben, Evolution und Bewußtsein

Die Suche nach einem Sinn ist ein niemals endendes menschliches Bestreben. So lange, wie Menschen auf die Sonne, den Mond und den Sternenhimmel über sich und auf die Meere, die Flüsse, die Hügel und die Wälder um sich geschaut haben, so lange fragen sie sich schon, wo alles herkam, wo alles hingeht und was alles bedeutet. Auch die Wissenschaftler stellen sich diese Frage. Einige von ihnen sind stark mystisch geprägt, während andere eine eher pragmatische und skeptische Einstellung haben. Sowohl Newton als auch Einstein gehörten zur ersten Gruppe, während die Mehrheit der zeitgenössischen Wissenschaftler zu einer begrenzteren Sichtweise neigt. Einige, wie der Physiker David Peat, nehmen die Herausforderung einer Sinnfindung jedoch an.

„Wir alle stehen vor einem Rätsel", begann Peat sein Buch über *Synchronizität*. „Wir werden in dieses Universum hineingeboren, wir wachsen auf, arbeiten, spielen, verlieben uns, und am Ende unseres Lebens stehen wir dem Tod gegenüber. Doch inmitten all dieser Aktivitäten sehen wir uns fortwährend einer Reihe überwältigender Fragen gegenüber: Wie ist das Universum beschaffen, und welche Position nehmen wir darin ein? Was bedeutet das Universum? Was ist sein Zweck? Wer sind wir, und welchen Sinn hat unser Leben?" Die Wissenschaft, fügt Peat hinzu, versucht, diese Fragen zu beantworten, denn es war schon immer die Aufgabe des Wissenschaftlers, zu entdecken, wie das Universum beschaffen ist, wie Materie ursprünglich entstand und wie das Leben begann.

Es gibt jedoch auch Wissenschaftler, die nicht glauben, daß diese Themen viel mit den Fragen nach einem menschlichem Sinn zu tun haben. Der Physiker Steven Weinberg beharrt beispielsweise darauf, daß das Universum als ein physikalischer Vorgang vom menschlichen Standpunkt aus betrachtet ohne Bedeutung ist; für den Menschen bieten die Gesetze der Physik keinen erkennbaren Zweck an. „Ich glaube nicht, daß es ein Ziel gibt, das durch die Methoden der Wissenschaft zu entdecken wäre“, sagte er. „Ich glaube vielmehr, daß das, was wir bisher gefunden haben – ein unpersönliches Universum, das nicht speziell auf den Menschen ausgerichtet ist –, das ist, was wir auch in Zukunft finden werden. Und daß, wenn wir die ultimativen Gesetze der Natur finden, diese eine beunruhigende, kalte und unpersönliche Qualität haben werden.“

Weinbergs Ansicht steht für eines der beiden Gesichter westlicher Zivilisation. Der Kulturhistoriker Richard Tarnas wies darauf hin, daß die westliche Welt seit der Morgendämmerung des modernen Zeitalters einem Weg mit zwei Gesichtern folgt. Das eine ist das Gesicht des Forschritts; das andere das des Falls. Das vertrautere Gesicht ist die Geschichte einer langen und heroischen Reise aus einer primitiven und dunklen Welt von Unwissenheit, Leid und Begrenzung hin zur hellen und modernen Welt von stetig wachsendem Wissen, Freiheit und Wohlstand, möglich gemacht durch die fortwährende Weiterentwicklung vor allem des menschlichen Verstandes, der wissenschaftlichen Erkenntnis und des technologischen Könnens.

Das andere Gesicht des Westens ist die Geschichte vom Fall der Menschheit und von ihrer Trennung vom ursprünglichen Zustand des Einsseins mit Natur und Kosmos. Während die Menschen in ihrem uranfänglichen Zustand noch ein instinktives Wissen von der heiligen Einheit und profunden Verbundenheit der Welt besaßen, entstand mit dem Aufstieg des rationalen Verstandes ein tiefer Riß zwischen der Menschheit und dem Rest der Realität. Der Tiefpunkt dieser Entwicklung zeigt sich in der heutigen ökologischen Katastrophe, moralischer Desorientierung und spiritueller Leere.

Die westliche Zivilisation der heutigen Zeit stellt sowohl das positive als auch das negative Gesicht zur Schau. Ihre Dualität spiegelt sich wider in der Haltung, die Wissenschaftler im Hinblick auf die Frage nach einem Sinn einnehmen. Einige, wie Weinberg, bringen das negative Gesicht der westlichen Zivilisation zum Ausdruck. Für sie hat der Sinn seinen Platz allein im menschlichen Geist: Die Welt selbst ist unpersönlich, ohne Absicht und Zweck. Einen Sinn im Universum finden zu wollen ist gleichbedeutend mit dem Irrtum, den eigenen

Geist und die eigene Persönlichkeit in es hinein zu projizieren. Andere, wie Peat, richten sich nach dem positiven Gesicht aus. Sie beharren darauf, daß das Universum durch die moderne Wissenschaft zwar entzaubert wurde, im Lichte der jüngsten Erkenntnisse jedoch wieder neu verzaubert werden kann.

Es ist offensichtlich, daß die Entzauberung der Welt durch die Wissenschaft einen hohen Preis fordert. Wenn Geist, Bewußtsein und Sinn ausschließlich menschliche Phänomene sind, dann finden wir Menschen als zielgerichtete, wertende und fühlende Wesen uns in einem Universum wieder, das bar genau jener Qualitäten ist, die wir selbst besitzen. Wir sind Fremde in der Welt, in die wir gekommen sind. Unsere Entfremdung von der Natur öffnet die Tür für die blinde Ausbeutung von allem, was um uns herum ist. Wenn wir allen Geist nur uns selbst anmaßen, sagte der Ethnologe Gregory Bateson, werden wir die Welt als geistlos und somit als einer moralischen oder ethischen Überlegung nicht wert betrachten. „Wenn du deine eigene Beziehung zur Natur so einschätzt, und wenn du dazu noch über eine fortschrittliche Technologie verfügst“, fügte Bateson hinzu, „dann sind deine Überlebenschancen so groß wie die eines Schneeballs in der Hölle.“

Zum Glück muß weder das Gesicht des Fortschritts so kalt noch das Gesicht des Falls so tragisch sein. An vorderster Front entdecken die neuen Wissenschaften eine Welt wieder, in der Leben, Geist und Bewußtsein integrale Elemente und nicht zufällige Nebenprodukte sind. Diese Welt ist keine Sphäre getrennter Dinge und Ereignisse, externer Zuschauer und eines unpersönlichen Schauspiels, sondern eine holistische Welt der Information und der Einbeziehung. Jedes Teilchen, jedes Atom wird aktiv und wechselseitig durch jedes andere Ding – in letzter Konsequenz durch die Gesamtheit des Universums – informiert. Dies ist keine passive Information, sondern aktive „In-formation“ – eine stete subtile Kommunikation, bei der alle Dinge fortwährend und uneingeschränkt durch alle anderen Dinge „in-formiert“ werden.

Unser Universum ist kein passives, mechanistisches und gewöhnliches Universum. Zum größten Teil besteht es noch nicht einmal aus Dingen, die wir als „Materie“ identifizieren könnten. Nur fünf Prozent des „Stoffes“ im Kosmos bestehen aus Materie – das heißt, aus der Art von „materiellen“ Teilchen, die zu Kernen zusammengefügt sind, die zu Atomen zusammengefügt sind, die zu Molekülen zusammengefügt sind, die wiederum zu Zellen zusammengefügt sein können, die zu

Gewebe zusammengefügt sind, das zu Organismen zusammengefügt ist, die sich zu Ökologien zusammenfügen können. Die klassische Vorstellung, daß alles, was es im Kosmos gibt, Materie ist und daß alle Materie in einem Urknall entstand und entweder in schwarzen Löchern oder in einem „Big Crunch“ wieder verschwinden wird, war ein kolossaler Fehler. Und die Überzeugung, daß wir alles wissen, wenn wir wissen, wie Materie sich verhält – eine Überzeugung, die klassische Physik und marxistische Ideologie miteinander teilen –, war eine kolossale Einbildung. Solche Ansichten sind definitiv überholt. Es gibt mehr Dinge in diesem Universum, als klassische Wissenschaftler, Ingenieure und Materialisten jemals geglaubt hatten. Und viele der Dinge, die es in dieser Welt gibt, sind seltsamer, als es sich die Autoren von Science-fiction-Literatur jemals vorgestellt hatten!

Aber ist diese seltsame Welt auch eine sinnvolle Welt? Ob das so ist oder nicht, müssen wir noch sehen: Zunächst einmal müssen wir nach ihrem Sinn suchen. Wir können aber bereits jetzt sagen, daß dies eine wichtige und glaubwürdige Suche ist. Denn welchen Sinn wir auch immer finden, es wird kein willkürlicher Sinn sein, der durch einen externen Beobachter eingebracht wurde. Es wird vielmehr der Sinn sein, den ein Teilnehmer entdeckt – jemand, der integraler Teil dessen ist, was er erfährt. Wenn der Geist eines Teilnehmers nicht durch irrige Überzeugungen und fehlerhafte Vorstellungen beeinflußt ist, dann befindet er sich in Harmonie mit der Welt. Er schwingt mit ihren Rhythmen und ist „synchron“ zu ihren Prozessen. Das Versprechen des Psi-Feld-Universums besteht darin, daß es unseren Geist auf den Kosmos „einstimmen“ kann – daß es uns dabei helfen kann, die Hand auszustrecken und die Realität zu berühren, die sowohl um uns als auch in uns ist.

Wir beginnen also mit unserer Suche nach einem Sinn. Zunächst befragen wir das Psi-Feld-Universum nach dem Sinn, den es im Hinblick auf ultimative Ursprünge und ultimative Bestimmung enthält. Wir wollen mit der Vergangenheit beginnen. Wo kommt all das, was wir erblicken, her?

Die Ursprünge des Universums

Die spirituellen und mystischen Traditionen sowohl des Ostens als auch des Westens vertreten die Auffassung, daß das Universum in gewaltigen Prozessen der Selbstschöpfung entstand. Die östlichen Kosmologien sind der Meinung, daß die Dinge und Wesen, die im Universum existieren, eine Konkretisierung oder Destillation der grundlegenden Energie des Kosmos sind und aus dessen ursprünglicher Quelle stammen. Die physikalische Welt ist eine Spiegelung von Energievibrationen aus subtileren Welten, die wiederum Spiegelungen noch subtilerer Energiefelder sind. Die Schöpfung und alle ihr nachfolgende Existenz sind eine von der uranfänglichen Quelle ausgehende, nach unten und außen gerichtete Progression. Dieses *Leitmotiv* zieht sich auch durch die alten Lehren des Westens, insbesondere den Neo-Platonismus. In einigen philosophischen Schulen ist es bis zum heutigen Tag gegenwärtig.

In der Geschichte der westlichen Zivilisation ersetzte die Schöpfungsgeschichte des Alten Testaments die aus früheren Zeiten überlieferten mystischen Vorstellungen. Während des gesamten Mittelalters glaubten Christen, Moslems und Juden, daß ein allmächtiger Gott zielgerichtet und absichtsvoll den Himmel über ihnen und die Erde unter ihnen und alle Dinge dazwischen genau so geschaffen hatte, wie wir sie heute vorfinden.

Im 19. Jahrhundert geriet die jüdisch-christliche Geschichte mit den Theorien der modernen Wissenschaft, insbesondere der darwinistischen Biologie, in Konflikt. Es bildete sich ein lebhafter Gegensatz heraus zwischen der Ansicht, daß alles, was um uns herum ist, absichtsvoll durch eine göttliche Kraft erschaffen wurde, und der Vorstellung, daß lebende Spezies sich eigenständig aus einfacheren gemeinsamen Ursprüngen weiterentwickeln. Dieser Gegensatz war Anlaß endloser Debatten und ist heute immer noch in der Kontroverse zu erkennen, die an öffentlichen Schulen die Lehre der „kreationistischen" gegenüber den „evolutionistischen" Theorien umgibt.

Die Kontroverse: „Schöpfung oder Evolution"

Die hartnäckige Debatte zwischen konservativen Christen und Juden einerseits (den „Kreationisten") und Wissenschaftlern und der wissenschaftlich ausgerichteten Öffentlichkeit andererseits (den „Evolutionisten") konzentriert sich auf die biologische Evolution. Bei näherer Betrachtung geht es dabei aber um das Universum selbst, in dem das Leben sich entwickelt hat – oder in dem es durch einen Akt der Schöpfung erschaffen wurde.

Auf den ersten Blick müssen die wissenschaftliche Gemeinschaft und alle, die glauben, daß die Wissenschaft einige grundlegende Wahrheiten im Hinblick auf die Natur der Realität offenbart, die Hypothese zurückweisen, daß lebende Spezies so sind, wie sie sind, weil sie in dieser Weise erschaffen wurden... daß sie das Resultat besonderer Schöpfungsakte sind. Es ist jedoch ebenso offensichtlich, daß es äußerst unwahrscheinlich ist, daß lebende Spezies nur durch Prozesse zufälliger Mutation und natürlicher Selektion entstanden sein könnten. Dadurch, behaupten die Kreationisten, wird die ganze Doktrin der Evolution ad absurdum geführt.

Dogmatische Darwinisten setzen sich dem Widerspruch durch die Kreationisten aus: Sie behaupten, daß zufällige Prozesse der Evolution ausreichend sind, um die Tatsachen zu erklären. Richard Dawkins vertritt beispielsweise die Auffassung, daß die lebende Welt das Resultat von Prozessen ungeordneten Versuchs und Irrtums ist, daß sie weder tieferen Sinn noch tiefere Bedeutung hat. Dawkins behauptet, daß es in dieser Welt keinen Sinn gibt und daß daher auch nicht die Notwendigkeit besteht, von einer zielgerichteten Gestaltung auszugehen. Geparden scheinen zum Beispiel ausgezeichnet dafür geschaffen zu sein, Antilopen zu töten. Zähne, Klauen, Augen, Nase, Beinmuskulatur, Rückgrat und Gehirn eines Geparden sind genau das, was wir erwarten sollten, wenn Gottes Ziel bei der Erschaffung der Geparden darin bestanden hätte, die Todesfälle bei Antilopen zu maximieren. Gleichzeitig sind Antilopen schnell, agil und wachsam, offensichtlich dafür geschaffen, vor Geparden fliehen zu können. Doch keines dieser Merkmale deutet auf eine Erschaffung durch einen besonderen Akt der Schöpfung hin: Das ist einfach die Art der Natur. Geparden haben eine „Nutzfunktion“, die darin besteht, Antilopen zu töten, während die Nutzfunktion der Antilopen darin besteht, den Geparden zu entkommen. Die Natur selbst ist ihrem Schicksal gegenüber gleichgültig. Unsere Welt ist eine Welt blinder physikalischer Kräfte und genetischer Replikation, in der einige leiden und andere gedeihen. Sie hat genau die Eigenschaften, die wir von ihr erwarten würden, wenn es im Grunde keine Gestaltung und keinen Sinn, weder Gut noch Böse, sondern nur blinde und unbarmherzige Gleichgültigkeit gäbe.

Wenn dies der Fall wäre, dann würde es aus offensichtlichen Gründen schwer fallen, an einen intelligenten Schöpfer zu glauben. Der Gott, der sie erschuf, müßte ein gleichgültiger Gott sein, wenn nicht sogar ein Sadist, der solche blutigen Spiele genießt. Dawkins zufolge besteht die vernünftigere Auffassung darin, daß die Welt einfach nur ist, ohne tieferen Grund oder Sinn. Die Art, wie sie ist, resultiert aus zufälligen Prozessen, die innerhalb der Grenzen ausgespielt werden, die elementare physikalische Gesetze vorgeben. Die Vorstellung einer Schöpfung ist überflüssig. In dieser Hinsicht wiederholen Darwinisten die Worte des französischen Mathematikers Pierre Laplace, der die Auffassung vertrat, daß Gott eine Hypothese sei, für die es keinen wirklichen Bedarf mehr gebe.

Die Kreationisten weisen jedoch darauf hin, daß es absolut unwahrscheinlich ist, daß alles, was wir in dieser Welt erblicken, uns selbst eingeschlossen, das Ergebnis zufälliger Prozesse sein soll, die durch unpersönliche Gesetze gesteuert werden. Der Glaubenssatz, daß sich alles durch blinden Zufall aus gemeinsamen und einfachen Ursprüngen entwickelt hat, ist nicht durch handfeste Beweise untermauert, sondern bloße Theorie. Die Wissenschaftler können keine eindeutigen Beweise für diese Evolutionstheorie vorlegen: „Man kann nicht ins Labor oder ins Feld gehen und den ersten Fisch machen“, sagte Tom Willis, Direktor der Creation Science Association for Mid-America (Verband der Schöpfungswissenschaft für Mittelamerika). Die Welt um uns herum ist weitaus mehr als eine zufällige Verkettung getrennter Elemente; sie zeigt Sinn und Zweck. Dies weist auf eine göttliche Schöpfung hin.

Die kreationistische Position würde einen Sinn ergeben, wenn die Evolution lebender Spezies wirklich das Produkt blinden Zufalls wäre. Sie ist es aber nicht. Wie wir gesehen haben, entdeckt die post-darwinistische Biologie, daß die biologische Evolution nicht bloß das Resultat zufälliger Mutationen ist, die einer natürlichen Selektion unterliegen. Die gemeinsame Evolution aller Dinge mit allen anderen Dingen im integralen Gewebe des Lebens ist ein systemischer Prozeß mit einer eingebauten Dynamik. Sie ist Teil der Evolution des Universums von Teilchen bis hin zu Galaxien und Sternen mit Planeten. Auf der Erde produzierte diese Evolution genau die richtigen physikalischen, chemischen und thermischen Bedingungen, damit die erstaunlichen Prozesse biologischer Evolution ihren Anfang nehmen konnten. Solche Bedingungen konnten nur in einem Universum entstehen, das von präzise koordinierten Gesetzen und Regelmäßigkeiten regiert wurde. Selbst eine winzig kleine Veränderung dieser Gesetze und Konstanten würde die Entstehung von Leben für alle Zeiten unmöglich machen. So verschiebt sich in der letztlichen Analyse die Debatte zwischen Kreationisten und Evolutionisten von der Frage der Ursprünge des Lebens hin zur Frage der Ursprünge des Universums selbst. Unser Universum ist in bemerkenswerter Weise daran angepaßt, Leben hervorzubringen. Diese Anpassung kann aber kein bloßer Zufall sein…

Seit den 30er Jahren des 20. Jahrhunderts befindet sich die jüdisch-christliche Schöpfungsgeschichte nicht nur mit der Doktrin der biologischen Evolution, sondern auch mit der physikalischen Kosmologie in Konflikt. Newtons Uhrwerk-Universum benötigte eine treibende Kraft, um es aufzuziehen und in Gang zu setzen und das könnte als ein göttlicher Schöpfungsakt angesehen werden. Einsteins Universum des stabilen Zustandes (steady-state) kam dann ohne diese Notwendigkeit aus, denn es veränderte und entwickelte sich nicht: Es bestand von Anbeginn aller Zeiten an so, wie es heute ist. Als das Universum des stabilen Zustandes jedoch durch das sich explosionsartig ausdehnende Universum der Urknalltheorie ersetzt wurde, kamen erneut Fragen im Hinblick auf die Ursprünge der Welt auf. Wenn das Universum vor zwölf oder fünfzehn Milliarden Jahren in einem Urknall geboren wurde und entweder in ungefähr zweitausend Milliarden Jahren im Big Crunch oder in dem fast unvorstellbaren Zeithorizont von 10^{122} Jahren durch das Verdampfen der letzten schwarzen Löcher von der Größe eines galaktischen Clusters sein Ende finden wird, dann ist die erste Frage, die einem in den Sinn kommt: Was war, ehe all dies begann – und was wird sein, wenn es vorüber ist?

Alles, was die „Urknalltheorie" über die Entstehung des Universums sagen kann, ist, daß eine zufällige Instabilität in einem fluktuierenden kosmischen Vakuum, dem Urraum des Universums, sich aufgebläht hat. Sie kann weder sagen, *warum* diese Instabilität auftrat, noch warum sie auftrat, *als* sie auftrat. Abgesehen von spekulativen „Fabeln" – wie einem kosmischen Roulette in einer großen Zahl zufällig geschaffener Universen – kann sie auch nicht sagen, warum das Universum *so* entstand, wie es entstand – warum es die bemerkenswerten Eigenschaften hat, die es nun an den Tag legt.

Wie es scheint, kehrt die Frage in die Domäne von Religion und Mystik zurück. Den Versuch einer wissenschaftlichen Erklärung aufzugeben könnte jedoch verfrüht sein. Kann die neue Kosmologie vielleicht mehr über kosmische Ursprünge sagen als die Urknalltheorie?

Die Urknalltheorie ist nicht das letzte Wort. Wie wir gesehen haben, gibt es multi-universale Kosmologien, die uns sagen, daß unser Universum nicht das einzige existierende Universum ist. Das Universum selbst entstand nicht in dem Urknall, der *unser* Universum schuf, und das Universum wird auch nicht enden, wenn alle Materie, die dieser Urknall hervorbrachte, in der finalen „Verdampfung" schwarzer Löcher verschwindet. Die neuen Kosmologien sagen uns außerdem, daß die gewöhnliche Materie, die das liefert, was wir gerne als hauptsächlichen oder einzigen „Stoff" des Universums betrachten, nur ein winzig kleiner und schwindender Teil des Universums ist. Ihre Menge bildet nur fünf Prozent des Kosmos, und der Rest besteht aus „dunkler Energie" und „dunkler Materie". Außerdem entstand das Meer aus dunkler Energie, aus dem ungefähr 60 Prozent des Universums bestehen, nicht mit dem Urknall, und es wird auch nicht verschwinden, wenn die Materie verschwindet, die durch diese Explosion entstand. Die Energien, die den Kosmos beherrschen, waren bereits da, ehe seine Materieteilchen in Erscheinung traten, und sie werden auch noch da sein, nachdem diese Teilchen und alle aus ihnen bestehenden „materiellen" Dinge wieder verschwunden sein werden.

Die erstaunliche Erkenntnis, die nun dämmert, ist, daß *das* Universum bereits vor der Geburt *unseres* Universums existierte und auch nach dessen Untergang noch existieren wird. Dieses größere, möglicherweise unendliche Meta-Universum ist die Mutter aller Universen, die es geben mag.

Die Kosmologien des „Metaversums" können eher als die Urknalltheorie (die führende Kosmologie *unseres* Universums) etwas über die Bedingungen sagen, die vor dem Lebenszyklus unseres Universums geherrscht haben und nach diesem herrschen werden. Im Kontext der neuen Kosmologien ist die tiefere Realität das dauerhafte Meer aus virtueller Energie, das pulsiert und in periodischen Abständen Explosionen hervorbringt, die ganze Universen entstehen lassen. Lokale Explosionen, durch die ein Universum entsteht, sind Instabilitäten im Energiemeer des Metaversums. Die Explosionen erzeugen Paare aus Teilchen und Anti-Teilchen, und der überlebende Teilchenüberschuß bevölkert die Raumzeit des neugeborenen Universums. Im Laufe der Zeit zieht die Gravitation diese Teilchen zu galaktischen Strukturen zusammen, und die Art von Evolution, die wir in unserem Universum beobachten, nimmt ihren Lauf. Sie entfaltet sich immer wieder aufs neue. Die Evolution der Universen führt ultimativ zu Quasaren und schwarzen Löchern. Die Universen enden, indem sie in der finalen Verdampfung schwarzer Löcher gigantische Explosionen hervorrufen. Diese führen zu weiteren Explosionen, die der Mutterschoß nachfolgender Universen sind.

Ungeachtet der Differenzen zwischen den heute vorgebrachten multi-zyklischen Kosmologien scheint es einigermaßen sicher, daß lokale Universen innerhalb des Metaversums entstehen, das ihnen zugrunde liegt. Die lokalen Universen entwickeln sich, sterben ab, und andere Universen folgen ihnen nach. Es ist nicht wahrscheinlich, daß sie völlig voneinander getrennt sind, denn wenn dies so wäre, dann würde jedes Universum mit einer zufälligen Konfiguration grundlegender Gesetze und Konstanten beginnen – und wie wir gesehen haben, sind die Chancen, daß bei einer solchen Konfiguration komplexe Strukturen entstehen können, verschwindend gering. Wenn unser Universum bei seiner Geburt von früheren Universen getrennt gewesen wäre, könnten wir seine Freudigkeit zur Erschaffung komplexer und Leben manifestierender Systeme nicht erklären. Der Wissenschaft würde nichts anderes übrigbleiben, als über den umwerfend glücklichen Zufall zu staunen, daß es in diesem Universum Leben geben kann.

Statt über unwahrscheinliche Zufälle zu staunen, können Wissenschaftler heute die Auffassung vertreten, daß das Universum bei seiner Geburt durch frühere Universen in-formiert wurde. Das ist durchaus einleuchtend. Im Zyklus der lokalen Universen im Metaversum hinterlassen frühere Universen ihre Spuren in dem Energiemeer, aus dem nachfolgende Universen entstehen, so wie Schiffe ihre Spuren im Meer hinterlassen, auf dem sie segeln. Diese holographischen Spuren heben sich bei der Geburt neuer Universen nicht gegenseitig auf: Sie überlagern sich und reichern sich an. Als Folge davon findet ein stetiger Transfer von aktiver „In-formation" zwischen den Universen statt: Der „Urknall" eines späteren Universums wird durch die Spuren seiner Vorgänger in-formiert. So fallen spätere Universen kurz nach ihrer Geburt nicht wieder in sich zusammen, und sie dehnen sich auch nicht so schnell aus, daß nur ein dünnes Gas aus Teilchen überlebt. Sie entwickeln sich schneller und können sich dadurch auch weiter entwickeln als ihre Vorgänger.

Angesichts der Tatsache, daß unser Universum über Gesetze und Konstanten verfügt, die in hohem Maße auf die Evolution von Leben ausgerichtet sind, ist es nicht wahrscheinlich, daß es das erste im Metaversum geborene Universum ist. Wenn das so ist, dann können wir in unseren Nachforschungen noch einen Schritt weitergehen. Wenn die ultimativen Ursprünge der Welt nicht in dem Urknall liegen, der unser Universum erschuf, sondern in den Ursprüngen des Metaversums, dann müssen wir die Frage stellen: Wie entstand diese Mutter aller Universen selbst?

Bei der Betrachtung dieser Frage sollten wir daran denken, daß ein komplexes System immer „empfindlich für Ursprungsbedingungen" ist – das heißt, die Entwicklung dieses Systems ist in hohem Maße durch die Umstände bestimmt, unter denen sie begann. Die Ursprungsbedingungen unseres Universums waren Auslöser der Explosion, durch die unser bemerkenswert fein abgestimmtes Universum entstand, und wir haben allen Grund zu der Überzeugung, daß diese Ursprungsbedingungen kein glücklicher Zufall waren, sondern das Ergebnis einer vorherigen „In-formation" durch frühere Universen.

Die Ursprungsbedingungen des Metaversums selbst konnten jedoch nicht durch frühere Universen festgelegt werden: Das Metaversum war vor allen anderen Universen da. Was also hatte die Ursprungsbedingungen für das Metaversum festgelegt? Das ist das tiefste und größte aller Rätsel – die Ursprünge des Prozesses, der die Universen erschafft.

Dieses größte aller Rätsel entzieht sich einer Lösung durch logisches Denken, das auf Beobachtung und Experiment basiert. Doch eins ist klar: Ein Mutteruniversum, das eine Reihe sich progressiv entwickelnder lokaler Universen entstehen läßt, ist ein bei weitem zu bemerkenswertes Phänomen, als daß seine Ursprungsbedingungen das Ergebnis bloßen Zufalls gewesen sein könnten. Der Urraum war so beschaffen, daß nicht nur ein einzelnes Universum, sondern eine ganze, sich eigenständig weiterentwickelnde Reihe von Universen darin entstehen konnte. Es ist wohl kaum anzunehmen, daß dies nur ein glücklicher Zufallstreffer war. Wir müssen die Möglichkeit einräumen, daß es einen ursprünglichen kreativen Akt, einen uranfänglichen Akt der Schöpfung gab.

Die entscheidende Frage ist nicht „Schöpfung oder Evolution", denn Schöpfung und Evolution sind keine Alternativen. Die wahre Sachlage wird am besten durch die Aussage „Schöpfung für die Evolution" umschrieben. Aber dann: Schöpfung durch was – oder durch wen?

Die Bestimmung des Universums

Nun wollen wir die Richtung unserer Frage umkehren. Statt uns in der Zeit zurück zu bewegen, schauen wir nach vorn. In einem sich kohärent entwickelnden Universum ist auch das möglich. Es muß uns jedoch klar sein, daß wir hier nicht von Schicksal sprechen, sondern von Bestimmung. Das Universum entwickelt sich hin zu einem endgültigen Zustand, aber dieser Zustand ist nicht von vornherein festgelegt.

Zwischen Ursprungspunkt und Bestimmungspunkt gibt es einen fundamentalen Unterschied. Der Ursprungspunkt liegt in der Vergangenheit, und man muß davon ausgehen, daß er ein definitiver und einzigartiger Zustand war. Der Punkt der ultimativen Bestimmung wird ebenfalls ein definitiver und einzigartiger Zustand sein, wenn er erreicht ist – aber erst dann, *wenn* er erreicht ist. Ganz ähnlich der Freiheit des Quantums, seinen Zustand zu wählen, bis seine überlagerte Wellenfunktion durch eine Wechselwirkung zusammenbricht, hat das Universum so lange keinen festgelegten endgültigen Zustand, bis es diesen Zustand tatsächlich erreicht hat. Da es sich nicht um eine klassisch mechanistische Welt handelt, ist sie hinsichtlich der Wahl dieses endgültigen Zustandes nicht festgelegt. Für ihre Evolution stehen ihr verschiedene Möglichkeiten zur Verfügung.

Die Vergangenheit ist eine feste, ein für allemal festgelegte Tatsache, die Zukunft aber ist es nicht. Sie ist offen, wenn auch nicht *gänzlich* offen. Schließlich ist unser Universum nicht zufällig und planlos, sondern entwickelt sich gemäß kohärenter Gesetze und Konstanten. Diese Evolution ist sowohl in sich selbst schlüssig als auch unumkehrbar. Ihre Prozesse bewegen sich auf eine definitive *Art* eines endgültigen Zustandes zu, aber sie legen nicht bereits von vornherein einen ganz bestimmten Zustand als das einzig mögliche Endergebnis fest.

Modelle und Spiele, die ein Ziel schaffen, das nicht da war

Mittlerweile gewinnt man ein immer besseres Verständnis für Prozesse, die sich in die Richtung eines bestimmten endgültigen Zustandes bewegen, ohne daß dieser Zustand von vornherein festgelegt ist. Man kann diese Prozesse sogar im Computer nachbilden.

Vertreter der Chaos- und dynamischen Systemtheorien bilden den Prozeß nach. Hierbei wird durch in sich selbst unbestimmte Prozesse mit „chaotischen Attraktoren" ein bestimmter, einmaliger Endzustand in einem sich entwickelnden System erreicht. Attraktoren sind Modelliermechanismen, die dynamische Tendenzen in realweltlichen Systemen nachbilden. Chaotische Attraktoren sind Mechanismen, die die Evolution von Systemen in die Richtung eines bestimmten Zustandes vorherbestimmen, ohne diesen Zustand vorher festzulegen.

Im Hinblick auf Freiheit sind chaotische Attraktoren sehr tolerant. Sie lassen zu, daß das von ihnen gesteuerte System seinen eigenen evolutionären Weg wählt. Das bedeutet, daß der endgültige Zustand, den das System erreicht, bei jedem Durchlauf anders ist, und zwar auch dann, wenn es sich aus identischen Ursprungsbedingungen heraus entwickelt hat und von denselben Attraktoren gesteuert wird. Man kann zwar die Ursprungsbedingungen des Systems steuern und die Algorithmen (mathematische Anweisungen) vorgeben, die seine Evolution bestimmen, doch das System selbst wählt den einzigartigen Zustand, in dessen Richtung es sich entwickelt.

Ein einfacherer Weg, um ein Ziel zu erzeugen, das nicht vorgegeben wurde, ist das Spielen einer bestimmten Variante des Gesellschaftsspiels „Twenty Questions“. In der normalen Variante verläßt eine Person den Raum, und die anderen einigen sich auf ein Ding oder ein Objekt, das die Person erraten soll. Diese kann maximal zwanzig Fragen stellen, und jede Frage darf nur mit „ja“ oder „nein“ beantwortet werden. Jede Frage schränkt aber den Spielraum an Möglichkeiten dadurch ein, daß sie eine Vielzahl alternativer Möglichkeiten ausschließt. Wenn die erste Frage zum Beispiel lautet: „Ist es lebendig?“ (im Gegensatz zu leblos), dann schließt ein „ja“ als Antwort alle Dinge außer Pflanzen, Tieren, Insekten und einfachen Organismen aus.

In der alternativen Variante verläßt eine Person den Raum, und ohne ihr dies zu sagen, einigen die anderen sich darauf, sich *nicht* auf ein bestimmtes Ding oder Objekt zu einigen, sondern nur so zu tun, als ob. Sie müssen jedoch folgerichtige Antworten geben. Wenn der unschuldige Mitspieler also zurückkehrt und auf die Frage: „Ist es lebendig?“ die Antwort „ja“ erhält, dann müssen alle nachfolgenden Antworten so tun, als handele es sich bei dem zu erratenden Ding um eine Pflanze, ein Tier oder vielleicht einen Mikroorganismus. Ein fähiger Spieler kann den Spielraum an Möglichkeiten so einschränken, daß er nach zwanzig Fragen eine bestimmte Antwort identifizieren kann – zum Beispiel das Kätzchen im Nebenzimmer. Das war jedoch nicht das Ziel, als das Spiel begann. Es gab kein Ziel – das sich ergebende Ziel wurde durch das Spiel selbst geschaffen.

Da die Prozesse des Universums ein hohes Maß an innerer Logik besitzen, können sich das Universum und alle Dinge in ihm in Richtung eines finalen Zustandes entwickeln, ohne daß dieser Zustand bei seiner Entstehung festgelegt wurde. Eine Sache zieht die andere nach sich, so daß, wenn eine Wahl getroffen wurde, die Kaskade der Konsequenzen sich solange fortsetzt, bis der finale Zustand tatsächlich erreicht ist. Die Wahlen selbst sind nicht zufällig: Sie sind abhängig von den Gesetzen und Konstanten des universalen Systems. Als Folge davon besitzt das Universum ein definitives Potential zur Evolution. Hier handelt es sich um das Potential nicht für einen bestimmten Weg, sondern für eine bevorzugte Richtung: die Richtung zunehmender Struktur und Komplexität. Die Evolution fügt Teil um Teil zu kohärenten und in sich selbst schlüssigen Ganzheiten zusammen. Diese wiederum werden zu Teilen von weiteren, noch umfassenderen Ganzheiten, die ebenfalls in sich selbst schlüssig sind. Die „Attraktoren“, welche die Evolution dieses Universums steuern, haben den Weg seiner Evolution nicht vorherbestimmt, sie haben jedoch die ganzheitliche Richtung festgelegt, in die es sich entfalten soll.

Wir haben gesehen, daß die erstaunliche Kohärenz unseres Universums und die außergewöhnliche Feinabstimmung seiner Gesetze und Konstanten darauf hindeuten, daß es nicht das erste Universum ist, das es gegeben hat. Wir können nun hinzufügen, daß es wahrscheinlich auch nicht das letzte Universum sein wird. Und wenn es nicht das letzte Universum ist, dann werden im Laufe der Zeit Universen mit noch größeren evolutionären Möglichkeiten entstehen.

Der kosmische Evolutionsprozeß verleiht der Vorstellung von Fortschritt einen Sinn. Im Metaversum in-formiert ein lokales Universum das andere. Von Universum zu Universum findet Fortschritt statt. Das Mutteruniversum selbst entwickelt sich von einem unabgestimmten ursprünglichen Universum weiter zu Universen, in denen die physikalischen Parameter in zunehmendem Maße auf die Evolution von Komplexität abgestimmt sind. Die Evolution geht hin zu Universen, in denen komplexe Strukturen entstehen, die auch höher entwickelte Formen von Leben beherbergen – und die höher entwickelten Formen des Geistes, die mutmaßlich mit den höher entwickelten Formen von Leben einhergehen.

Das Metaversum entwickelt sich von lokalen Universen, die rein *physikalisch* sind, weiter zu Universen, in denen es Leben gibt. Dies sind physikalisch-*biologische* Universen. Wenn mit den Lebensformen auch Formen des Geistes verbunden sind, führt der multi-universale Zyklus von physikalischen über physikalisch-biologische hin zu physikalisch-biologisch-*psychologischen* Universen.

Ist das Erreichen eines physikalisch-biologisch-psychologischen Universums der tiefere Sinn der Evolution – und vielleicht der Existenz des Metaversums selbst? Möglich und sogar wahrscheinlich. Der Wissenschaft ist eine definitive Antwort jedoch verwehrt. Diesem Rätsel aller Rätsel kann man sich nur durch die Erkenntnis von Propheten und durch die Vision von Mystikern nähern.

Die Ursprünge des Lebens

Leben entstand auf diesem Planeten vor mehr als vier Milliarden Jahren, und seitdem hat es sich unaufhaltsam, wenn auch unstetig, aufgebaut, gekennzeichnet durch lange Perioden des Stillstands, die unterbrochen waren von Perioden rapider Entwicklung. Es hat Struktur auf Struktur und System in und durch System aufgebaut.

Ist dieser Prozeß des Systemaufbaus für die Erde einzigartig, oder geschieht er auch auf anderen Planeten? Wir haben allen Grund zu der Annahme, daß letzteres der Fall ist. Es scheint, daß überall dort, wo geeignete Bedingungen vorhanden sind, Prozesse der physikalischen, physikalisch-chemischen und letztendlich biologischen und ökologischen Selbstorganisation in Gang kommen.

Geeignete Bedingungen gibt es wahrscheinlich an vielen Orten im Universum. Astronomische Spektralanalysen offenbaren, daß die Zusammensetzung der Materie von Sternen überraschend gleichförmig ist. Die häufigsten Elemente, in der Rangfolge ihres Vorkommens, sind: Wasserstoff, Helium, Sauerstoff, Stickstoff und Kohlenstoff. Wasserstoff, Sauerstoff, Stickstoff und Kohlenstoff gehören zu den grundlegenden Bestandteilen des Lebens. Sind sie in der richtigen Verteilung vorhanden, und steht Energie zur Verfügung, um Kettenreaktionen in Gang zu setzen, bilden sich komplexe chemische Verbindungen. Auf vielen Planeten wird eine solche Energie durch den aktiven Stern geliefert, zu dem der Planet gehört. Diese Energie tritt in Form von ultraviolettem Licht, elektrischen Entladungen, ionisierender Strahlung und Hitze auf.

Vor ungefähr vier Milliarden Jahren fanden in den oberen Regionen der Atmosphäre der jungen Erde photochemische Reaktionen statt, deren Produkte durch Konvektion (Transport von Energie oder elektrischer Ladung durch die kleinsten Teilchen einer Strömung) zur Oberfläche transportiert wurden. Elektrische Entladungen nahe der Oberfläche lagerten die Reaktionsprodukte in den urzeitlichen Ozeanen ab, wo heiße vulkanische Quellen weitere Energie lieferten. Die Kombination aus Energie von der Sonne und Energie, die unter der Oberfläche gespeichert war, setzte eine Reihe von Reaktionen in Gang, deren Endprodukte organische Verbindungen waren.

Es ist wahrscheinlich, daß der gleiche systembildende Prozeß sich mit lokalen Abweichungen auch auf anderen Planeten entfaltet. Zahlreiche Experimente, die der Paläobiologe Cyril Ponnamperuma und andere Forscher durchgeführt haben, zeigen, daß genau jene chemischen Verbindungen entstehen, die Grundlage organischen Lebens sind, wenn man im Labor Bedingungen nachstellt, die den auf der urzeitlichen Erde vorherrschenden Bedingungen entsprechen.

In den Weiten des Universums existieren viele Orte, an denen möglicherweise Bedingungen herrschen, die denen unseres Planeten ähnlich sind. Unser Universum hat mehr als 10^{20} Sterne, und sie alle erzeugen während ihrer aktiven Phase Energie. Wenn diese Energie die zu den Sternen gehörenden Planeten erreicht, kann sie der Treibstoff für die photochemischen Reaktionen sein, die für die Entwicklung von Leben notwendig sind. Natürlich befinden sich nicht alle Sterne in ihrer aktiven Phase, und nicht alle haben Planeten mit der richtigen chemischen Zusammensetzung, der richtigen Größe und der richtigen Entfernung. In einer konservativen Schätzung nahm Harlow Shapley an, daß nur einer von tausend Sternen Planeten hat und daß nur einer von tausend dieser Sterne wiederum einen Planeten hat, der sich in der richtigen Entfernung befindet (in unserem Sonnensystem gibt es zwei solcher Planeten). Er nahm weiterhin an, daß nur einer von tausend Planeten, die sich in der richtigen Entfernung befinden, groß genug ist, um eine Atmosphäre zu besitzen (in unserem System sind sieben Planeten dafür groß genug), und daß nur einer von tausend unter den Planeten, die sowohl die richtige Entfernung als auch die richtige Größe haben, die erforderliche chemische Zusammensetzung besitzt, die Leben ermöglicht. Shapley fand heraus, daß selbst unter diesen Umständen wahrscheinlich mindestens einhundert Millionen Planeten existieren, die fähig sind, Leben im Kosmos hervorzubringen und zu erhalten.

Der Astronom Su-Shu Huang ging von weniger begrenzenden Annahmen aus und kam zu einer optimistischeren Einschätzung. Er legte die Zeitskalen stellarer und biologischer Evolution, die bewohnbaren Zonen von Planeten und damit verbundene dynamische Faktoren zugrunde und kam zu dem Schluß, daß nicht weniger als fünf Prozent aller Sonnensysteme im Universum fähig sein sollten, Leben hervorzubringen und zu erhalten. Das wären nicht einhundert Millionen, sondern einhundert *Milliarden* Planeten, auf denen es Leben gibt. Harrison Brown präsentierte eine noch größere Zahl. Er untersuchte die Möglichkeit, daß viele planetenähnliche Objekte, die selbst nicht sichtbar sind, sichtbare Sterne umkreisen. In diesem Fall gäbe es allein in unserer Galaxie mindestens einhundert Milliarden Planetensysteme – und es gibt einhundert Milliarden Galaxien im Universum… Wenn Brown recht hat, dann ist das Leben im Kosmos viel weiter verbreitet, als bisher angenommen wurde.

Wenn es an so vielen Orten in den Weiten des Universums Leben geben kann, sollten dann nicht auch intelligentes Leben und sogar eine technologische Zivilisation existieren? Die diesbezüglichen Wahrscheinlichkeiten wurden im Jahr 1960 erstmals von Frank Drake berechnet. Die berühmte Drake-Gleichung benennt die für unsere

Galaxie statistischen Wahrscheinlichkeiten: für die Existenz von Sternen mit Planeten; von Planeten mit Umgebungen, die Leben hervorbringen und erhalten können; von Leben auf einigen der lebensfreundlichen Planeten; von intelligentem Leben auf einigen der Planeten, auf denen es tatsächlich Leben gibt; und von fortgeschrittener technologischer Zivilisation, die durch das intelligente Leben hervorgebracht wurde, das sich auf diesen Planeten entwickelte. Drake fand heraus, daß es angesichts der großen Zahl von Sternen in unserer Galaxie allein in der Galaxie der Milchstraße nicht weniger als 10.000 technologisch fortgeschrittene Zivilisationen geben sollte.

Im Jahr 1979 erweiterten Carl Sagan und seine Kollegen die Drake-Gleichung und brachten sie auf den neuesten Stand. Ihren Berechnungen zufolge könnte es in unserer eigenen Galaxie bis zu einer Million intelligenter Zivilisationen geben. Ende der 90er Jahre wandte Robert Taormina diese Gleichung auf eine Region an, die sich auf eine Entfernung von einhundert Lichtjahren zur Erde beschränkte, und er fand heraus, daß allein innerhalb dieser Entfernung, die sich quasi in „Rufweite" zur Erde befindet, mehr als acht Zivilisationen existieren sollten.

Andere Wissenschaftler sind skeptischer. Peter Ward und Donald Brownlee vertreten die Auffassung, daß das Ausmaß an Strahlung und Hitze auf den meisten Planeten so hoch ist, daß die wahrscheinlich einzigen dort existierenden Formen von Leben eine Reihe von Bakterien tief unter der Oberfläche sind. Ihrer Meinung nach ist die Wahrscheinlichkeit, daß es außerhalb der Erde fortgeschrittene technologische Zivilisationen gibt, wahrhaft astronomisch gering.

Auch wenn Ward und Brownlee recht haben sollten, ist es nicht unmöglich, daß es andere fortgeschrittene Zivilisationen gibt. Es existiert eine so große Zahl an Sternen und Planeten, daß selbst dann, wenn die Wahrscheinlichkeit für die Existenz solcher Zivilisationen äußerst gering ist, die Chancen für ihre tatsächliche Existenz dadurch nicht ausgeschlossen, sondern nur seltener werden. Fortgeschrittenes Leben auf der Erde wäre immer noch nicht einzigartig, wenn auch eine relativ große Seltenheit. Und wenn das so wäre, hätte es dann nicht um so mehr Wertschätzung und Schutz verdient?

Die Bestimmung des Lebens

Unabhängig davon, wie weit fortgeschrittenes Leben im Universum verbreitet ist, haben wir gute Gründe zu der Annahme, daß in den Milliarden Galaxien unserer Welt *irgendeine* Form von Leben einmal entstanden ist und auch weiterhin entsteht. Das bedeutet jedoch nicht, daß das Leben in diesem Universum ewig Bestand haben wird. Die physikalischen Bedingungen, die kohlenstoffbasierte Lebensformen erhalten – die einzigen Lebensformen, die wir kennen –, bleiben nicht ewig bestehen. Die Evolution kohlenstoffbasierter Lebensformen fordert einen eng begrenzten Temperaturbereich und eine reiche Vielfalt chemischer Verbindungen. Wie wir gesehen haben, können diese Faktoren auf der Oberfläche vieler Planeten in dieser und in anderen Galaxien gegeben sein – Planeten, die sich in der richtigen Entfernung zu ihrem aktiven Stern befinden. Aktive Sterne haben jedoch eine endliche Lebensspanne. Obwohl immer wieder neue Sterne aus interstellarem Staub entstehen, muß eine Zeit kommen, in der keine weiteren Sterne geboren werden. Und kohlenstoffbasierte Lebensformen können nicht in einem Universum existieren, das ausschließlich von alternden Sternen bevölkert wird. Den Grund dafür können wir erkennen, wenn wir die voraussehbare Evolution unseres Universums „vorwärts spulen“.

In ungefähr 10^{12} (einer Billion) Jahren werden alle Sterne unseres Universums ihren Wasserstoff in Helium umgewandelt haben, das der hauptsächliche Treibstoff für den superkompakten, aber immer noch leuchtenden „weißen Zwerg“ ist. Auch ihren Vorrat an Helium werden sie bis dahin erschöpft haben. Die aus diesen Sternen bestehenden Galaxien werden eine rötliche Färbung annehmen und nach und nach gänzlich unsichtbar werden, wenn ihre Sterne mehr und mehr abkühlen. Da durch Gravitationsstrahlung Energie in den Galaxien verlorengeht, werden einzelne Sterne näher zusammenrücken. Das Risiko, daß sie miteinander kollidieren, steigt, und durch die stattfindenden Kollisionen werden einige Sterne in das Zentrum ihrer jeweiligen Galaxien hinein geschleudert, während andere in den extragalaktischen Raum hinaus getrieben werden. Als Folge davon wird die Größe der Galaxien abnehmen. Auch die galaktischen Cluster werden schrumpfen, und im Laufe der Zeit werden sowohl die Galaxien als auch die galaktischen Cluster zu schwarzen Löchern implodieren.

In einem Zeithorizont von 10^{34} Jahren wird die Materie in unserem Universum nur noch aus Strahlung, Positronium (Paaren aus Positronen und Elektronen) und verdichteten Kernen in schwarzen Löchern bestehen. Die schwarzen Löcher selbst werden vergehen und in einem Prozeß verschwinden, den Hawking als Verdampfung beschrieben hat. Ein schwarzes Loch, das aus dem Kollaps einer Galaxie resultiert, verdampft in 10^{99} Jahren, während ein riesiges schwarzes Loch, das die Masse eines galaktischen Superclusters enthält, in 10^{117} Jahren verschwindet. (Falls Protonen nicht zerfallen, verlängert sich diese Zeitspanne auf 10^{122} Jahre.) Jenseits dieses für den Menschen unvorstellbaren Zeithorizonts werden Materieteilchen im Kosmos nur noch in Form von Positronium, Neutrinos und Gammastrahlen-Photonen vorhanden sein.

Unabhängig davon, ob das Universum sich unendlich ausdehnt (also offen ist), ob es sich ausdehnt und sich wieder zusammenzieht (also geschlossen ist) oder ob es sich in einem stabilen Gleichgewichtszustand befindet – die komplexen Strukturen, die für die uns bekannten Formen von Leben notwendig sind, werden verschwinden, ehe die Materie selbst zermalmt wird oder verdampft.

In den späten Phasen eines geschlossenen Universums wird dessen Hintergrundstrahlung allmählich, aber unaufhaltsam zunehmen. Lebende Organismen werden ständig steigenden Temperaturen ausgesetzt. Die Wellenlänge der Strahlung wird sich vom Mikrowellenbereich in den Bereich von Radiowellen und dann zum infraroten Spektrum hin verschieben. Wenn sie das sichtbare Spektrum erreicht, wird der Raum von einem intensiven Licht erhellt sein. Zu diesem Zeitpunkt werden alle Planeten, auf denen es Leben gab, und alle Objekte in ihrer Nähe verdampfen.

In einem offenen Universum, das sich unendlich ausdehnt, wird das Leben eher durch Kälte als durch Hitze aussterben. Während die Galaxien sich weiter entfernen, werden viele aktive Sterne ihren natürlichen Lebenszyklus vollenden, ehe die Kräfte der Gravitation sie zu Haufen zusammenballen, die ein ernstliches Kollisionsrisiko darstellen. Die Chancen des Lebens werden dadurch jedoch nicht verbessert. Früher oder später werden alle aktiven Sterne des Universums ihren nuklearen Brennstoff verbraucht haben, und dann wird ihr Energieausstoß abnehmen. Entweder dehnen die sterbenden Sterne sich zu „roten Riesen“ aus und schlucken ihre inneren Planeten, oder auf ihrem Weg zu einem weißen Zwerg oder einem Neutronenstern läßt ihre Leuchtkraft nach. Auf dieser niedrigen Energiestufe werden sie zu kalt sein, um das organische Leben zu erhalten, das sich auf ihren Planeten vielleicht entwickelt hat.

Ein ähnliches Szenario gilt auch für ein „steady-state" Universum. Wenn aktive Sterne sich dem Ende ihres Lebenszyklus nähern, wird ihr Energieausstoß unter die Schwelle fallen, die eine Erhaltung von Leben ermöglicht. Übrig bleibt letzten Endes eine lauwarme, gleichmäßig über den gesamten Raum verteilte Strahlung in einem alternden Universum, in dem Überreste von Materie eher zufällige Erscheinungen sind. Dieses Universum ist unfähig, die Flamme einer Kerze am Leben zu erhalten, von den komplexen, irreversiblen Reaktionen, welche die Grundlage des Lebens bilden, ganz zu schweigen.

Egal, ob unser Universum sich nun ausdehnt und sich wieder zusammenzieht, ob es sich unendlich ausdehnt oder ob es einen stabilen Zustand erreicht – die späteren Stufen seiner Evolution werden die uns bekannten Formen von Leben vernichten. Auch wenn sich Lebensformen im Universum entwickeln würden, die sich grundlegend von den kohlenstoffbasierten Formen unterscheiden, die wir auf der Erde kennen, so wären die langfristigen Aussichten für ihr Überleben doch äußerst gering.

Dies ist aber noch nicht das Ende der Geschichte. Vielleicht ist die Bestimmung des Lebens nicht in dem Maße vorweggenommen, wie die Standardkosmologien uns sagen. Statt in einem zeitlich endlichen, sich entwickelnden und wieder vergehenden Universum könnten wir auch in einem quasi unendlichen Metaversum leben. Da das Metaversum nicht einen, sondern viele Evolutionszyklen hat, ist das Ende des Lebens in unserem Universum nicht unbedingt auch das Ende des Lebens im Metaversum. Das Leben im Kosmos muß in den späteren Evolutionsstadien lokaler Universen nicht notwendigerweise enden. Auch wenn das Leben in jedem lokalen Universum einmal enden muß, so kann es sich in nachfolgenden Universen doch wieder neu entwickeln.

Die Evolution von Leben im Zyklus der Universen ist eine Sisyphusarbeit, wenn die Evolution in jedem lokalen Universum mit einem „reinen Tisch" beginnt: Sie bricht zusammen und beginnt jedes Mal wieder ganz von vorn. Das Metaversum ist dieser Tortur jedoch nicht unterworfen. In jedem lokalen Universum hinterlassen komplexe Systeme ihre Spur im Vakuum, und das in-formierte Vakuum des einen Universums in-formiert die Evolution des nächsten. Als Folge entwickeln sich in jedem Universum komplexe Systeme nicht einfach – sie entwickeln sich progressiv weiter.

Das Ergebnis ist ein zyklischer Prozeß mit einer Lernkurve. Jedes Universum beginnt ohne Leben. Es entwickelt Leben, wenn die Bedingungen reif dafür sind, und es löscht das Leben wieder aus, wenn die Bedingungen über das lebenserhaltende Stadium hinausgehen. Das Vakuum bewahrt jedoch die wellenförmigen Spuren des Lebens, das sich in jedem der Universen entwickelt hat. Das Psi-Feld, das Meer aus Energie, das allen Universen zugrunde liegt, wird immer mehr mit Leben in-formiert, und so gibt es in jedem folgenden Universum diese In-formation über das Leben in immer größerem Umfang weiter.

Eine zyklisch progressive Evolution im Metaversum bietet positive Aussichten für die Zukunft des Lebens – möglicherweise kann es in einem Universum nach dem anderen weiterbestehen. Und wenn das der Fall ist, dann entwickelt es sich in einem Universum nach dem anderen weiter und immer weiter.

Was können wir über die am höchsten entwickelten Formen von Leben sagen, die in den reifen Stadien reifer Universen entstehen würden? In der Tat nur sehr wenig. Wir können nur vermuten, daß diese Organismen komplexer, kohärenter und somit in größerem Maße „ganz" sein werden als die Formen von Leben, die uns vertraut sind. In fast jeder anderen Hinsicht könnten sie sich von den Organismen, die wir auf der Erde kennen, stärker unterscheiden als der fortgeschrittenste Mensch sich von dem Schleim unterscheidet, der einst die urzeitlichen Meere dieses Planeten füllte.

Die Ursprünge des Bewußtseins

Ist das Phänomen des Bewußtseins für den Menschen und vielleicht für andere höher entwickelte Lebensformen einzigartig, oder existiert es in der gesamten Natur und vielleicht auch im gesamten Kosmos?

Die Auffassung ist zwar weit verbreitet, aber es gibt keine stichhaltigen Beweise dafür, daß unser Gehirn tatsächlich unser Bewußtsein *erzeugt*. Klinische und experimentelle Beweise sprechen lediglich für die Tatsache, daß Gehirnfunktion und Bewußtseinszustand in Korrelation zueinander stehen, so daß, wenn die Funktion des Gehirns endet, das Bewußtsein ebenfalls zu enden scheint. (Wir sagen „scheint", denn wir werden sehen, daß es gut dokumentierte Fälle gibt, in denen zwar die Gehirnfunktion endet, das Bewußtsein aber nicht.) Die vorhandenen Beweise sagen nur wenig darüber aus, wie das aus Neuronen bestehende Netzwerk des Gehirns tatsächlich die qualitativen Gefühle erzeugt, die unser Bewußtsein ausmachen. Funktionale Magnetresonanztomographie (MRI = magnetic resonance imaging) und andere Techniken zeigen nur, daß das Auftreten bestimmter Gedankenprozesse mit Veränderungen des Stoffwechsels in bestimmten Bereichen des Gehirns einhergeht. Sie sagen uns nicht, wie Gehirnzellen, die ebenso wie andere Körperzellen Proteine und andere Moleküle erzeugen, den qualitativen Strom an Empfindungen, Gedanken, Emotionen und Bildern hervorrufen können, aus denen unser Bewußtsein besteht.

Die Gehirnfunktion steht zwar in Korrelation zum Bewußtsein, aber es ist nicht bewiesen, daß sie das Bewußtsein auch tatsächlich erzeugt. Dies ist ein wichtiger Unterschied. Die Tatsache, daß zwischen komplexen neuralen Strukturen und einer hohen Bewußtseinsstufe mit klar gegliederten Bildern, Gedanken, Gefühlen und einer Fülle unterbewußter Elemente eine Verbindung besteht, bedeutet noch nicht, daß das Bewußtsein selbst auf diese Strukturen zurückzuführen wäre.

Die Annahme, daß das Gehirn das Bewußtsein erzeugt, ist nur einer von vielen Wegen, auf denen wir uns die Beziehung von Gehirn und Geist vorstellen können. Es ist der materialistische Weg. Er besagt, daß das Bewußtsein ein Produkt des Gehirns ist, genauer gesagt, ein Nebenprodukt der Überlebensfunktionen, die das Gehirn für den Organismus leistet. Zunehmend komplexere Organismen benötigen auch einen komplexeren „Computer", der sie steuert, so daß sie fähig sind, die Nahrung, den Gefährten und die entsprechenden Ressourcen zu finden, die sie brauchen, um zu überleben und sich zu reproduzieren. An einem bestimmten Punkt dieser Entwicklung tritt das Bewußtsein in Erscheinung. Es ist keine ursprünglich vorhandene Tatsache in der Welt; es ist ein „Epi-Phänomen", das durch ein komplexes materielles System geschaffen wurde: das menschliche Gehirn.

Die materialistische Vorstellung von der Beziehung zwischen Gehirn und Geist ist nicht der einzig mögliche Weg. Es gibt auch den

„idealistischen" Weg. In der idealistischen Perspektive ist Bewußtsein die erste und einzige Realität; Materie ist lediglich eine Illusion, die unser Verstand erzeugt. Obwohl sie auf den ersten Blick seltsam erscheint, ist diese Annahme ebenfalls durchaus einleuchtend: Schließlich erfahren wir die Welt nicht direkt, wir erfahren sie nur durch unser Bewußtsein. Wir gehen normalerweise davon aus, daß es jenseits unseres Bewußtseins eine qualitativ andere physikalische Welt gibt, aber das könnte eine Illusion sein. Alles, was wir erfahren, könnte Teil unseres Bewußtseins sein. Die materielle Welt könnte eine bloße Schöpfung unsererseits sein, wenn wir versuchen, dem Fluß der Empfindungen in unserem Bewußtsein einen Sinn zu verleihen.

Es gibt auch den dualistischen Weg, auf dem man sich die Beziehung zwischen Gehirn und Bewußtsein, Materie und Geist vorstellen kann. Dualisten zufolge sind Geist und Materie zwar fundamentale, aber gänzlich unterschiedliche Elemente der Realität; sie sind in unserem Gehirn bloß miteinander verbunden. Den Dualisten zufolge können die Manifestationen des Bewußtseins nicht durch den Organismus erklärt werden, der sie manifestiert, nicht einmal durch die auf erstaunliche Weise komplexen Prozesse des menschlichen Gehirns. Das Gehirn ist lediglich der Sitz des Bewußtseins; es ist nicht mit diesem identisch.

Mit diesen überlieferten Wegen zur Darstellung der Beziehung zwischen Geist und Materie ist das Feld möglicher Optionen jedoch noch nicht erschöpft. Es gibt noch einen vierten, den „co-evolutionistischen" Weg. Der Co-Evolutionismus vertritt die Auffassung, daß Materie und Geist ihre Wurzeln in derselben Realität haben – beide entwickelten sich im Laufe der Evolution des Universums zu dem, was sie sind. Diese Alternative reduziert das Universum nicht auf Strukturen, die aus in sich selbst trägen Bausteinen von Materie bestehen (wie der Materialismus), und es paßt es auch nicht an einen qualitativen, nicht-materiellen Geist an (wie der Idealismus). Beide sind real, aber anders als im Dualismus gelten sie nicht als grundlegend unterschiedlich und im Gehirn bloß miteinander verbunden. In der co-evolutionistischen Perspektive haben sich Materie und Geist aus derselben Raumschicht des Universums entwickelt: dem Quantenvakuum. Sie sind nun Teil der Realität unseres eigenen Wesens, wie sie auch Teil der Realität aller Dinge sind, die in Raum und Zeit entstehen und sich entwickeln.

Im Licht der jüngsten Entdeckungen der Wissenschaften betrachtet, erscheint die co-evolutionistische Sichtweise am plausibelsten; daher wollen wir sie etwas näher betrachten.

Der co-evolutionistische Weg der Beziehung zwischen Kosmos und Bewußtsein ist der Auffassung, daß das Bewußtsein nicht das ausschließliche Produkt unseres Gehirns ist, so daß, wenn unser Gehirn aufhört zu arbeiten, auch unser Bewußtsein aufhören würde zu existieren. Mittlerweile gibt es signifikante Beweise dafür, daß dies nicht immer der Fall ist: In einigen Fällen funktioniert das Bewußtsein auch dann noch, wenn die Gehirnfunktion erloschen ist. Diese überraschende Tatsache zeigt sich in größeren Krankenhäusern – sie betrifft Patienten, die einen Herzstillstand überlebt haben. Während eines Herzstillstandes treten bei Patienten normalerweise alle drei Kriterien des klinischen Todes auf: zuerst das Ausbleiben von spontaner Atmung und Herzschlag, Sekunden später die Einstellung der Aktivität in Stammhirn und Hirnrinde. Eine Studie mit 63 Patienten der Koronarstation des Southampton General Hospital in England, die einen Herzstillstand überlebten (die Studie wurde in der medizinischen Fachzeitschrift *Resuscitation* veröffentlicht), zeigte jedoch, daß sechs bis zehn Prozent der Menschen, die einen Herzstillstand erlitten hatten, über Nahtod-Erfahrungen oder außerkörperliche Erfahrungen berichteten. In einer weiteren Studie, die in Holland durchgeführt und in der renommierten Zeitschrift *The Lancet* veröffentlicht wurde, wurden in zehn Krankenhäusern 344 Menschen interviewt, die einen Herzstillstand überlebt hatten, und man stellte fest, daß 41 von ihnen (12 Prozent) über elementare Nahtod-Erfahrungen berichteten. Anscheinend können hellsichtige und klar strukturierte Gedankenprozesse in Verbindung mit klaren und lebhaften Erinnerungen auch dann auftreten, wenn nur eine geringe oder gar keine Gehirnfunktion mehr vorhanden ist. Nahtod-Erfahrungen sind nicht nur das, was Skeptiker von ihnen behaupten: durch physiologische Veränderungen während des Sterbevorgangs hervorgerufene Halluzinationen oder psychologische Streßreaktionen aufgrund der Erkenntnis, daß der Tod unmittelbar bevorsteht. Sie sind vielmehr bona fide Manifestationen des Bewußtseins bei fast völligem Fehlen einer Gehirnaktivität.

Wenn Bewußtsein nicht ausschließlich dem menschlichen Gehirn zugeordnet werden kann, dann ist es möglicherweise auch in anderen

Arten von Gehirnen und sogar in Organismen ohne entwickeltes Gehirn und Nervensystem vorhanden. Es kann, wenn auch in einer entsprechend vagen und allgemeinen Form, auch in anorganischen Dingen existieren. Die These der Co-Evolution ist nicht ohne weiteres von der Hand zu weisen: Alle Dinge im Universum können sowohl materiell als auch geistig sein – genauer gesagt, sie können über sowohl materieähnliche als auch geistähnliche Eigenschaften verfügen.

Wir wissen, daß Hadronen und Leptonen – jene Teilchen, die bei der Geburt des Universums zuerst auftraten – Pakete quantisierter Energie waren, die aus dem virtuellen Energiemeer des Vakuums hervorsprangen. Unter dem Einfluß von Gravitation und nuklearen Kräften bildeten sie zunehmend komplexe Strukturen. Im Laufe der Zeit wuchsen diese Strukturen zu Superstrukturen heran. Einige dieser Superstrukturen nehmen Energie und Information auf und verarbeiten sie, und sie reparieren und reproduzieren sich selbst. Diese Strukturen bezeichnen wir als lebende Organismen. In unserem eigenen Fall wissen wir, daß sie sowohl einen materiellen als auch einen geistigen Aspekt haben. Bei der co-evolutionistischen Hypothese gehen wir jedoch davon aus, daß wir nicht die einzigen sind, die einen materiellen und einen geistigen Aspekt haben: Nicht nur andere organische Spezies, sondern auch die Teilchen, aus denen die Atome bestehen, aus denen die Moleküle bestehen, aus denen die Zellen und die Organe von Organismen bestehen, haben einen geistigen Aspekt. Dieser letzte Punkt wird von der Wissenschaft nicht direkt erforscht, denn er kann durch außenstehende Beobachter nicht beobachtet werden: Der geistige Aspekt steht jeweils nur den Teilchen, Atomen und Organismen selbst zur Verfügung. Wir können das Bewußtsein von Teilchen und Atomen nicht direkt beobachten und auch nicht mit den Instrumenten untersuchen, die wir benutzen, um ihre Energiestufe zu erforschen. Doch dieses Bewußtsein kann durchaus existieren – wie auch Physiker selbst häufig vermuten.

Die Evolution des Bewußtseins

Wir sind entwickelte Organismen mit entsprechend entwickeltem Bewußtsein. Wenn wir aber glauben, daß unser Bewußtsein einzigartig in der Welt oder zumindest einzigartig für Menschen wie uns ist, dann machen wir uns etwas vor. Auf diesem Planeten mag ein Bewußtsein der hoch entwickelten „reflexiven“ Art (bei dem man nicht nur die Welt und sich selbst wahrnimmt und fühlt, sondern auch weiß, daß man Wahrnehmungen und Gefühle hat) beim Menschen einzigartig sein – es erfordert den neuen, vorderen Teil des Gehirns, den sogenannten „Neokortex“, und diesen hat nur unsere Spezies. Bewußtsein als ein allgemeines „Gefühl“ der Welt (der Philosoph Alfred North Whitehead bezeichnete es als „Prehension“ der Welt) mag in der Natur und sogar im Kosmos aber durchaus universell vorhanden sein.

Aber auch, wenn Bewußtsein universell vorhanden ist, kann es nicht universell entwickelt sein. Bewußtsein und Materie entwickeln sich gemeinsam. Das bedeutet, daß komplexe Organismen ein weiter entwickeltes Bewußtsein haben als einfache Organismen, und einfache Organismen wiederum ein weiter entwickeltes Bewußtsein als Dinge anorganischer Natur. Sogar Elektronen könnten eine Art von Proto-Bewußtsein besitzen. Der Physiker Freeman Dyson schrieb: „In der Quantenmechanik ist Materie keine träge Substanz, sondern ein aktiver Stoff, der ständig zwischen alternativen Möglichkeiten wählt… es scheint, daß Geist, wie er sich durch die Fähigkeit zu wählen offenbart, bis zu einem gewissen Grad jedem Elektron innewohnt.“ Atome und Moleküle, Zellen und Organismen und alle Dinge, die im Universum existieren, haben eine Form von Bewußtsein, wobei diese Bewußtseinsformen sich in Stufe und Gliederung jedoch erheblich voneinander unterscheiden.

Wir Menschen haben ein hoch entwickeltes und gegliedertes Bewußtsein, doch dieses Bewußtsein wurde uns nicht vorgefertigt übergeben. Es hat sich entwickelt und unterliegt einer weitergehenden Evolution. Im Lauf der dreißig- oder fünfzigtausend Jahre dauernden Geschichte des *Homo sapiens sapiens* hat sich der menschliche Körper nicht signifikant weiterentwickelt, das menschliche Bewußtsein hingegen schon. Und in den nächsten Jahren und Jahrzehnten wird es sich sehr wahrscheinlich noch weiter entwickeln – vielleicht sogar wesentlich weiter.

Alle großen Kulturen und spirituellen Traditionen kennen das Konzept einer Hierarchie der Bewußtseinsstufen mit progressiver Evolution von der niedrigsten bis hin zur höchsten Stufe. In neuerer Zeit hat eine Reihe von Denkern den Versuch unternommen, die spezifischen Schritte oder Stufen der Evolution des menschlichen Bewußtseins zu definieren. Sri Aurobindo sprach vom Superbewußtsein als nächstem Schritt in der Entwicklung des Bewußtseins der menschlichen Spezies; Jean Gebsers Beschreibung von der Entstehung des vierdimensionalen integralen Bewußtseins aus den früheren Stadien des archaischen, magischen und mythischen Bewußtseins geht in dieselbe Richtung. Ken Wilbers aus sechs Stufen bestehender Evolutionsprozeß führt vom physikalischen Bewußtsein, das zur leblosen Materieenergie gehört, über das biologische Bewußtsein, das mit Tieren in Verbindung gebracht wird, sowie die geistige Bewußtseinseigenschaft der Menschen bis hin zum subtilen Bewußtsein, das archetypisch, transindividuell und intuitiv ist. Das subtile Bewußtsein läßt das kausale Bewußtsein entstehen, das „formloses Strahlen und vollkommene Transzendenz“ ist und zuletzt dem ultimativen Bewußtsein dient, das Wilber „Bewußtsein als Solches“ nennt.

Vorstellungen wie diese mögen in spezifischen Details voneinander abweichen, ihr Vorstoß gleicht jedoch der Erkenntnis, die wir bei der Erforschung des Psi-Feld-Universums gewinnen. Hier hinterlassen Körper und Gehirn wellenförmige Spuren im Vakuum, und diese Spuren integrieren sich in die Spuren anderer Körper und Gehirne und bilden multidimensionale Hologramme. Vakuum-Hologramme von Menschen in-formieren die Zellen und Organe ihrer Körper, und Hologramme von Gemeinschaften und Ökologien in-formieren Körper und Gehirne der Menschen, die Teil von ihnen sind. Die Hologramme überlagern sich – neue Hologramme integrieren sich in jene, die bereits existieren, und „überschreiben“ sie nicht. In allen Jahrtausenden der Zivilisation haben die Hologramme einzelner Menschen sich in das kollektive Hologramm ihrer jeweiligen Stämme, Gesellschaften, Kulturen und Spezies integriert. Das Spezies-Hologramm ist nun die umfassende Erinnerungsbank unserer Spezies. Gemeinsam mit seinen Teilhologrammen – von einzelnen Personen, Stämmen und anderen Gruppen – in-formiert es den unterbewußten und in einigen Fällen auch den bewußten Geist aller Mitglieder der menschlichen Familie.

Da das Spezies-Hologramm der Menschheit durch das „Einlesen“ der Hologramme lebender Menschen fortwährend erweitert wird, nimmt sein Reichtum an Information immer mehr zu. Menschen, die diese Information nicht unterdrücken, finden sich in einem wachsenden natürlichen „Internet" wieder, das sie miteinander, mit ihrer Umgebung und mit ihrer individuellen und kollektiven Geschichte verbindet.

Seit undenklichen Zeiten wurde der Geist der Menschen auf subtile Weise durch andere Menschen, ihre Vergangenheit und ihre Umgebung in-formiert. In modernen Gesellschaften wurde diese Information als unwirklich und unwichtig unterdrückt. Dies wird nun anders: Die auf dem Psi-Feld basierende In-formation kehrt aus den tiefen Schlupfwinkeln des individuellen Unterbewußten und kollektiven Unbewußten zurück, um sich im Bewußtsein von mehr und mehr Frauen und Männern zu manifestieren. Sie erwachen zu der Tatsche, daß sie subtile Intuitionen und Bilder empfangen, die keine Illusion sind, obwohl sie nicht durch die Sinnesorgane aufgenommen werden. Sie suchen nach alten und neuen Wegen, um Zugang zu diesen Quellen der In-formation zu finden – durch Meditation, Yoga und andere überlieferte Methoden, und auch durch die Suche nach neuen Wegen, um in veränderte Bewußtseinszustände zu gelangen – durch Biofeedback, Psychotherapie sowie neu oder wieder entdeckte spirituelle Praktiken.

Durch die Entdeckung, daß sie kein Produkt der Phantasie ist, sondern eine wissenschaftliche Erklärung hat, gewinnt die subtile, außersinnliche In-formation an Bedeutung. Die Menschen können nach den Signalen suchen, die ihr Gehirn und ihren Geist erreichen, ohne Angst haben zu müssen, schief angesehen oder für merkwürdig und esoterisch gehalten zu werden. Sie können diese In-formation ihrem wachen Bewußtsein gegenüber zugeben und erkennen, daß sie eng miteinander und mit der Biosphäre verbunden sind. Wenn eine kritische Masse von Menschen zu dieser Erkenntnis gelangt, dann wird das integrale Bewußtsein Sri Aurobindos, Jean Gebsers und Ken Wilbers eher zur Regel als zur Ausnahme werden; das kollektive Unbewußte Jungs bricht durch in die Welt alltäglicher Erfahrung.

In der nächsten Evolutionsstufe wird das menschliche Bewußtsein sich von der ego-gebundenen weg und zur transpersonalen Form hin bewegen. Dies wird eine größere, ja in der Tat eine bedeutsame Evolution sein, aber wie alle Evolutionen vor ihr wird auch sie nicht plötzlich und im Geist aller Menschen gleichzeitig stattfinden. Sie wird wohl in einem allmählichen Prozeß ablaufen. Durch eine neue Erkenntnis oder eine Offenbarungserfahrung kann die Transformation des Bewußtseins einzelner Menschen schnell geschehen, aber das Bewußtsein der Spezies wird einige Zeit brauchen, um sich in der ganzen Welt zu verbreiten. Wir wissen, daß noch heute einige Menschen und einige Segmente der Bevölkerung mit einem traditionellen Bewußtsein leben, einige wenige sogar mit dem Bewußtsein der Menschen aus der Steinzeit. In gleicher Weise wird es in der nächsten Generation Menschen geben, die das transpersonale Bewußtsein erreichen, während andere – zunächst die große Mehrzahl – in dem ego-gebundenen Bewußtsein verhaftet bleiben werden, das für den größten Teil des 20. Jahrhunderts typisch war.

Wenn die Menschheit nicht sich und ihre Umwelt zerstört, dann wird im Laufe der Zeit ein entwickeltes Bewußtsein eher die Regel als die Ausnahme sein. In einer Art von Ansteckungsprozeß wird es sich vom weiter zum weniger weit entwickelten Bewußtsein hin ausbreiten. Ein entwickeltes Bewußtsein ist, wie wir wissen, höchst „infektiös" – es steckt die Menschen an, deren Bewußtsein weniger weit entwickelt ist, ganz ähnlich wie Denkweise, Persönlichkeit und Bewußtsein eines fortgeschrittenen Meisters Denkweise, Persönlichkeit und Bewußtsein seiner Schüler „anstecken". Schließlich wird der größte Teil unserer Spezies zum transpersonalen Bewußtsein hin reifen, und damit wird der nächste Schritt in der Evolution des Bewußtseins unserer Spezies erreicht sein.

Die Alternative zu einer die ganze Spezies umfassenden Bewußtseinsevolution wäre düster. Wenn eine kritische Masse an Menschen es nicht schafft, ihr Bewußtsein zu entwickeln und sensibel für ihre Verbundenheit mit anderen Menschen und mit der Natur zu werden, wird die Ausbeutung der Menschen und der Umwelt unvermindert weitergehen. In einer Welt mit immer mehr Menschen, immer mehr ausgebeuteten Ressourcen, immer mehr Armut und immer größerer Zerstörung der Umwelt hätte dies tragische Konsequenzen. In der Sphäre des menschlichen Bewußtseins, wie auch in anderen Sphären der Evolution, gilt der Spruch: Wachse oder stirb. In der Welt des Menschen wie auch an anderer Stelle der Natur ist Untergang die krasse Alternative zur Evolution.

Es besteht jedoch kein Grund zur Verzweiflung. In Kapitel 5 haben wir bereits erfahren, daß wir in erster Linie für die Art von Erfahrung sensibel sind, die unserer eigenen Erfahrung entspricht. Das bedeutet, daß Menschen mit einem entwickelten transpersonalen Bewußtsein primär Zugang zu den Erfahrungen jener Menschen haben, die eine ähnlich entwickelte geistige Haltung haben (oder hatten). Dadurch gewinnt der entwickelte Teil der Bevölkerung an Kraft und sorgt für eine schnellere und intensivere Weiterentwicklung. Jene, deren persönliche Entwicklung schon bis zur transpersonalen Ebene reicht, empfangen Impulse, Intuitionen und zunehmend häufige „Ahnungen" oder „Träume", die sie veranlassen, ihrem eigenen Weg der inneren Entwicklung zu folgen. So ist es wahrscheinlich, daß die Menschen, die heute ein entwickeltes Bewußtsein haben, morgen über ein noch weiter entwickeltes Bewußtsein verfügen werden. Dies ist wichtig, denn Menschen mit einem weiter entwickelten Bewußtsein können andere Menschen in ihrer Umgebung wirkungsvoller „anstecken".

Die Evolution des Bewußtseins nährt sich aus sich selbst heraus. In unseren sorgenvollen Zeiten ist dies eine Quelle großer Hoffnung, denn sie ermöglicht es der Menschheit, sich selbständig zu der geistigen Haltung emporzuheben, die sie braucht, um auf diesem kostbaren, aber bereits stark ausgebeuteten Planeten mit seinem reichen, aber bereits geschädigten Netz des Lebens zu überleben.

Die Bewußtseinsevolution hat auch einen ethischen Aspekt. Wenn wir uns der im Entstehen begriffenen Bewegung der Bewußtseinsevolution anschließen, dann stärken wir diese Bewegung nicht nur durch das, was wir tun, sondern bereits dadurch, wie wir denken und was wir fühlen. Die Spur unseres weiter entwickelten Bewußtseins wird zu einem Teil der „Noosphäre" des Planeten – um den Ausdruck zu verwenden, den Pierre Teilhard de Chardin bekannt gemacht hat – und kann andere Menschen dazu inspirieren und motivieren, nach einem eigenen weiterentwickelten Bewußtsein zu suchen.

Wenn wir eine bessere und zukunftsfähigere Welt hervorbringen wollen, dann müssen wir unser Bewußtsein entwickeln. Ein entwickeltes Bewußtsein kann sich mit einem entwickeltem Geist nah und fern verbinden und dazu beitragen, die Menschheit auf die dringend erforderliche nächste Stufe planetarer Existenz anzuheben – die „Zivilisation des Holos".[4]

---

4 Mehr über die Zivilisation des Holos finden Sie in Ervin Laszlos Werk *Macroshift: Navigating the Transformation to a Sustainable World.* San Francisco: Berret-Koehler, 2001.

7.
Neue und alte Antworten auf transzendentale Fragen

Bei den Fragen, die Menschen schon immer gestellt haben, geht es um die Natur, den Ursprung und die Bestimmung von Kosmos, Leben und Geist. Sie gehören in das Gebiet der Wissenschaft – wir haben sie in Kapitel 6 erforscht. Die Menschen stellen aber auch Fragen, die noch tiefer gehen. Traditionell gehören diese Fragen in die Domäne von Religion und Spiritualität, aber einigen von ihnen können wir uns mittels des Paradigmas des Psi-Feld-Universums annähern. Dadurch erhalten wir neue, aber nicht unbedingt grundlegend andere Antworten – einige sind wahrhaft überraschend, während andere mit den großen religiösen und spirituellen Traditionen übereinstimmen.

Die Aussicht auf Unsterblichkeit

Endet das menschliche Bewußtsein mit dem physischen Tod des Körpers? Oder überlebt es auf eine andere Weise, vielleicht in einer anderen Dimension der Realität? Diese Fragen haben nie aufgehört, die menschliche Phantasie zu erregen. Wir wollen schauen, was eine Erforschung des Paradigmas des Psi-Feld-Universums zu dieser aufregendsten aller transzendentalen Fragen der Menschheit zu sagen hat.

Ehe wir versuchen, eine klar umrissene Antwort auf diese Frage zu finden, sollten wir sie mit dem in Verbindung bringen, was wir über die Welt gelernt haben. Wir haben gelernt, daß Teilchen, Atome, Moleküle, Zellen, Organismen und Galaxien, die entstehen und sich in Raum und Zeit entwickeln, der neuen Physik zufolge ursprünglich aus dem Quantenvakuum kamen. Wir haben gesehen, daß sie nicht nur ihren Ursprung im Energiemeer dieses Vakuums haben, sondern auch ständig mit ihm interagieren. Es sind dynamische Entitäten, die ihre Spur ins Vakuum einlesen und durch das Vakuum miteinander in Interaktion treten. Holographische Vakuumspuren sind unvergänglich. Sie bleiben bestehen und in-formieren alle Dinge, insbesondere Dinge derselben Art wie die, welche die Spuren hinterlassen haben. Die Hologramme von Menschen in-formieren zuerst und zuvorderst andere Menschen.

Unser Körper verfällt, aber sein Hologramm lebt weiter. Die Information, deren Träger es ist, ist allen Menschen zugänglich: Sie besitzen den Code zum Auslesen – das entsprechende Gehirn und Nervensystem. Die gelegentlichen Eingebungen, die Menschen in bezug auf andere Menschen, die Natur und ihre eigene Vergangenheit empfangen, sind nicht reine Illusion und Phantasie. Jede Erfahrung eines Menschen geht in einen unermeßlich großen Strom ein, in dem sie mit der Erfahrung anderer Menschen integriert und als Teil der kollektiven Erinnerung der Spezies bewahrt wird. Auf diese Weise erfreut sich unser Bewußtsein – der geistige Aspekt unseres Organismus – einer Form von Unsterblichkeit.

Einige der größten Denker der Geschichte brachten eine ähnliche Einsicht zum Ausdruck. Plato sprach von der Unsterblichkeit der Seele, die dem Reich ewiger Formen oder Ideen entspringt und dorthin zurückkehrt. Hegel betrachtete sie als die Selbstverwirklichung der Absoluten Idee durch ihre zeitlichen Verkörperungen. Bischof Berkeley sah sie als die Reflexion des Göttlichen Geistes im menschlichen Geist an. Im 20. Jahrhundert sprach Alfred North Whitehead von der Konkreszenz – dem Zusammenwachsen – „aktueller Entitäten“ im sich dadurch entfaltenden Geist Gottes. Teilhard de Chardin sprach vom Wachsen einer Hülle aus Gedankensubstanz außerhalb und oberhalb der Biosphäre, die als Noosphäre bezeichnet wird. Dieselbe Erkenntnis taucht plötzlich auch in esoterischer Literatur auf, manchmal in einer Form, die wissenschaftlicher Erkenntnis erstaunlich nahe kommt. Alice Bailey bezeichnete Teilhards „Hülle aus Gedankensubstanz“ als den „Äther“. „Dieses Wort ‚Äther‘“, so schrieb sie, „ist ein generischer Ausdruck, der den Ozean an Energien umfaßt, die alle miteinander in Beziehung stehen und den einen synthetischen Energiekörper unseres Planeten darstellen… der ätherische oder Energiekörper jedes Menschen ist daher ein integraler Teil des ätherischen Körpers des Planeten selbst…“

Der große Physiker Erwin Schrödinger hätte ihr zugestimmt. „Auf der ganzen Welt“, so bemerkte er, „gibt es kein System, in dem wir Bewußtsein im Plural finden können; das ist etwas, was wir aufgrund der räumlich-zeitlichen Pluralität der Menschen konstruieren, aber die Konstruktion ist falsch.... das Selbst-Bewußtsein der einzelnen Mitglieder ist numerisch identisch sowohl mit [jedem] anderen als auch mit jenem Selbst, das es, so kann man sagen, auf einer höheren Stufe formt.“ Gustav Fechner, der berühmte Begründer experimenteller Methoden in der Psychologie, brachte dieses Konzept in anschaulichen Worten zum Ausdruck. „Wenn einer von uns stirbt“, schrieb er nach seiner Genesung von einer schweren Krankheit, „dann ist das so, als würde ein Auge der Welt geschlossen, denn alle Wahrnehmungsbeiträge aus dieser bestimmten Richtung enden. Aber die Erinnerungen und konzeptionellen Beziehungen, die sich um die Wahrnehmungen dieser Person herum gesponnen haben, bleiben im größeren Leben der Erde so klar und deutlich wie immer bestehen, bilden neue Beziehungen und wachsen und entwickeln sich durch alle Zukunft in gleicher Weise, in der auch unsere eigenen klaren Gedankenobjekte, nachdem sie einmal in der Erinnerung gespeichert wurden, neue Beziehungen bilden und sich unser ganzes endliches Leben hindurch weiterentwickeln.“

Unser ganzes Leben hindurch lesen wir unser Bewußtsein in das Psi-Feld des Vakuums ein. Unsere Existenz ist ein Tanz mit diesem Feld, mit der bleibenden Erinnerung der Natur. Dieser Tanz verleiht uns Unsterblichkeit. Wie das kleinste Teilchen und die unermeßlichste Galaxie, so verschwinden auch wir nicht spurlos von der Szene. Unsere Spur ist komplexer und reicher an Information als die meisten anderen. Wir besitzen ein hoch entwickeltes Gehirn und Nervensystem, und während unseres Lebens sammeln wir eine große Fülle an Information. Diese Fundgrube von Wahrnehmungen und Gefühlen, Gedanken und Intuitionen überlebt unseren Körper. Alles, was wir denken, fühlen und erfahren, wird zu einem Teil der kollektiven Erinnerung der Menschheit: Es wird in das Skalarfeld des Vakuums eingelesen und bildet einen Teil des Hologramms der Spezies. Dort ist es verfügbar, um wieder ausgelesen zu werden und im Gehirn und Bewußtsein der Menschen zukünftiger Generationen weiterzuleben.

Daß unsere Erfahrung im Bewußtsein künftiger Generationen weiterleben soll, ist eine Quelle der individuellen Unsterblichkeit und hat eine ernsthafte Betrachtung verdient.

Zukünftige, mit der fortgeschritteneren transpersonalen Form des Bewußtseins ausgestattete Generationen werden über die Erkenntnis und die Fähigkeit verfügen, durch Intuition nicht nur Zugang zu Archetypen und anderen allgemeinen, aber vagen Elementen der kollektiven Erfahrung der Menschheit zu erlangen, sondern individuelle Elemente davon auch auszulesen. Die „Erinnerungen an frühere Leben", über die heute nur wenige Menschen verfügen, könnten in der Zukunft zu einem Teil der persönlichen Erinnerung aller Menschen werden. Und unsere weiter entwickelten Nachkommen werden sich nicht nur an die Erfahrungen früherer Leben erinnern, als ob sie diese in einem Film gesehen oder in einem Buch gelesen hätten – sie werden sie als Teil ihrer persönlichen Identität *leben*. Wenn sie unsere eigenen Erfahrungen als Teil ihrer Erfahrungen neu erleben, dann leben wir selbst in ihrem Bewußtsein weiter. Unser unsterbliches Bewußtsein wird zu einem aktiven Teil des großen Stroms menschlicher Erfahrung, der auf diesem Planeten wächst und sich verstärkt.

Das Bewußtsein des Kosmos

Wie tief und weit reicht das Bewußtsein in den Kosmos hinein? Könnte es sich den ganzen Weg bis hin zur grundlegendsten Ebene der physikalischen Realität, dem Quantenvakuum, erstrecken? Wir haben gesagt, daß alle Dinge, die im Universum entstehen, eine Form von Bewußtsein besitzen. Wenn das so ist, warum nicht auch die virtuellen Bosonen (Kraftteilchen), die das Vakuum bilden, und seine Nullpunkt- und Psi-Felder? Das Vakuum ist der Ursprungsgrund der Materie und könnte ebenso der Ursprungsgrund des Geistes sein.

Wie können wir erkennen, daß das Vakuum nicht nur ein Meer aus virtuellen Bosonen, sondern auch ein kosmisch ausgebreitetes Meer aus Bewußtsein ist? Durch herkömmliche, sinnesorientierte Erfahrungen ist das nicht möglich. Zum einen können wir virtuelle Bosonen nicht beobachten; wir können nur auf ihre Existenz schließen, indem wir Schlußfolgerungen aus den Dingen ziehen, die wir beobachten können. Zum zweiten ist Bewußtsein „privat" – mit Ausnahme von uns selbst können wir es bei niemand anderem direkt beobachten. Daher muß die Theorie, daß das Vakuum nicht nur ein virtuelles Energiefeld, sondern auch ein Bewußtseinsfeld ist, hypothetisch bleiben. Das heißt aber nicht, daß diese Hypothese nicht trotzdem die überzeugendste Hypothese ist, die wir aufstellen können.

Es gibt aber auch einen positiven Ansatz zur Beantwortung dieser Frage. Wir können Bewußtsein im Vakuum zwar nicht direkt beobachten, aber wir können ein Gedanken-Experiment durchführen. Wir können uns vorstellen, daß wir kein externer Beobachter des Vakuums sind, sondern uns „in ihm" befinden – in gewissem Sinne eins mit ihm sind. Wäre unsere Erfahrung in diesem Fall immer noch nur die eines fluktuierenden Meeres virtueller Teilchen? Oder wäre es möglich, daß wir dann so etwas wie ein kosmisches Meer des Bewußtseins erfahren? Wenn wir als wissenschaftlicher Beobachter jemand anderen „von außen" erfahren, dann wissen wir, daß wir nicht dessen Bewußtsein erfahren, sondern nur graue Materie, die aus komplexen, in komplexen Sequenzen feuernden Neuronenreihen besteht. Wenn wir aber ein Gehirn „von innen" erfahren, dann wissen wir auch, daß wir nicht Neuronen, sondern vielmehr Gedanken, Bilder, Willensäußerungen, Farben und Geräusche erfahren – die qualitativen Phänomene, aus denen der lebendige Strom unseres Bewußtseins besteht. Würde dasselbe nicht auch für die Erfahrung des Vakuums gelten?

Wir wollen diese Annahme noch ein wenig weiter vertiefen. Wie würden wir das Vakuum „von innen" erfahren? Eine plausible Antwort darauf wäre, daß wir die Art von Bewußtsein erfahren würden, die den Feldern zugehörig ist, aus denen das Vakuum besteht. Dieses Bewußtsein könnte nicht mehr als das Proto-Bewußtsein der einzelnen Bosonen sein, aus denen die Vakuumfelder bestehen. Es könnte ein höher entwickeltes Bewußtsein sein, das die Art und die Menge der Information widerspiegelt, deren Träger die Bosonen sind. Die Skalarwellen des Vakuums stellen dauerhafte Hologramme dar, die Information bewahren; und alle Dinge im Universum rufen Wellen hervor und tragen so zum Wachstum und zur steigenden Komplexität der Hologramme bei. Somit gibt es mehr im Vakuum als eine bloße Ansammlung von Bosonen. Es gibt auch Information, und zwar in absolut erstaunlichen Dimensionen.

Im Urraum des ersten Universums (sofern eine solche ultimative „Zeit Null" überhaupt vorstellbar ist) war das Bewußtsein des Vakuums zunächst ungegliedert – „ozeanisch". Im Lauf der Evolution des ersten Universums und aller darauf folgenden Universen nahm die

Gliederung des Vakuum-Bewußtseins mehr und mehr zu. Im heutigen Universum muß dieses Bewußtsein äußerst klar gegliedert sein, denn Fülle und Komplexität der Informationen im Psi-Feld sind zwangsläufig unvorstellbar groß. Wenn alle Dinge im Universum bleibende Spuren in diesem Feld hinterlassen, dann entspricht seine informative Komplexität der strukturellen Komplexität aller Atome und Moleküle, Zellen, Organismen, Biosphären, Sonnensysteme, Galaxien und galaktischen Cluster, und zwar sowohl derer, die in unserem Universum existieren, als auch all jener, die in allen früheren Universen je existiert haben.

Das Bewußtsein des Psi-Feldes mag äußerst gut gegliedert und entwickelt sein, aber wir können es nicht erfahren. Oder doch? Es gibt bemerkenswerte Beweise dafür, daß wir unter bestimmten Bedingungen einen Blick darauf erhaschen können. Diese Beweise kommen aus den Randbereichen der heutigen Bewußtseinsforschung zu uns, zu deren Pionieren unter anderem der Psychiater Stanislav Grof gehört. In vielen tausend Experimenten mit Patienten in veränderten Bewußtseinszuständen stellte Grof fest, daß Menschen in diesen Zuständen die Verschmelzung mit einer anderen Person in einer so umfassenden Einheit erfahren, daß sie die Identität der anderen Person annehmen. Es gibt Erfahrungen, in denen Menschen sich auf das Bewußtsein einer ganzen Gruppe von Menschen einstimmen oder ihr Bewußtsein in solch großem Umfang ausdehnen können, daß es die gesamte Menschheit umfaßt. Einige Menschen können die Sphäre menschlicher Erfahrung und Identität gänzlich mit dem Bewußtsein von Tieren, Pflanzen und sogar anorganischen Objekten und Prozessen transzendieren.

Noch bemerkenswerter ist Grofs Entdeckung, daß Menschen in veränderten Zuständen ein Bewußtsein erfahren können, das das Bewußtsein des Universums selbst zu sein scheint. Diese Erfahrung tritt bei Menschen auf, die sich der Aufgabe verschrieben haben, den Urgrund der Existenz zu begreifen. Wenn die Suchenden sich ihrem Ziel nähern, dann sind ihre Beschreibungen dessen, was sie als höchstes Prinzip der Existenz betrachten, einander auffallend ähnlich. Sie beschreiben das, was sie erfahren, als ein immens großes und unerforschliches Bewußtseinsfeld, das mit unendlicher Intelligenz und schöpferischer Kraft ausgestattet ist. Das Feld des kosmischen Bewußtseins, das sie erfahren, ist eine kosmische Leere – ein Nichts.

Doch paradoxerweise ist es gleichzeitig eine essentielle Fülle. Obwohl es nichts in einer konkret manifesten Form aufweist, enthält es die gesamte Existenz als Potential. Das Vakuum erfahren sie als Fülle: In ihm fehlt nichts. Es ist die Urquelle der Existenz, die Wiege allen Seins. Es ist schwanger mit der Möglichkeit von allem, was ist. Die phänomenale Welt ist seine Schöpfung – die Verwirklichung und Konkretisierung seiner ihm innewohnenden Möglichkeiten.

Über im wesentlichen dieselbe Art von Erfahrung berichten Menschen, die Yoga und andere Formen tiefer Meditation praktizieren. Mystiker und Seher aller großen kulturellen Traditionen der Welt haben von diesen Erfahrungen berichtet. Die indische Tradition der Veden, zum Beispiel, sieht das Bewußtsein nicht als eine Eigenschaft, die ihre Existenz materiellen Strukturen wie Gehirn und Nervensystem verdankt, sondern als ein unermeßliches Feld, das die fundamentale Realität des Universums ist. In sich selbst ist dieses Feld unendlich und nicht durch Objekte und individuelle Erfahrungen geteilt, aber in der Meditation, in der die groben Schichten des Geistes abgestreift werden, kann es erfahren werden. Den vielfältigen, örtlich begrenzten und groben Schichten des Alltagsbewußtseins liegt eine vereinigte, nicht-lokale und subtile Schicht zugrunde – „reines Bewußtsein". Reines Bewußtsein zu erfahren bedeutet, das vereinigte Bewußtsein zu begreifen, das das Bewußtsein des Universums selbst ist.

Traditionelle Kosmologien sprechen vom undifferenzierten, allumfassenden Bewußtsein des Universums, das sich im Laufe der Zeit aus seinem Urzustand der Einheit löst und in bestimmten Materiestrukturen eine örtliche Begrenzung erfährt. Die wissenschaftliche Interpretation macht deutlich, daß es im Quantenvakuum – auf der tiefsten Ebene des Kosmos – ein Bewußtsein gibt und daß dieses Bewußtsein lokalisiert wird, wenn im kosmischen Evolutionsprozeß Teilchen aus dem Vakuum auftauchen und sich zu Atomen und Molekülen – und auf Planeten, auf denen es Leben gibt, auch zu Zellen, Organismen und Ökologien – entwickeln. Es scheint, daß mystische, meditative und andere Erfahrungen in veränderten Bewußtseinszuständen sowohl in klassischer als auch in moderner Zeit in eine gemeinsame Richtung weisen. Dies ist eine bemerkenswerte Bestätigung für die Annahme, daß es ein Urbewußtsein – ein Bewußtsein des Universums selbst – gibt.

Die intuitive Erkenntnis, daß das Universum von Geist erfüllt ist, ist so alt wie die Menschheit. Auch unsere Erforschung des Paradigmas des Psi-Feld-Universums sagt uns, daß es in allen Dingen, die sich in Raum und Zeit entwickeln, Bewußtsein gibt, ob sie nun so klein sind wie ein Elementarteilchen oder so groß wie eine Galaxie. Und es gibt auch ein Urbewußtsein: das Bewußtsein des Kosmos selbst. Es hat seine Wurzel im Quantenvakuum – Ursprungsquelle und bleibendes Gedächtnis des Metaversums.

Das göttliche Bewußtsein

Ein Bewußtsein, das die Vergangenheit aufzeichnet und die Gegenwart über alle Dinge informiert, die es im Universum gibt und jemals gegeben hat, entspricht der tiefsten Ahnung der Menschheit – der Ahnung eines göttlichen Bewußtseins. Im Psi-Feld-Universum erfährt diese Ahnung eine logische Unterstützung.

In der Sichtweise, die unsere Interpretation des Weltbildes der führenden Wissenschaft bietet, verwirklicht die Evolution des Universums ein zweifaches Potential: ein Potential der progressiven, aber nicht kontinuierlichen Evolution materieller Systeme und ein Potential der ebenfalls nicht kontinuierlichen und doch progressiven Evolution des Bewußtseins.

Die gestaltenden Potentiale, sowohl für den physikalischen als auch für den geistigen Aspekt der Dinge, wurden bei der Einleitung des kosmischen Prozesses im Vakuum verschlüsselt. Sie hätten nicht das Produkt bloßen Zufalls sein können: Sie sind so fein abgestimmt, daß eine ganze Folge von Universen aus dem Vakuum hervorgehen, sich gemeinsam entwickeln und immer komplexere physikalisch-biologische Systeme mit immer höher entwickelten Formen des Geistes entstehen lassen konnte. Wenn die Gesetze und Konstanten, welche die Evolution materieller Systeme steuern, das Ergebnis schlichten Zufalls gewesen wären, dann hätte die Evolution der physikalischen, biologischen und damit verbundenen geistigen Strukturen in der Art, wie wir sie heute vorfinden, unvergleichlich viel länger gedauert als die Zeit, die ihr dafür zur Verfügung stand – höchstwahrscheinlich länger als die Lebenserwartung unseres Universums selbst. Die Wahrscheinlichkeit, daß ein Universum mit einer solchen Feinabstimmung, wie sie unser Universum tatsächlich besitzt, durch zufällige Selektion aus verfügbaren Alternativen hätte entstehen können, ist so gering, daß sie ruhig vernachlässigt werden kann.

Wenn sie nicht durch zufällige Selektion entstehen, dann müssen die Gesetze und Konstanten, welche die evolutionären Potentiale des Universums definieren, durch eine schöpferische Kraft in ihm verschlüsselt worden sein. Diese Kraft muß bereits bei der Geburt des ersten in einer möglicherweise unendlich langen Reihe von Universen am Werk gewesen sein; also bei der Geburt des Metaversums. *Ein ursprünglicher schöpferischer Akt, der das Metaversum mit seinen Potentialen zur Selbstentwicklung ausstattete, muß als Mindestvoraussetzung angenommen werden, um eine Erklärung für die Art und Weise zu liefern, in der unser Universum strukturiert ist und sich entwickelt.*

Über die Erschaffung der selbstschöpferischen Potentiale des Metaversums hinaus benötigt die Wissenschaft keine göttliche Intervention, um die Evolution des Universums zu erklären. Aber selbst wenn die göttliche Kraft nicht gefordert ist, fortwährend im Universum zu intervenieren, so muß sie nicht notwendigerweise daraus abwesend sein. Statt ein externer Akteur zu sein, kann die göttliche Kraft vielmehr *in* ihm gegenwärtig sein. Sie kann im Psi-Feld des Quantenvakuums gegenwärtig sein, das Urheber und fortwährendes Gedächtnis von allem ist, was in diesem Universum wie auch in allen vergangenen, gegenwärtigen und zukünftigen Universen existiert.

Das Psi-Feld, das wiederentdeckte kosmische Urfeld, spiegelt die Evolution unseres Universums wider und zeichnet sie auf. Dieses Feld erfüllt unsere tiefsten Ahnungen von einem göttlichen Bewußtsein, das der manifesten Welt innewohnt.

Die Evolution des Universums kann in der Tat als die Evolution göttlichen Bewußtseins betrachtet werden. Diese Evolution beginnt mit dem uranfänglichen Urfeld: ein unbewegtes göttliches Bewußtsein, das durch reine Potentiale informiert wird. Sie setzt sich fort in der unaufhörlichen Unruhe dieses Bewußtseins, indem Teilchen aus dem Vakuum hervorspringen und sich zu immer komplexeren Objekten und Organismen gliedern. Und sie findet ihren Abschluß in einem umfassend informierten Psi-Feld, einem Feld, das die Potentiale verwirklicht, die im uranfänglichen Urfeld verschlüsselt wurden.

Das Psi-Feld am Punkt Omega stellt das voll gegliederte Bewußtsein des Kosmos dar – ein göttliches Bewußtsein, das die umfassende Verwirklichung der schöpferischen Potentiale zum Ausdruck bringt, die dem gesamten Universum innewohnen.

Anhang 1

Christopher Laszlo
Das Laszlo'sche Universum

Stellen wir uns vor, wir stehen vor einem riesigen Aquarium mit Panoramablick. Engelhaie und Zwergbarsche gleiten sanft dahin, während auf dem mit Kieselsteinen ausgelegten Beckenboden Riesengouramis und rot gestreifte Tigerbarben ein paar träge Aasfresser jagen. Zwischen Wasserfarnen aus Afrika und Schwertpflanzen aus dem Amazonasgebiet blitzen silberne Neonfische hervor. Kleine Luftblasen steigen nach oben, und ein elektrischer Filter summt vor sich hin.

Plötzlich werden zwei motorgetriebene Unterseeboote in Spielzeuggröße von der Wasseroberfläche hinabgelassen und sinken halb nach unten. Die Fische schießen ein paar Mal die Wände des Aquariums entlang und beruhigen sich dann wieder, als die vermeintliche Gefahr schwindet.

Schauen wir uns die Bewegung der U-Boote nun einmal ganz genau an. Sie dümpeln und schaukeln durch die Bewegung der Fische und in den aufsteigenden Luftblasen. Durch die urplötzliche Verfolgungsjagd eines der Gouramis legt ein U-Boot sich quer und schlägt gegen die Glaswand. Wenn die U-Boote eingeschaltet werden, dann gleiten sie durch das Wasser und erzeugen einen kleinen Sog, der die Fische anzieht und bewirkt, daß die Pflanzen sich im Wasser wiegen. Von Zeit zu Zeit wird ein Fisch in den Sog des U-Bootes hineingezogen. Er reagiert auf diese Bewegung und kämpft darum, dem Sog zu entkommen. Dadurch ruft er seinerseits ebenfalls wieder Turbulenzen hervor, die bewirken, daß das U-Boot sich jäh nach links dreht.

Jede Bewegung hat eine Auswirkung auf alles, was sich im Aquarium befindet. Alle Fische, alle Pflanzen, die U-Boote, jeder Kiesel und alle Luftblasen sind durch die wellenförmigen Bewegungen im Wasser miteinander verbunden. Obwohl man es nicht sehen kann, enthalten die sich kreuzenden Wellen Informationen über die Dinge, von denen sie erzeugt wurden. Der Propellersog des U-Bootes verschlüsselt einen anderen Datensatz als die Kräuselungen einer Rückenflosse. Wenn beide Wellen miteinander kollidieren, dann informieren der Fisch und das U-Boot sich gegenseitig darüber, wer und was sie sind – über ihren Standort, ihre Geschwindigkeit und ihre Größe.

Wir betrachten gerade ein einfaches Modell des Laszlo'schen „Psi-Feld-Universums". Das Paradigma dieses Universums sagt uns, daß die uns zugrunde liegende physikalische Realität aus etwas besteht, das wir als holographisches Feld bezeichnen können. In diesem Feld ist jedes Ding, sei es ein Teilchen, ein Atom, ein Molekül, eine Amöbe, eine Maus oder ein menschliches Wesen, mit allen anderen Dingen verbunden. Und jedes Ding in-formiert jedes andere Ding – durch den Druck der Wellen, der die Dinge um sich herum buchstäblich formt.

Zwischen dem Modell des Aquariums und dem Psi-Feld-Universum gibt es einige wichtige Unterschiede. Im Aquarium enthalten die Wellen sowohl Information als auch eine physikalische Kraft – man kann die Wirkung einer Welle unter Wasser spüren. Im Psi-Feld übertragen die Wellen Information, aber keine Kraft, was bedeutet, daß man sie nicht spüren kann. Im Aquarium werden die Wellen irgendwann langsamer und lösen sich auf. Im Psi-Feld schwächen die Wellen sich niemals ab, denn sie bewegen sich in einem reibungsfreien Medium, das nichts enthält, was ihre Fortbewegung verlangsamen könnte. Diese ersten beiden Unterschiede zwischen Aquarium und Universum sind darauf zurückzuführen, daß das Psi-Feld ein Medium ist, das – wie supergekühltes Helium, das man in Experimenten zur Supraleitfähigkeit verwendet – nicht mit konventionellen Mitteln zu erfassen ist. Wellen im Psi-Feld kann man weder sehen noch spüren. Energie bewegt sich durch supraleitendes Material, ohne jemals langsamer zu werden oder zu schwinden – im Gegensatz zu elektrischen Impulsen, die sich durch Kupfer fortpflanzen. Deshalb werden für Telefonleitungen Relaissysteme benötigt, um Signale über weite Entfernungen hinweg zu übertragen. Im Medium des Psi-Feldes bewegen die Dinge sich leicht und mühelos fort, ohne jemals auf einen beobachtbaren Widerstand zu treffen. In der Vergangenheit wurden Wissenschaftler dadurch zu der Schlußfolgerung veranlaßt, daß der Raum einfach eine Leere ist. Isaac Newton selbst glaubte, daß das

Vakuum des Raums ein passives Gefäß sei, in dem physikalische Objekte sich in Übereinstimmung mit bestimmten Bewegungsgesetzen bewegen.

Aber halt – das Psi-Feld wird noch seltsamer. Die Wellen im Aquarium pflanzen sich in relativ erdgebundenen Geschwindigkeiten von bis zu einigen hundert Meilen pro Stunde über Mikrodistanzen hinweg fort. Wellen im Psi-Feld können schneller reisen als Licht – mehr als 186.000 Meilen pro Sekunde! Diese sehr hohe Geschwindigkeit der Informationsübertragung liefert eine Erklärung für Ereignisse, die über sehr große Entfernungen hinweg synchron stattzufinden scheinen – eine Art von unmittelbarer Korrelation, die als Nicht-Lokalität bezeichnet wird und die, wie Wissenschaftler nun entdecken, auf eine Reihe von Disziplinen zutrifft. Denken Sie daran, wie unmittelbar sich jedes Molekül in Ihrem Körper auf die vielen tausend biochemischen Reaktionen einstellt, die in jeder Sekunde ausgelöst werden, oder wie ein Gedanke, der Ihnen plötzlich in den Sinn kommt, genau im selben Moment auch einem geliebten Menschen in den Sinn kommt, obwohl er zu diesem Zeitpunkt viele hundert Meilen von Ihnen entfernt ist.

Im Aquarium sind die Dinge so, wie sie erscheinen. Wenn wir eine Tigerbarbe anschauen, dann hat sie immer dieselbe Farbe und Form. Im Psi-Feld-Universum hingegen existieren die winzigsten Bausteine physikalischer Realität (die man unter so seltsamen Namen kennt wie Quarks, Gluonen und Bosonen) als ein Potential vieler verschiedener Zustände. Ihre Potentialität bricht zu einem tatsächlichen Zustand zusammen, wenn sie beobachtet oder einer anderweitigen Interaktion unterzogen werden. Es ist so, als gäbe es ein Tigerbarben-„Potential", das, wenn es beobachtet wird, zu einer von mehreren tatsächlichen Tigerbarben werden kann – manchmal silbern und dünn, manchmal gestreift und fett, und manchmal auch transparent.

Das Psi-Feld verknüpft alle physikalischen Systeme zu einem höchst kohärenten Ganzen. Ganz anders als in Darwins Theorie der zufälligen Mutationen, bei der nur die tauglichsten Spezies überleben, spielt das Schicksal in der Evolution keine zentrale Rolle. Auf allen Ebenen, von der subatomaren bis zur kosmischen, interagiert das Psi-Feld ständig mit Materie, um darauf einzuwirken, wie alle lebenden Dinge wachsen, sich anpassen und sich entwickeln. Wie der Physiker Ralph Abraham sagt: „Eine hauptsächliche, charakteristische Eigenschaft seiner (Laszlos) Psi-Feld-Theorie ist ihr bipolarer Aspekt: Die manifeste Domäne der Materie und eine virtuelle Domäne aus unendlicher Energie befinden sich in einer endlosen Schleife der Co-Evolution.“ Sie führt zu einer höchst kohärenten Welt, in der Dinge auf einer Ebene (wie Atome) durch Dinge auf einer anderen Ebene (wie Menschen) beeinflußt werden. Diese wiederum werden durch noch andere Ebenen beeinflußt, bis hinauf zur höchsten Ebene des Universums selbst – und sogar früherer Universen. Auf diese Weise tragen sie dazu bei, die fein abgestimmte Kohärenz des Urknalls, wie wir ihn kennen, zu erklären.

Aus der Sicht Ervin Laszlos ist der Kosmos aus sich selbst heraus kreativ: Wie eine Art von aktivem Gedächtnisfeld, das sowohl Raum (es ist überall) als auch Zeit (es dauert fort) umfaßt, bewahrt und erneuert er den bleibenden Eindruck von allem, was existiert. Um zu unserem Aquarium zurückzukehren: Es ist, als wären alle Fische und Pflanzen physikalische Manifestationen des Wassers, als wären sie durch das Wasser auf eine Weise miteinander verbunden, in der alles, was mit einem Ding geschieht, einen Einfluß auf alles hat, was mit allen anderen Dingen geschieht – in einem System gegenseitiger Abhängigkeit, in dem alles sich in einem zarten Tanz des Lebens gemeinsam entwickelt.

Vorstellungen das Universums zu verschiedenen Zeiten

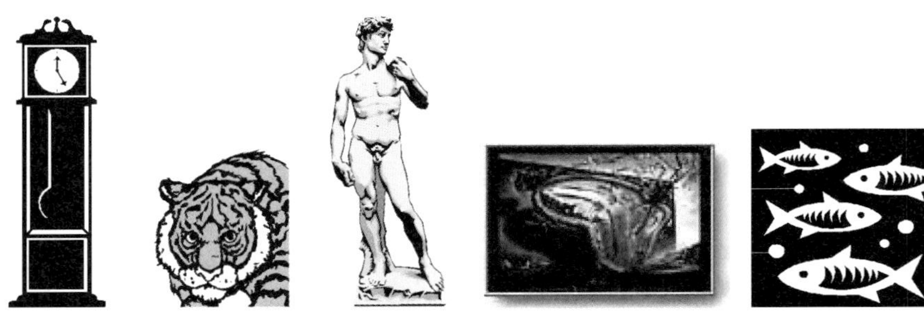

Newton Uhrwerkmechanismus

Darwin Überleben der tauglichsten Spezies

Freud unterbewußt selbstbezogen

Einstein Relativität der Raumzeit

Laszlo Kohärentes, fein abgestimmtes, miteinander verbundenes Ganzes

Auswirkungen auf unsere Welt – und auf uns selbst

Die Existenz des Psi-Feldes trägt dazu bei, die außergewöhnliche Kohärenz unserer Welt zu erklären – die begrenzten Formen der Mutation in der biologischen Evolution; die Dichte und ausgeglichene Ausdehnungsgeschwindigkeit von Sternen; den Aufstieg früher Zivilisationen mit ähnlichen Ideen und Artefakten zu einer Zeit, in der Kommunikation begrenzt oder gar nicht vorhanden war; das plötzliche Bewußtsein für Gedanken und Gefühle eines geliebten Menschen, der viele hundert Meilen entfernt ist. Diese und andere, zuvor unerklärte Phänomene deuten auf die Verbundenheit aller Dinge miteinander hin.

Das Psi-Feld-Universum räumt mit der Vorstellung auf, daß wir isolierte Einzelwesen sind, die aus einzelnen Atomen bestehen, durch einen leeren Raum voneinander getrennt sind und in einem kalten und unpersönlichen Universum leben. Dadurch verleiht es der Zukunft der Menschheit eine neue Hoffnung. Die eigene Denkweise verändert sich, wenn man beginnt, sich selbst als jemand zu betrachten, der durch ein Energiefeld mit jedem und allem anderen verbunden ist. „Jeder für sich" wird weniger zwingend. „Die Natur ist eine Spielwiese, die wir zu unserem Spaß ausbeuten und manipulieren können" beinhaltet auch Risiken für uns selbst. Wenn „wir" als menschliche Wesen und „es" als Natur Teile eines einzigen, kohärenten Systems gegenseitiger Abhängigkeit sind, dann sieht es so aus, als würden wir uns durch die systematische Zerstörung der Natur ein Eigentor schießen.

Noch eine weitere heilige Kuh wird geschlachtet: die Trennung von Körper und Geist. Im Psi-Feld-Universum sind sowohl Bewußtsein als auch Materie Manifestationen des ihnen zugrunde liegenden Energiefeldes. Statt für jene Partei zu ergreifen, die glauben, daß unser Bewußtsein elementar (und der Rest der Welt eine Konstruktion des Geistes) ist, oder für jene, die argumentieren, Materie sei elementar, liefert das Psi-Feld vielmehr eine Erklärung für die vereinte Existenz von beidem, von Körper und Geist. Wie Laszlo sagt, sind Geist und Materie „komplementäre Aspekte derselben sich entwickelnden Realität. Diese Aspekte sind universell: Im sich interaktiv entwickelnden Universum ist Materie nicht auf Teilchen, und Bewußtsein nicht auf Organismen begrenzt. Die physikalische Realität entwickelt sich zur gesamten Realität hin, und Bewußtsein ist ein Element der gesamten sich entwickelnden Realität" *(Coherence in Cosmos and Consciousness, in Vorbereitung, 2003).*

In der Geschichte der Menschheit hat es schon immer die Ahnung eines Akasha-Feldes im Herzen des Universums gegeben. Vor 8.000 Jahren hätte ein Mensch, der über die Natur der Dinge reflektiert, ein mystisches, feierliches, kollektives, organisches Ganzes erfahren, in dem er sich selbst nicht als „getrenntes Einzelwesen", sondern als integralen Bestandteil von allem identifiziert. Die Wiederentdeckung einer solchen Welt findet nun statt, wobei es jedoch einige wesentliche Unterschiede gibt. Die treibende Kraft ist nun nicht mehr der Mystizismus, sondern die wissenschaftliche Forschung. Das erdgebundene Ganze, das in der heutigen Zeit für unser Überleben von großer Bedeutung ist, ist der Planet, nicht mehr nur unser eigener Stamm.

Diese neue Weltsicht hat auch spirituelle Auswirkungen: Das Psi-Feld informiert nicht nur alles im Universum, es empfängt auch Informationen von allem. Der Fluß der Information findet in beide Richtungen statt. Für uns Menschen bedeutet dies nicht nur, daß das Energiefeld in subtiler Weise auf uns einwirkt, sondern auch, daß wir unser Leben in diesem Feld verschlüsseln. Die Information, die wir in das Psi-Feld einlesen, existiert auch dann weiter, wenn wir gestorben sind. Wie Laszlo sagt: „Unser Körper verfällt, aber sein Hologramm lebt weiter… Jede Erfahrung eines Menschen geht in einen unermeßlich großen Strom ein, in dem sie mit der Erfahrung anderer Menschen integriert und als Teil der kollektiven Erinnerung der Spezies bewahrt wird" (*Ibid.*). Bei Plato angefangen, brachten auch eine Reihe großer Denker diese Andeutung einer Art von Unsterblichkeit in ganz ähnlicher Weise zum Ausdruck, jedoch ohne den Vorteil der heutigen wissenschaftlichen Erkenntnis zu haben.

Das Psi-Feld-Paradigma baut auf dem Werk vieler führender intellektueller Größen auf. Dazu gehören James Clerk Maxwell, Nikola Tesla, Paul Dirac, Andrei Sacharow, Max Planck, Albert Einstein, Alfred North Whitehead, Stanislav Grof, Carl Jung, Pierre Teilhard de Chardin, David Bohm, John Wheeler und noch viele andere. Auf der Grundlage von Erkenntnissen aller größeren wissenschaftlichen Disziplinen schafft Ervin Laszlo eine großartige Synthese, in der alle Einzelteile zu einem eleganten und kohärenten Ganzen zusammengefügt sind.

Anhang 2

Mária Sági
Heilung durch das Urfeld

Einer der überzeugendsten Beweise für die Wirksamkeit des von Ervin Laszlo beschriebenen Urfeldes ist die Heilung, und zwar besonders in Form der Fernheilung.

Wie im 3. Kapitel („Die transpersonale Welt der Bewußtseinsforschung") geschildert wird, waren transpersonale Erscheinungen, wie auch die Heilung aus der Ferne, seit undenklichen Zeiten bekannt. Die Art und Weise, wie sie erklärt wurden, wandelte sich je nach Epochen, Kulturen und Glaubenssystemen. In der „religionslosen" Welt des zeitgenössischen Menschen wird die Fernheilung gewöhnlich der Kategorie des Aberglaubens, der Einbildung sowie der Placebowirkung u. Ä. zugeordnet, obwohl die experimentelle Parapsychologie in den vergangenen zwanzig Jahren eine Vielzahl von experimentellen Daten gesammelt hat. Das Paradigma des Psi-Feld-Universums stellt die erste Auffassung dar, die für das wissenschaftliche Denken eine akzeptable Erklärung für diese außergewöhnlichen Phänomene vermittelt.

Um dem Leser ein möglichst umfassendes und genaues Bild dieses Phänomens zu vermitteln, werde ich im folgenden als praktizierende Fernheilerin über meine Erfahrungen berichten.

Auf den Seiten 64 bis 65 des vorliegenden Bandes schildert Laszlo ein Fernheilungsexperiment, bei dem ich die Heilerin war. Durchgeführt wurde das Experiment von Prof. Günter Haffelder vom Institut für Kommunikation und Gehirnforschung in Stuttgart im Rahmen einer im Juni 2001 veranstalteten Konferenz der Hagia Chora in Hohenwart bei Stuttgart. Das Bemerkenswerte dabei ist, daß sich beim Prozeß der Fernheilung sowohl bei der Heilerin wie auch beim Probanden physiologische Begleiterscheinungen in der elektrischen Hirntätigkeit registrieren ließen.

Vor Beginn des Experiments lernte ich den Probanden kennen und bat ihn, kurz zu schildern, worin seine Beschwerden bestanden. Er berichtete:

Vier Jahre zuvor wandte er sich mit ernsthaften Beschwerden im Handgelenk an den Arzt. Die Fingergelenke des Patienten waren geschwollen, das Handgelenk steif und unbeweglich, und er empfand große Schmerzen. Der Arzt diagnostizierte eine Polyarthritis. Von den Naturheilmethoden ausgehend, riet er als Therapie zu einer fleischfreien Diät und zu einem Wandel der inneren Einstellung.

Bei unserem Experiment waren die Fingergelenke und das rechte Handgelenk des Probanden sogleich beweglich, das linke Handgelenk aber konnte er nach wie vor nicht bewegen. Nach diesem kurzen einführenden Gespräch wurden uns beiden die Elektroden angeschlossen, die die Hirntätigkeit messen sollten. Während des Experiments nahm der Proband im Seminarraum Platz, wo etwa hundert Teilnehmer anwesend waren und wo auch das Meßgerät untergebracht war. Ich arbeitete unterdessen im Vorraum. Neben mir saß Dr. Heidrich Treugut, der alles genau in einem Protokoll festhielt. Die Untersuchung fand nachmittags um 16 Uhr 45 statt.

Dr. Treugut nahm das gesamte Geschehen der etwa 15 Minuten währenden Untersuchung zu Protokoll. Die Aufzeichnung war ein getreues Spiegelbild all dessen, was an meiner Arbeit äußerlich sichtbar war. Während der Untersuchung machte ich ebenfalls Aufzeichnungen, die über Verlauf, Diagnose und Behandlung sowie die Dauer der Behandlung Aufschluß gaben. Nach Abschluß der Behandlung wurden die beiden Protokolle zu einer schriftlichen Dokumentation der Fernheilung vereinigt.

Die Untersuchung und die Therapie wurden mit einer Einhandrute ausgeführt als Kombination der Neuen Homöopathie nach Körbler und einer von mir entwickelten informationsmedizinischen Methode. (Von Körbler wurde ein System entwickelt, in dem die Rute acht verschiedene Zeichen gibt, und dieses Achtersystem wiederholt sich in höheren Frequenzen immer wieder. Mit diesem System kann man ein präzises und detailliertes Bildes vom Zustand des Körpers und dessen Dysfunktionen nach den Gesichtspunkten der chinesischen Heilkunst erhalten. Jedes beliebige Signal hat eine entsprechende geometrische Abbildung, deren Anwendung den Energiezustand des Körpers wiederherstellt.) Das Experiment lief folgendermaßen ab: Zunächst ließ ich mich auf die Untersuchung einstimmen, dann mit dem Probanden in Einklang bringen. Danach folgte das Diagnostizieren der verschieden Organe. Der Dickdarm wies Zeichen einer leichten Dysfunktion auf. Anschließend machte ich die geeignete Therapie für die Organkorrektur ausfindig. Ich fand am Entzündungspunkt am linken Handgelenk ein Zeichen, das auf eine Inflammation hinwies; auch dafür suchte ich nach der geeigneten Therapie. Von den Meridianen erforderte der Lebermeridian eine Korrektur, der dann die Untersuchung der Bauchspeicheldrüse und deren Korrektur folgte. Im Anschluß daran führte die ganzheitliche Untersuchung des Probanden zum Ergebnis, daß zur Wiederherstellung eines störungsfreien Gleichgewichtszustandes – selbst wenn die übrigen Organe eine funktionelle Korrektur nicht notwendig machen – das Energiefeld eines tibetischen Heilsymbols von Nutzen sein könnte. Da die zeitliche Bestimmung des Therapieeffektes als eine wichtige Komponente unabdingbar zur endgültigen Therapieform gehört, folgten in den letzten fünf Minuten der Untersuchung die Zeitbestimmungen für die Anwendung. Für den Dickdarm sowie den Entzündungspunkt am linken Handgelenk wurde eine informationsmedizinische Behandlung von je 10 Tagen, für die Bauchspeicheldrüse eine von 6,5 Tagen vorgeschrieben.

Es wurde aber noch eine weitere Dokumentation erstellt. Prof. Haffelder ließ im Verlauf der Fernheilung die bioelektrischen Aktivitäten von uns beiden in EEG-spektralanalytischen Bildern auf einen Bildschirm projizieren. So konnten die Menschen im Seminarraum von Sekunde zu Sekunde exakt nachvollziehen, welche Wellenmuster sich durch die elektrische Tätigkeit der rechten und linken Gehirnhälfte des Probanden und von mir abzeichneten. Von den Ergebnissen der EEG-spektralanalytischen Messungen berichtete Haffelder im Heft 9 der Zeitschrift Hagia Chora (erschienen im August 2001). Während des Experiments konnten merkwürdige Erscheinungen beobachtet werden, die Haffelder wie nachstehend schilderte: „Generell zeigt sich während des gesamten Meßverlaufs zwischen Heilerin und Proband ein sensibles Zusammenspiel in den Hirnaktivitäten, das sich in fein aufeinander abgestimmten Frequenzmustern ausdrückt. So stellte sich bei der Heilerin eine hohe Delta-Aktivität (0–3 Hz) ein, die eine Übertragungsfrequenz nonverbaler Informationsmuster darstellt und eine intensive Kontaktaufnahme der

Heilerin mit dem Probanden anzeigt. Es treten bei der Heilerin immer wieder starke Delta-Aktivitäten in Form prägnanter hoher Ausschläge auf, die sich im regelmäßigen Takt von drei bis fünf Sekunden in der linken Gehirnhälfte zeigen. Synchron mit diesen Gehirnaktivitäten der Heilerin treten beim Probanden Delta- und Alpha-Aktivitäten auf, wobei über die Delta-Aktivität die Informationen empfangen werden und sich über die Alpha-Aktivität auswirken."

Langsame Delta-Wellenmuster im EEG-Bild (1–3 Hz pro Sekunde) lassen sich bei einem Erwachsenen im Normalfall im Zustand des „Tiefschlafs" messen, während Alpha-Wellen (8–13 Hz pro Sekunde) für einen geistig wie körperlich ausgeruhten Wachzustand bei geschlossenen Augen kennzeichnend sind. In einem aufnahmefähigen Wachzustand entstehen auf Einwirkung äußerer Reize sog. Beta-Wellen (20–30 Hz pro Sekunde). Der Fernheilung wesenseigen war also der Umstand, daß sie bei mir in einem sogenannten veränderten Bewußtseinszustand bei offenen Augen – aber tiefer Konzentration – von einer hirnelektrischen Tätigkeit begleitet vor sich ging, die den Tiefschlaf charakterisiert und auch beim Probanden zu beobachten war. Der Proband saß zwar mit geschlossenen Augen da und wartete in einem Relaxzustand auf den Heilakt, daher war das Auftreten der Alpha-Aktivität keinesfalls überraschend, jedoch nicht das der Delta-Aktivität, denn er befand sich ja nicht im Zustand des „Tiefschlafs". Das Auftreten der Delta-Aktivität wies darauf hin, daß er die Informationen, die ich ihm zukommen ließ, erhielt und übernommen hat. Der Zustand hingegen, der mit der Alpha-Aktivität einherging, machte darauf aufmerksam, daß er die empfangene Information höchstwahrscheinlich eingebaut hatte, stellt doch dieses Muster eine ideale Voraussetzung für jeden Lernprozeß dar und weist auf eine nach innen gewandte und entspannte Konzentration hin.

Das geschilderte Experiment steht nicht allein da. Ähnliche Fälle kennzeichnen reihenweise die Praxis meiner Heiler-Kollegen ebenso wie meine. Einschlägigen Forschungen von Prof. Haffelder zufolge verlaufen die Heilakte dieses Typs nach einem ähnlichen Muster: „Der gesamte Verlauf der Frequenzaktivitäten während des Heilvorgangs kann zusammenfassend in einem typischen Ablauf interpretiert werden, der vor dem Hintergrund unserer Forschungsarbeiten über solche Phänomene schon mehrfach bestätigt wurde. Zunächst ‚fragt' der Heiler die momentane Verfassung des Probanden ab, die sich durch die Aktivität bestimmter Frequenzmuster ausdrückt. Dieses ‚Bild' wird im Chronospektrogramm des Heilers selbst sichtbar. Er gleicht das Muster aus und ‚schickt' es ausgeglichen wieder zum Probanden zurück."

Im Experiment von Hohenwart förderte mein Einsatz als Fernheilerin den Heilungsprozeß aus einer sich verzögernden, chronischen Krankheit. Dabei kommt es häufig vor, daß Patienten sich melden – mitunter aus fernen Ländern –, um von akut auftretenden Schmerzen, Verletzungen oder Erkrankungen befreit zu werden.

Vor kurzem meldete sich der Autor dieses Buches an einem Samstagabend gegen 9 Uhr telefonisch aus Italien und klagte über heftige Zahnfleischschmerzen im oberen Mundraum auf der linken Seite beim letzten Zahn. Trotz Ausspülen mit Mundwasser und Verwendung von Desinfektionsgel zeigte sich keine Besserung. Ich überlegte, wie ich ihm weiterhelfen könnte. Als Ergebnis der Untersuchung schlug ich Fernheilung unter Einbeziehung einer geometrischen Zeichenkombination vor, die sieben Stunden lang ihre Wirkung ausübte. Am Tag darauf, am Sonntagvormittag, kam der nächste Anruf. Zu Beginn der Nacht ließen die Schmerzen noch nicht nach, doch kam dann eine Linderung, und der Autor konnte einschlafen. Zum Frühstück aß er Toastbrot, was die heftigen Schmerzen abermals aufleben ließ. Nach wiederholter Untersuchung riet ich eine weitere informationstherapeutische Fernheilmethode an, die zweimal hintereinander mit unterschiedlichen Heilinformationen anzuwenden war. Ich fand die exakte Heilinformation und die Art der Anwendung heraus und bat ihn, am Abend wieder anzurufen. Der zweite Anruf kam abends gegen 7 Uhr. Das Zahnfleisch war immer noch empfindlich. Abermals bestimmte ich die Heilinformation sowie die Art der Anwendung. Laszlo nahm wieder sein Medikament ein. Am dritten Tag dann – am Montagvormittag – kam es wieder zu einem Telefongespräch. Der Autor erwähnte seine Zahnfleischschmerzen überhaupt nicht mehr. Nachdem wir alles besprochen hatten, fragte ich ihn nach seinem Befinden. „Ach, seit gestern am späten Abend sind die Schmerzen ganz verschwunden", war die Antwort.

Eines Morgens fand ich auf meinem Anrufbeantworter eine Nachricht, die der Vater meiner Freundin – einer 32jährigen Zahnärztin – hinterlassen hatte: Meine Freundin war in Genf auf einer Ärztekonferenz, am Tag zuvor hatte sie ihr Referat erfolgreich gehalten. Dafür waren ihre Augen am betreffenden Tag rot angeschwollen, sie brannten und waren entzündet. Man hatte den Eindruck, als hätte sie die ganze Nacht geheult, und daher konnte sie nicht unter Menschen gehen. Ob ich irgendwie helfen könnte? Nach etwa zwei Stunden nahm ich die Untersuchung vor und riet ihr danach zu einer informationsmedizinischen Fernheilung. Ich legte die Heilinformation sowie die Art und Weise der Zubereitung des Heilmittels fest. Die Behandlung war mit einem Zeitabstand von fünfeinhalb Stunden zweimal hintereinander durchzuführen, jedes Mal mit unterschiedlichen Heilinformationen. Am Tag darauf rief mich ihr Vater wieder an und berichtete: Am Abend zuvor juckten meiner Freundin noch die Augen einigermaßen, immerhin erwachte sie am fraglichen Morgen beschwerdefrei. Zu ihrem größten Leidwesen aber war ihr das Heilverfahren nicht bekannt. Sie war fest entschlossen, diese Methode näher kennenzulernen. In ihrem Fall behandelte ich, obwohl ihre Augen entzündet waren, nicht diese Symptome, sondern ich kräftigte das Immunsystem, das, als es wieder gestärkt war, den Prozeß der Selbstheilung in Gang brachte. Diesmal waren die entzündeten Augen nur ein Symptom der Funktionsstörung des Dünn- und Dickdarms.

Wie aus den soeben geschilderten Beispielen ersichtlich wird, geht die Fernheilung jeweils wie folgt vor sich: Der Fernheiler holt spontan Informationen vom Patienten ein. Das bedeutet, daß er statt einer Untersuchung mit gewöhnlichen Methoden und Mitteln über eine Untersuchung durch ein Labor eine Ferndiagnose stellt, durch die er herausfindet, woran der Patient leidet. Wie geschieht das? Der Vorgang ist bei allen Arten der Fernheilung im wesentlichen der gleiche, wenngleich die Methoden auch individuelle Unterschiede aufweisen können.

Es ist eine Vorbedingung der Fernheilung, daß der Heiler sich zunächst einmal auf die Heilsituation einstimmt, was bedeutet, daß er sich in einen veränderten Bewußtseinszustand versetzt. In diesem Zustand konzentriert er sich darauf, Informationen von seinem Patienten zu erhalten und sie zu korrigieren.

Dieser Vorgang ähnelt dem, wie man an ein Fernsehgerät eine Parabolantenne anschließt, damit diese die ausgestrahlten Wellen eines TV-Programme sendenden Satelliten auffängt und entschlüsselt. Ohne diese Antenne bestünde dazu keine Möglichkeit, obwohl die vom Satelliten ausgestrahlten Wellen unser Gerät auch vor Montage der Antenne erreicht haben. Es ist immer eine entsprechende Antenne notwendig, damit das Gerät die im Feld verschlüsselten Informationen in eine wahrnehmbare Form umwandelt. Im Hinblick auf das Funktionieren des menschlichen Bewußtseins ist eine ähnliche „Antenne" zumeist im veränderten Bewußtseinszustand „montiert". Das Gehirn eines jeden Menschen ist – ob wir davon wissen oder nicht – in stetiger Verbindung mit der Information im Psi-Feld, denn dieses außergewöhnliche System ist ja unerhört empfindlich für alle eintreffenden Signale. In seinem Wachzustand ist das Gehirn jedoch nicht imstande, die Informationen aus dem Psi-Feld zu verwerten. In verändertem Bewußtseinszustand aber wird die Zensur des Gehirns aufgehoben. Man könnte es auch so formulieren, daß es seine Antenne dem Psi-Feld zuwendet, wodurch es fähig wird, die Informationen aus dem Psi-Feld herauszufiltern, weil es auf die Frequenzen abgestimmt ist, in denen es seine Informationen sendet. Werden die so erhaltenen Informationen nicht verdrängt, wird man mit ihnen auch arbeiten können. Somit wird der Heiler ohne größere Schwierigkeiten auch eine Ferndiagnose stellen können. Er wendet seine Antenne dem Informationsmuster seines Patienten im Psi-Feld zu und stimmt sie darauf ab. Im Informationsmuster des Patienten im Psi-Feld senden pathologische Stellen auf anderen Frequenzen, die die Aufmerksamkeit des Heilers gleichsam auf sich lenken. Auf diese Weise kann der Heiler die entscheidenden Informationen sammeln und deuten.

Zur Feineinstellung der Gehirnantenne stehen uns zahlreiche Möglichkeiten zur Verfügung, etwa so viele, wie es Fernheiler dieser Art gibt. Der Heiler kann auch ein Hilfsmittel zur Feinabstimmung anwenden. Das kann ein Foto vom Patienten sein, sein Schriftbild, seine Stimme, eine Haarsträhne, ein Tropfen Blut oder der Speichel usw. Alle Muster, die vom Patienten stammen bzw. sich auf ihn beziehen, erleichtern dem Heiler einen präzisen Empfang des Informationsmusters im Psi-Feld. Handelt es sich um nahe Bekannte, sind solche Hilfsmittel gewöhnlich nicht notwendig. Ist man fein „eingepegelt", so ist die Gehirnantenne normalerweise sofort in der Lage, die Information zu übermitteln. Arbeiten wir in einer Gruppe und ist jemand darunter, der den Patienten kennt, so können wir auf diesem Weg genauso leicht sein Muster finden, als wenn wir ein direktes Hilfsmittel verwendet hätten, denn in diesem Fall ist das Gehirn unseres Gruppenmitglieds das Verbindungsglied, das die Informationen vermittelt. Kennt weder der Heiler noch sonst jemand den Patienten, so erfordert die Arbeit einen viel größeren Kraftaufwand.

Im nächsten Schritt wertet der Heiler die vom Patienten erhaltenen Informationen aus und systematisiert sie. Man könnte sagen, jeder hat ein eigenes, auf ihn selbst zugeschnittenes System entwickelt, und dieses kann sehr verschieden von anderen sein. Das soll an einigen vereinfachten Beispielen verdeutlich werden.

Lebt man in Europa, so ist die auf der Hand liegende Auswertungsweise die nach unseren allgemeinen biologischen Kenntnissen, in der Organe, Organsysteme usw. nacheinander betrachtet werden. Damit können bestimmte Erfahrungen des Heilers verknüpft sein. Anhänger der klassischen Homöopathie nach Hahnemann werten nach deren Gesichtspunkten aus, Anhänger der Anthroposophie tun dasselbe im anthroposophischen System. In England wurde eine Fernheilungsmethode entwickelt, die von besonderem Interesse ist und von einer Gesellschaft, die aus bekannten Ärzten besteht, seitdem verwendet wird. Diese Methode verknüpft die orthodoxe wie die homöopathische Medizin mit der Radiästhesie. Bei der Untersuchung stellen die Ärzte der „Psionic Medical Society" die Ferndiagnose mit der traditionellen Pendelmethode. Sie verwenden die vom Patienten gewonnenen Muster, in der Regel ein Haar oder einen Blutstropfen, um sich auf das Muster des Patienten im Psi-Feld einzustimmen. Mit Hilfe von diagnostischen Tabellen wird ermittelt, welches Organ oder Organsystem des Patienten – und in welchem Maße – vom gesunden Muster abweicht. So findet der Arzt die Krankheitsursache heraus. Anschließend bestimmt er ebenso das dazugehörige Therapieverfahren, das zumeist auf der Homöopathie beruht. Dies kann jedoch auch auf der Grundlage jedes anderen diagnostischen Systems z. B. aus dem Fernen Osten durchgeführt werden, so etwa mit der chinesischen diagnostischen Methode, mit Ayurveda, mit tibetischer Heilkunst, wo mit Hilfe von verschiedenen systematisierten Symbolen die Beschwerden des Patienten ermittelt werden. Heiler, die die Aura sehen können, werten vor dem Hintergrund der Eigenschaften verschiedener Auraschichten die vom Patienten gewonnenen Informationen aus. Farbe und Dichte der Aura vermitteln zuverlässige diagnostischen Sicherheit.

Nach Erstellen der Diagnose empfiehlt der Heiler zur Behebung des Leidens eine Therapie. Selbstverständlich kann diese auf der

Grundlage der vorhin aufgelisteten diagnostischen Systeme erfolgen. Der Heiler kann dem nicht anwesenden Patienten konkrete allopathische Medikamente vorschlagen, eine Diät oder Fitotherapie empfehlen, homöopathische Medikamente verordnen usw., über die der Patient durch moderne Telekommunikationstechniken (Telefon, E-Mail, Telegramm oder Telefax) unterrichtet wird, und er besorgt sie sich selbst oder läßt sie anfertigen. Der Heiler kann dem Patienten allerdings auch Heilverfahren empfehlen, die auf bloßem Informationswege ihre Wirkung ausüben und die vom Heiler selbst in Form einer Fernheilung verwendet werden.

Demnach ist der Mechanismus der Fernheilung folgender: Die in verändertem Bewußtseinszustand gewonnene Information unterrichtet den Heiler davon, in welchem physischen Zustand der Patient sich gegenwärtig befindet und welcher Art seine Krankheit ist.

Die Diagnoseerstellung kann ebenso gründlich und detailliert sein wie im Fall einer persönlichen Untersuchung. Es wird festgestellt, ob es sich um eine akute Erkrankung oder ein chronisches Leiden handelt, das eine längere Vorgeschichte hat, und ebenso, auf welche Ursachen die Krankheit zurückzuführen ist und inwieweit an ihr schädliche Umweltfaktoren wie z. B. Elektrosmog und/oder Erdstrahlen, Strahlungsknotenpunkte usw. beteiligt sind.

Nach der Diagnoseerstellung wird geprüft, ob die Entstörung des Umfeldes, in dem der Patient lebt, notwendig ist, und es wird über die bestmögliche Therapie entschieden, die dem Zustand des Patienten entspricht. Sollte der Heiler selbst die optimale Therapie ohne Mitwirkung des Patienten anwenden, nimmt er eine Korrektur mit den eigenen Methoden vor und stellt den Normalzustand wieder her. Die umgeformte Information wird dann – wie aus dem Experiment von Hohenwart ersichtlich – über die eigene Funktion des Nervensystems, also über das eigene Bewußtsein, an den Patienten weitergeleitet. Es ist nicht notwendig, daß der Patient über diesen Informationsweg und die Aufnahme der eigenen Information unterrichtet ist. In den meisten Fällen wird er nicht darüber informiert, zu welchem Zeitpunkt das geschieht. Wenn er es aber doch weiß, beeinträchtigt dies das Geschehen nicht. Von entscheidender Wichtigkeit ist lediglich, daß der Patient die Behandlung annimmt und sie nicht innerlich ablehnt. Eine negative, abwehrende Einstellung verhindert nämlich die Annahme der sogenannten Feinenergien. Wünscht jedoch der Patient die Behandlung und akzeptiert sie, so benötigt er keine weiteren Informationen über Detailfragen der Behandlung.

Wenn die Informationsübergabe erfolgt, wirkt dies beim Patienten auf sein Gesamtbefinden und über diesen Weg auch auf die dysfunktionellen Organe. Die Wirkung läßt sich bei wiederholter Diagnoseerstellung sowohl mit konventioneller Informationsentnahme als auch über den Weg der Fernheilung erkennen. Der Patient wird sich besser fühlen, die Schmerzen, die ihn bislang plagten, hören auf oder werden wenigstens gelindert, der Heilungsprozeß fängt an.

Hinsichtlich des Beginns des Heilungsprozesses konnte ich in meiner Zusammenarbeit mit der Psionic Medicine Society ein interessantes Phänomen beobachten. Als unsere Zusammenarbeit 1994 begann, wurden die Kranken in Budapest durch meine Vermittlung in England ärztlich behandelt, und auf demselben Weg bekamen sie das homöopathische Mittel. Die Untersuchung erfolgte in England, das homöopathische Mittel wurde mir per Post zugeschickt und von mir dem Patienten überreicht. Ich verfolgte dann die Veränderungen im Zustand des Patienten. Mit dem Arzt der Psionic Medical Society war ich in täglicher telefonischer Verbindung und kannte daher den Zeitpunkt der Untersuchungen. Merkwürdigerweise trat eine Besserung im Zustand des Patienten schon zu dem Zeitpunkt ein, als die Therapie in England festgesetzt wurde. Das homöopathische Mittel selbst kam erst 4–5 Tage später mit der Post! Andere britische Ärzte machten mit Patienten aus verschiedenen Ländern dieselbe Erfahrung. Hier, ähnlich wie bei den berühmten Quanten-Experimenten (vgl. Kapitel 1), ist eine sofortige „Verschränkung“ zwischen allen Beteiligten wirksam …

Diese merkwürdige zweifache Informationsübergabe bzw. Informationsübernahme erfolgt unabhängig vom Raum. „Unabhängig vom Raum“ bedeutet, daß der Heiler die Information auch dann erhält, wenn der Patient nicht anwesend ist, also im Zimmer nebenan, in einer anderen Stadt, in einem anderen Land oder gar auf einem anderen Kontinent. Die Entfernung scheint demnach bei der Fernheilung keine Rolle zu spielen, braucht folglich auch nicht berücksichtigt zu werden. Die Informationsübernahme bleibt intakt – unabhängig von der Entfernung vom Heiler. Aufgrund unseres heutigen Wissensstandes ist dies nur möglich, wenn man die Existenz des Psi-Feldes annimmt, denn es kommt ja bei der Fernheilung kein anderes Mittel der Informationsübergabe infrage. Ist der Patient nicht anwesend, ist das elektromagnetische Feld nicht imstande, den Informationsaustausch zu bewerkstelligen.

Ein anderer wichtiger Faktor, der auf die Existenz des Psi-Feldes hinweist, ist außerdem, daß Informationen nicht nur in bezug auf den gegenwärtigen Zustand des Patienten zu gewinnen sind, sondern auch solche, die sich auf seinen Zustand in der Vergangenheit beziehen. Ebenfalls ist ferner zu ermitteln, wie das physiologische Nacheinander verschiedener Zustände in der Vergangenheit beim Patienten zum gegenwärtigen pathologischen Zustand geführt hat. Diese Einsicht verbindet sich selbstverständlich mit dem gegenwärtigen Zustand des Patienten, doch letzterer beinhaltet auch Informationen über die Vergangenheit.

Bei chronischen Erkrankungen über einen langen Zeitraum kann man immer wieder die Erfahrung machen, daß der Patient erst dann zu gesunden beginnt, wenn man auch die Ursachen aus dem Wege räumt, die zur Entstehung der Krankheit geführt haben. Bei Allergien läßt sich ein Auslösefaktor oft in der Kindheit ermitteln. Wie dies geschieht, soll an einem Beispiel veranschaulicht werden:

Ein etwa 70jähriger Kranker, der seit zwanzig Jahren an Neurodermitis gelitten hatte, suchte meine Praxis auf. Ärztlichen Diagnosen nach zeigten sich bei ihm allergische Reaktionen auf über siebzig Lebensmittel. Nachdem er in den vergangenen zwanzig Jahren eine Reihe von verschiedenen Heilmethoden ohne Erfolg ausprobiert hatte, experimentierte ich in diese Richtung gar nicht erst weiter. Die Diagnose habe ich unter Berücksichtigung dessen gestellt, welcher Faktor die gegenwärtige Erkrankung als erster ausgelöst hatte. Die Untersuchung ergab, daß der Patient als Säugling mit etwa fünf Wochen ein Trauma erlitten haben soll, das mit der gegenwärtigen Erkrankung im Zusammenhang steht. Somit führte ich den Patienten in dieses Lebensalter zurück und nahm für diesen Zeitpunkt mit Hilfe einer geometrischen Form eine Informationskorrektur vor. Während der etwa 5 – 6 Minuten dauernden Behandlung erlebte sich der Patient wieder im Alter von fünf Wochen: er schrie laut und verzweifelt, fuhr aufgeregt mit den Händen in der Luft herum. Nach der Behandlung wurde er wieder still und ruhig. Daheim befolgte er meine Ratschläge bezüglich einer Diät. Nach drei Monaten bekam ich von ihm einen Brief, in dem er mir berichtete, die Ausschläge und Wunden auf seinen Händen, Armen und Füßen seien spurlos verschwunden und er sei vollständig geheilt.

Die Informationsübertragung aus der Vergangenheit erfolgt im Gehirn genauso wie die Übertragung von Informationen im Raum. Im Institut für Information und Gehirnforschung in Stuttgart nahm ich unter der Leitung von Prof. Haffelder an einem weiteren Experiment über Fernheilung teil. Dokumentiert wurde dieses Experiment mit der gleichen EEG-spektralanalytischen Methode wie das von Hohenwart. Vor dem Experiment berichtete der Proband über seine Beschwerden: Der 45jährige Mann litt etwa seit zehn Jahren an einer Bronchitis mit allergischem Hintergrund, die in den Morgenstunden am quälendsten war. Nach der Befragung ging der Proband in einen anderen Raum, und ich begann mit meiner Arbeit, die aus der Erstellung der Diagnose und der möglichen Fernbehandlung bestand. Unterdessen wurde durch Meßinstrumente die hirnelektrische Tätigkeit von uns beiden registriert. Die Untersuchung hat zu dem Ergebnis geführt, daß die Therapie des Patienten in den Minuten nach der Geburt ansetzen sollte. Im ersten Schritt mußte eine Informationskorrektur in der 10. Minute nach der Geburt in einer Zeitspanne von 2 Minuten und 24 Sekunden vorgenommen werden, dann im zweiten Schritt eine weitere Korrektur in der 17. Minute nach der Geburt in einer Zeitspanne von 45 Sekunden. Diese Prozesse gingen ebenso von einer Delta-Aktivität begleitet vor sich wie die schon geschilderte Fernheilung. In beiden Schritten der Fernheilung tritt beim Probanden zunächst eine Erstverschlimmerung auf: er brach in heftigem Husten aus. Auch seine hirnelektrische Aktivität ließ die Informationsübernahme nachweisen.

Diese Beispiele erhellen, daß die Informationsmenge, die das Gehirn des Heilers erreicht, bei weitem nicht einfach die Widerspiegelung einer augenblicklichen Informationslage ist, sondern die Summierung einer zeitlich weit gespannten Informationsmenge, in der Vergangenes im Gegenwärtigen integriert ist. Das ist deswegen von Bedeutung, weil die Komponenten, die – von mir ebenso wie von anderen Fernheilern – verwendet wurden, darauf hinweisen, daß die Vermittlung des Krankheitsbildes sowie dessen Heilung einem Informationsfeld zuzuschreiben ist. Dieses Informationsfeld erweist sich in Raum und Zeit als unveränderlich.

Vorstellbar ist ein solches Informationsfeld nur nach dem Prinzip der Holographie, denn wir wissen ja, daß in einem holographischen

Feld sämtliche Informationen an jedem Punkt erscheinen und abrufbar sind. Folglich gibt es in einem solchen Hologramm keine Zeit. Ein weiteres wesentliches Merkmal liegt darin, daß in Hologrammen die alte Information, wenn sie von einer neuen überlagert wird, nicht gelöscht wird und verloren geht. Die Wellen, in denen die Information übertragen wird, integrieren einander, sie werden aneinander gebunden und geraten in Superpositionen. Demnach bleiben alle Informationen der Vergangenheit wie auch der Gegenwart lesbar. Folglich ist die Information in einem solchen holographischen Feld zeitinvariabel. Eine Erklärung für diese beiden Eigenschaften kann nur ein holographisches, auf Skalarwellen beruhendes Feld liefern. Eine wissenschaftliche Erklärung für diese beiden Komponenten kann nur das von Ervin Laszlo in diesem Buch beschriebene Psi-Feld liefern.

Postskriptum

Der Weg des Verfassers zu Holos

Eine intellektuelle Reise von der organischen Metaphysik über die allgemeine System- und allgemeine Evolutionstheorie hin zu praktischen Anwendungen für das Weltsystem – und dann zur Theorie des Psi-Feldes

Holos ist das Produkt einer mehr als vierzig Jahre währenden Sinnsuche mit den Mitteln der Wissenschaft. Meine Suche begann kurz nach der Geburt meines ersten Sohnes im Frühjahr des Jahres 1959. Bis dahin war mein Interesse an philosophischen und wissenschaftlichen Fragen nur ein Hobby gewesen – ich hatte die Welt als Musiker bereist, und niemand, noch nicht einmal ich selbst, hätte je gedacht, daß daraus mehr werden würde als nur ein intellektueller Zeitvertreib. Aber mein Interesse an Sinnfragen wuchs, und die Suche, die 1959 begann, wurde zu einer alles umfassenden Berufung. Ihren Höhepunkt fand sie vier Jahrzehnte später, im Frühjahr 2000, als ich begann, an meinem neuesten theoretischen Werk, *Coherence in Cosmos and Consciousness*, zu arbeiten. *Holos*, das vorliegende Buch, das meine Erkenntnisse für die allgemeine Leserschaft zusammenfaßt, folgte kurz darauf.

Ich war daran interessiert, Antworten auf Fragen zu finden wie: „Was ist die Natur der realen Welt?“ und „Hat mein Leben in dieser Welt einen Sinn?“ Das sind typisch philosophische Fragen – obwohl die Mehrheit der heutigen akademischen Philosophen es vorzieht, sie an Theologen und Dichter weiterzugeben –, doch ich wollte nicht in der theoretischen Philosophie nach einer Antwort suchen. Obwohl ich kein Experimentalwissenschaftler war (und in Anbetracht meines Werdegangs und meiner Interessen unternahm ich auch nicht den Versuch, einer zu werden), hatte ich sehr stark das Gefühl, der beste Weg zur Beantwortung dieser Fragen liege in der Naturwissenschaft.

Warum? Weil die empirische Wissenschaft diejenige menschliche Bestrebung ist, die am striktesten und systematischsten darauf ausgerichtet ist, die Wahrheit über die Welt herauszufinden und ihre Erkenntnisse durch Beobachtung und Erfahrung zu überprüfen. Ich wollte die zuverlässigsten Antworten, die es gibt, und ich glaubte, daß die Naturwissenschaft die bestmögliche Quelle dafür sei.

Für einen jungen Mann in den Zwanzigern ohne formale Ausbildung in einem spezifischen Feld der Naturwissenschaft war dies eine ziemliche Anmaßung. Ich würde das, was ich damals hatte, heute als etwas naiven intellektuellen Mut bezeichnen, aber zu jener Zeit fühlte ich mich nicht besonders mutig – nur neugierig und engagiert. Trotzdem war ich nicht gänzlich unvorbereitet, denn ich hatte bereits sehr viel gelesen – meist in Flugzeugen, in der Eisenbahn und in Hotelzimmern – und verschiedene Universitätskurse besucht. Da ich ein erfolgreicher Konzertpianist war, schrieb ich mich niemals für einen akademischen Titel ein, in dem ich keinen vorstellbaren Nutzen erkennen konnte.

Im Jahr 1959 machte ich einen neuen Anfang: Ich begann, systematisch zu lesen und zu forschen. Was bis dahin nur ein liebes Hobby gewesen war, wurde nun zu einer methodischen Suche. Ich begann mit den Grundlagen der Wissenschaft im klassischen griechischen Denken und ging weiter zu den Begründern der modernen Wissenschaft, ehe ich mich der heutigen Naturwissenschaft zuwandte. An technischen Details, die den Löwenanteil der Ausbildungszeit professioneller Naturwissenschaftler in Anspruch nehmen – Techniken, bei denen es um Forschung, Beobachtung und Experiment geht –, war ich ebensowenig interessiert wie an den Kontroversen über methodologische oder historische Feinheiten. Ich wollte direkt ins Herz der Sache vorstoßen: herausfinden, was eine bestimmte Wissenschaft mir über das Segment der Natur sagen kann, das sie erforscht. Das erforderte ziemlich viel Vorarbeit. Die Ergebnisse waren unerwartet spärlich, bestanden aus nicht mehr als ein paar Konzepten und Aussagen, gewöhnlich am Ende ausgedehnter mathematischer und methodologischer Abhandlungen. Sie waren jedoch äußerst wertvoll, ganz ähnlich wie die Nuggets aus Gold, die man in den Händen hält, nachdem man Ströme von Wasser und Berge von Erz durchsiebt hat.

Im Laufe der sechziger Jahre lernte ich, schnell und effizient zu sieben, und so machte ich rasche Fortschritte. Ich schrieb auf, was immer ich in bestimmten Feldern der Naturwissenschaft an halb begrabenem Sinn fand, und versuchte, diesen in Beziehung zu dem zu setzen, was ich in anderen Bereichen fand. Es war nicht meine Absicht, eine Abhandlung zu schreiben oder eine Theorie aufzustellen – ich wollte lediglich verstehen, worum es in der Welt und im Leben – in meinem Leben und dem Leben im allgemeinen – überhaupt ging. Ich machte mir viele Notizen, erwartete aber nicht, daß sie je gedruckt werden würden. Wie es dann doch dazu kam, ist eine der kuriosen Begebenheiten in meinem Leben.

Nach einem erfolgreichen Konzert in Den Haag fand ich mich bei einem späten Abendessen neben einem Holländer wieder, der einige genau jener Fragen zur Sprache brachte, die mich faszinierten. Ich kam mit ihm ins Gespräch, das damit endete, daß ich in mein Hotelzimmer hinaufging, um ihm die Notizen zu zeigen, die ich immer bei mir hatte. Er zog sich in eine Ecke zurück und begann zu lesen. Kurz darauf verschwand er. Ich war besorgt, denn ich besaß keine Kopie. Am nächsten Morgen jedoch erschien mein neu gefundener Freund wieder mit meinen Notizen unter dem Arm. Er verkündete, daß er sie veröffentlichen wolle. Das war eine Überraschung für mich, denn ich wußte weder, daß er Verleger war (es stellte sich heraus, daß er der Herausgeber für Philosophie im renommierten holländischen Verlagshaus Martinus Nijhoff war), noch, daß meine Aufzeichnungen es wert waren, veröffentlicht zu werden. Natürlich bedurften sie noch einer umfassenden Ordnung und Vervollständigung, ehe sie in Buchform erscheinen konnten. Aber veröffentlicht wurden sie, und das anderthalb Jahre später (*Essential Society; an Ontological Reconstruction*, 1963).

Die Erfahrung, die ich in Den Haag gemacht hatte, bestärkte mich in meiner Entschlossenheit, meine Suche fortzusetzen. Ich trat dem Osteuropa-Institut an der schweizerischen Universität von Freiburg bei, und mehrere Jahre lang verband ich die Forschung und das Schreiben mit meiner Konzertarbeit. Kurz nach meinem ersten Buch veröffentlichte ich ein weiteres, weniger theoretisches Buch (*Individualism, Collectivism, and Political Power*, 1963), und einige Jahre danach erschien eine weitere philosophische Abhandlung (*Beyond Scepticism and Realism,* 1966). Die Zeit, in der ich gleichzeitig schrieb, forschte und Konzerte gab, endete, als die philosophische Abteilung der Yale University mich 1966 einlud, ein Semester dort zu verbringen. Diese Einladung anzunehmen war eine weitreichende Entscheidung, denn sie bedeutete, daß ich die Konzertbühne gegen das Leben eines Akademikers eintauschte.

Die Entscheidung, nach Yale zu gehen – die zu Lehrberufungen an mehreren Universitäten der USA und im Jahr 1969 zum „Doctorat des Lettres et Sciences Humaines“ an der Sorbonne in Paris führte –, gab mir die Gelegenheit, meine Suche hauptberuflich fortzusetzen. Obwohl an jeder etablierten Universität ein beachtlicher Druck besteht, sich an das recht eng definierte Territorium des eigenen Feldes zu halten, wich ich zu keiner Zeit von der Überzeugung ab, daß es in der Welt als Ganzem einen Sinn zu entdecken gibt und daß der beste Weg, ihn zu entdecken, darin besteht, alle Theorien zu hinterfragen, die von führenden Naturwissenschaftlern in allen relevanten Feldern aufgestellt werden, und nicht nur jene, die in das eigene Spezialgebiet gehören. Ich hatte das Glück, Kollegen zu finden – zuerst in Yale und dann auch an der State University of New York –, die diese Überzeugung verstanden und mir halfen, die akademischen Hürden zu überwinden, die mir sonst im Weg gestanden hätten.

Die Sinnsuche mit den Mitteln der Naturwissenschaft forderte ein beträchtliches Maß an Zeit und Energie. Bald erkannte ich, daß ich, wie Archimedes, festen Grund benötigte, von dem ich beginnen konnte. Ich fand zwei grundlegende Alternativen. Die eine bestand darin, mit dem Strom der eigenen bewußten Erfahrung zu beginnen und zu sehen, welche Art von Welt man aus dieser Erfahrung logisch ableiten konnte. Die andere bestand darin, alle Informationen zu sammeln, die über die Welt als Ganzes zu erhalten waren, und dann zu sehen, ob man die eigene Erfahrung als die Erfahrung dieser Welt erklären konnte. Die erste war die Methode der empirischen Schulen der angelsächsischen Philosophie und jenes Zweiges der kontinentalen Philosophie, die sich an Descartes ausrichtete; die zweite war die Methode der naturalistischen Metaphysik und naturwissenschaftsbasierten Philosophie. Ich las über diese Schulen nach und widmete dabei besondere Aufmerksamkeit Bertrand Russell und Alfred Ayer aus dem Kreis der britischen Philosophen, Edmund Husserl und den Phänomenologen der kontinentalen Schulen, sowie Henri Bergson und Alfred North Whitehead aus dem Kreis der naturalistischen Prozeßphilosophen. Ich gelangte zu dem Schluß, daß weder die formale Analyse der Erfahrung noch die introspektive Methode der

Phänomenologie zu einer sinnvollen Vorstellung von der realen Welt führen. Diese Schulen bleiben letzten Endes in dem stecken, was Philosophen als „egozentrische Zwangslage“ bezeichnen. Je systematischer man die eigene unmittelbare Erfahrung erforscht, um so weniger leicht scheint man darüber hinaus zu gelangen, hin zu der Welt, auf die diese Erfahrung sich mutmaßlich bezieht. Wir sind logisch dazu verpflichtet, den ersten Sprung zu tun, von der objektiven Existenz der externen Welt auszugehen und dann das Schema zu erschaffen, im Lichte dessen unsere Erfahrung als die menschliche Erfahrung dieser Welt einen Sinn ergibt.

In meinem Buch *Beyond Scepticism and Realism* stellte ich den Ansatz der „Schlußfolgerung“, dessen Ausgangspunkt die eigene Erfahrung ist, der alternativen Methode der „hypothetischen Deduktion“ gegenüber, welche die Natur der Welt betrachtet und erforscht, inwieweit unsere Beobachtungen mit ihr übereinstimmen. Ich kam zu dem Schluß, daß – im Idealfall – die Überlappung dieser beiden sehr unterschiedlichen und manchmal scheinbar widersprüchlichen Ansätze die verläßlichste Information über die reale Natur der Welt liefert. Ich fand einige Bereiche, in denen die beiden Ansätze sich überlappen, blieb jedoch an diesem Punkt nicht stehen: Ich wollte bei meiner Suche weiterkommen und begann, den kühnen Ansatz der hypothetischen Deduktion zu erforschen. Zu meiner beträchtlichen Erleichterung stellte ich fest, daß viele große Philosophen und praktisch alle theoretischen Wissenschaftler, von Newton und Leibniz bis hin zu Einstein und Eddington, sich diesen Ansatz zu eigen gemacht hatten.

Einstein sprach die wichtigste Prämisse des naturalistischen Ansatzes aus. „Wir suchen“, so sagte er, „nach dem einfachsten möglichen Gedankenschema, das die beobachteten Tatsachen miteinander verbindet.“ Ich erkannte, daß man nicht aus Beobachtungen auf das einfachste mögliche Schema schließen kann: Wie Einstein sagte, muß es durch die Vorstellungskraft betrachtet werden. Man muß nach den relevanten Beobachtungen suchen und sie kodifizieren, aber man darf an diesem Punkt nicht stehenbleiben. Obwohl die empirische Forschung notwendig ist, darf die kreative Aufgabe, die aus ihr resultierenden Daten so zusammenzustellen, daß sie als bedeutungsvolle Elemente eines kohärenten Systems einen Sinn ergeben, nicht vernachlässigt werden: Für den fragenden Geist stellt sie die größte

Herausforderung dar. Der Versuch, „das einfachste mögliche Gedankenschema zu schaffen, das die beobachteten Tatsachen miteinander verbindet“ (und mit „beobachteten Tatsachen“ meine ich alle Tatsachen, die notwendig waren, um der Welt einen Sinn zu verleihen), bestimmte meine intellektuelle Tagesordnung der nächsten dreißig Jahre.

Das Schema, das ich zuerst in Betracht zog, beruhte auf Whiteheads organischer Metaphysik. Bei dieser Vorstellung, die aus den 20er Jahren des letzten Jahrhunderts stammt, bestehen die Welt und alle Dinge in ihr aus integrierten und interagierenden „aktuellen Entitäten“ und „Gesellschaften aktueller Entitäten“. Realität ist grundlegend organisch, so daß lebende Organismen nur eine Spielart der organischen Einheit sind, die in den Domänen der Natur in Erscheinung tritt. Meine darauf folgende Lektüre von Kosmologie und Biologie bestätigte die Stichhaltigkeit dieser Annahme. Das Leben und der Kosmos als Ganzes entwickeln sich als integrierte Entitäten innerhalb eines Netzwerks fortwährender gestaltender Interaktion. Jedes Ding „ist“ nicht nur, es „wird“ auch. Realität, um Whitehead zu zitieren, ist Prozeß, und ein integrativer evolutionärer Prozeß obendrein.

Die Frage, die ich stellte, war: Wie kann ich die sich entwickelnden Entitäten der Welt auf eine Weise identifizieren, daß sie als Elemente in einem organisch integralen Universum einen Sinn ergeben? Kollegen in Yale wiesen mich auf von Bertalanffys „Allgemeine Systemtheorie“ hin. Ludwig von Bertalanffy versuchte, das Feld der Biologie in ein Gesamtschema zu integrieren, das für eine weitergehende Integration mit anderen Domänen der Naturwissenschaft und sogar mit den Human- und Sozialwissenschaften geeignet war. Sein Schlüsselkonzept war das „System“ als Vorstellung einer grundlegenden Entität in der Welt. Systeme, so sein Argument, erscheinen auf ähnliche (isomorphe) Weise in der physikalischen Natur, in der lebenden Natur und auch in der menschlichen Welt. Das war äußerst hilfreich: Es lieferte mir das konzeptionelle Werkzeug, das ich suchte. Ich las von Bertalanffys Schriften, dann traf ich mich mit ihm und erarbeitete das Konzept dessen, was wir in gemeinsamer Entscheidung „Systemphilosophie“ nannten.

Introduction to Systems Philosophy (1972) war ein sorgfältig recherchiertes Buch – sein Schreiben dauerte fünf Jahre –, und als es veröffentlicht wurde, war ich in Versuchung, mich eine Weile auf meinen Lorbeeren auszuruhen. Aber ich war noch nicht zufriedengestellt. Ich mußte in der führenden Naturwissenschaft eine Antwort darauf finden, wie Systeme aufgebaut sind, wie sie zueinander in Beziehung stehen und auch, wie sie sich verändern und weiterentwickeln. Whiteheads Metaphysik lieferte mir dafür die allgemeinen Grundsätze, und Bertalanffys Allgemeine Systemtheorie klärte die Beziehungen zwischen Systemen und Umgebungen. Was ich noch brauchte, war der Schlüssel, um zu verstehen, wie diese Beziehungen zu einer integrativen und mehr oder minder irreversiblen Evolution in der Biosphäre und auch im Universum als Ganzem führen können.

Zu meiner Überraschung wurde mir der Schlüssel von einer Disziplin geliefert, über die ich zu dieser Zeit nur wenig wußte: die Nichtgleichgewichts-Thermodynamik. Zu diesem Schluß kam ich durch meine kurze, aber intensive Freundschaft mit Erich Jantsch, der einige Jahre später unerwartet starb. Er machte mich auf die Arbeit – und in der Folge auch auf die Person – des in Rußland geborenen belgischen Nobelpreisträgers und Thermodynamikers Ilya Prigogine aufmerksam. Dessen Konzept der „dissipativen Strukturen“, die periodischen „Bifurkationen“ unterworfen sind, lieferte mir die evolutionäre Dynamik, die ich brauchte. Nachdem ich dieses Konzept mit Prigogine diskutiert hatte, konzentrierte sich meine Arbeit auf das, was ich als „allgemeine Evolutionstheorie“ bezeichnete. In meinem Denken wandelte sich die grundlegende Art von Entität, welche die Welt bevölkert, von Whiteheads „Organismus“ und Bertalanffys „allgemeinem System“ zu Prigogines sich nicht-linear verzweigender „dissipativer Struktur“ – ein sich entwickelndes, thermodynamisch offenes System. Die Welt fing an, immer mehr Sinn zu ergeben.

Offenbar faszinierte der Sinn, den ich der Welt verlieh, auch Wissenschaftler aus anderen Bereichen als der Systemtheorie und der Philosophie. Während ich an der State University of New York in Geneseo lehrte und forschte, erhielt ich zu meiner Überraschung einen Anruf von Richard Falk vom „Center of International Studies“ der Universität Princeton. Falk, einer der herausragenden Theoretiker des „Weltsystems“ der Zeit, bat mich, nach Princeton zu kommen, um eine Reihe von Seminaren über die Anwendung meiner Systemtheorie auf das Studium des internationalen Systems zu halten. Ich versuchte, ihn davon zu überzeugen, daß ich so gut wie nichts über das internationale System wußte und nur vage Vorstellungen davon hatte, wie meine Theorie sich darauf anwenden ließe. Aber Falk ließ sich von seiner Einladung nicht abbringen. Er sagte, daß er und seine Kollegen für die Anwendung meiner Theorie sorgen würden, wenn ich käme und sie mit ihnen diskutieren würde. Dem stimmte ich zu.

Die Erfahrung meiner Seminare in Princeton war intellektuell lohnenswert und aufregend zugleich: Sie eröffnete mir neue Aussichten. Ich fand eine neue, äußerst praktische Anwendung für die Allgemeine Systemtheorie, die Systemphilosophie und die Allgemeine Evolutionstheorie: die menschliche Gesellschaft und Zivilisation. Gesellschaft und Zivilisation, so erkannte ich Mitte der siebziger Jahre, durchlaufen einen Prozeß der irreversiblen Transformation. Die menschliche Welt wächst über die Grenzen des nationalstaatlichen Systems hinaus bis an die Grenzen von Globus und Biosphäre. Dies erforderte ein Umdenken in bezug auf einige unserer liebsten und teuersten Vorstellungen davon, wie Gesellschaften strukturiert sind, wie sie arbeiten und wie sie sich entwickeln. Mit Hilfe des wertvollen Beitrags von Richard Falk und anderen Kollegen aus Princeton verdeutlichte ich meine evolutionäre Vorstellung des Weltsystems in dem Buch *A Strategy for the Future: The Systems Approach to World Order* (1974).

Strategy rief auch außerhalb akademischer Kreise Aufmerksamkeit hervor. Es folgte ein weiterer Ruf, dieses Mal von Aurelio Peccei, dem visionären italienischen Industriellen, der die weltweit berühmte Denkfabrik gründete, die als *Club of Rome* bekannt ist. Er schlug vor, daß ich den Systemansatz auf das Problem der „Grenzen des Wachstums“ anwenden sollte, wobei ich mich jedoch nicht auf die Grenzen selbst konzentrieren sollte (wie es Jay Forrester und Dennis und Donella Meadows im ersten Bericht an den Club, *Die Grenzen des Wachstums*, getan hatten), sondern auf die Ambitionen und Motivationen, die Menschen und Gesellschaften dazu bringen, bis an ihre Grenzen zu gehen. Diese Einladung war eine intellektuelle Herausforderung mit einer wichtigen praktischen Relevanz – sie konnte nicht abgelehnt werden. Ich ließ mich von meiner Universität beurlauben und zog in das Hauptquartier der UNO in New York. Davidson Nicol, der Generaldirektor des Institute for Training and Research der UNO (UNITAR), lud mich ein, mich seinem Institut anzuschließen, um das internationale Team zusammenzustellen, das an diesem Projekt arbeiten sollte. Innerhalb eines Jahres waren ungefähr einhundertdreißig Mitarbeiter auf sechs Kontinenten mit der Aufgabe betraut, den dritten Bericht an den Club of Rome zu erstellen, dessen Schwerpunkt weniger auf den „äußeren" als auf den „inneren" Grenzen der Menschheit lag. (*Goals for Mankind: Report to the Club of Rome on the New Horizons of Global Community [Ziele der Menschheit: Die neuen Horizonte der Weltgemeinschaft]*, 1977)

Nach Fertigstellung des Berichts begab ich mich an meine Universität zurück, um meine Forschungs-, Schreib- und Lehrarbeit wieder aufzunehmen. Das sollte jedoch nicht sein. In einem weiteren Anruf bat Nicol mich, die UNITAR bei der Gründung der UNU (Universität der Vereinten Nationen) in Tokio zu vertreten, und als ich meinen Bericht vorlegte, bat er mich, am Institut zu bleiben, um die Forschung des brennendsten Themas der Zeit, die „neue internationale Wirtschaftsordnung", zu leiten. Dies war eine weitere Herausforderung, die nicht ignoriert werden konnte. Nach drei Jahren intensiver Arbeit wurden fünfzehn Bände, geschrieben mit der Hilfe von Mitarbeitern aus neunzig Forschungsinstituten in allen Teilen der Welt, in einer Reihe veröffentlicht, die Pergamon Press in Oxford zu diesem Zweck ins Leben rief: die „New International Economic Order Library" (Bibliothek der neuen internationalen Wirtschaftsordnung). Die NIEO Library sollte Hintergrunddokumentation für die Tagung der Vollversammlung der Vereinten Nationen im Jahr 1980 liefern. Diese Tagung sollte einen Wendepunkt darstellen und den „globalen Dialog" zwischen dem sich entwickelnden Süden und dem industrialisierten Norden in die Wege leiten. Die großen Mächte des Nordens weigerten sich jedoch, an diesem Dialog teilzunehmen, und daraufhin ließ das UNO-System das ganze Projekt der neuen internationalen Wirtschaftsordnung fallen.

Kurz vor der Rückkehr an meine Universität, wo ich mich nun endlich meiner wichtigsten Suche widmen wollte, bat mich UNO-Generalsekretär Waldheim darum, andere Wege vorzuschlagen, auf denen eine Zusammenarbeit zwischen Norden und Süden möglich war. Der Vorschlag, den ich ihm und der UNITAR unterbreitete, basierte auf der Systemtheorie: Zwischen der Ebene der einzelnen Staaten und der Ebene der Vereinten Nationen sollte eine weitere „Systemebene" eingefügt werden. Dies war die Ebene regionaler gesellschaftlicher und wirtschaftlicher Gruppierungen. Das Projekt mit der Bezeichnung „Regionale und interregionale Zusammenarbeit" wurde von der UNI-

TAR übernommen, und vier Jahre intensiver Arbeit waren für seine Durchführung nötig. Über die Ergebnisse berichtete ich 1984 in vier sperrigen Bänden, die eine Erklärung eines speziell einberufenen „Panel of Eminent Persons“ begleiteten. Aufgrund interner Politik wurde die Erklärung dem Generalsekretär nicht übergeben und konnte somit nicht zu einem offiziellen Dokument gemacht werden, aber ihr Text wurde an die Delegationen aller Mitgliedsstaaten verteilt. Von diesem Ergebnis enttäuscht, aber in der Hoffnung, daß die in der Erklärung enthaltenen Vorschläge früher oder später doch Früchte tragen würden, beschloß ich, daß ich ein Sabbatjahr verdient hatte. Gemeinsam mit meiner Familie zog ich in unser umgebautes Bauernhaus in der Toskana ein. Dieses Sabbatjahr, das 1982 begann, hat bisher noch kein Ende gefunden…

Es erwies sich jedoch, daß die 80er und 90er Jahre viel mehr waren als nur ein Sabbatjahr zum „Lesen und Schreiben“. Sie waren eine Zeit zunehmend intensiver internationaler Verpflichtungen. In den 80er Jahren war ich an Diskussionen des Club of Rome beteiligt und spielte dann eine größere Rolle bei dem Projekt „Europäische Perspektiven“ der Universität der Vereinten Nationen. Im Anschluß daran war ich wissenschaftlicher Berater von Federico Mayor, dem Generaldirektor der UNESCO, der zwei Amtszeiten absolvierte. Seit 1993 konzentrierte sich meine Aufmerksamkeit jedoch hauptsächlich auf den Club of Budapest, die internationale Denkfabrik, die ich in diesem Jahr gründete. Der Club of Budapest sollte das tun, was ich mir vom Club of Rome erhofft hatte: die Evolution menschlicher Werte und menschlichen Bewußtseins als die entscheidenden Faktoren für einen Kurswechsel zu betrachten – für einen Kurswechsel weg von einem Wettrennen in Richtung Degradierung, Polarisierung und Katastrophe hin zu Humanismus, Ethik und globaler Nachhaltigkeit.

Ungeachtet dieser Verpflichtungen blieb ich jedoch meiner grundlegenden Suche treu. In der Ruhe der toskanischen Hügel verschaffte ich mir Klarheit darüber, wie weit ich gekommen war, und ich stellte fest, daß ich noch weiter gehen mußte. Auch mit der Dynamik Prigogines bot die Systemtheorie eine zwar hoch entwickelte, aber essentiell lokale Erklärung dafür, wie die Dinge in der Welt zueinander in Beziehung stehen und sich entwickeln. Die Dynamik des „offenen Systems“ in der Evolution bezieht sich auf bestimmte Systeme;

ihre Interaktion mit anderen Systemen und der Umgebung stellt das dar, was Whitehead als „externe“ Beziehungen bezeichnete. Doch Whitehead bestätigte, daß in der realen Welt alle Beziehungen *intern* sind: Jede „aktuelle Entität“ ist erst durch ihre Beziehungen zu allen anderen aktuellen Entitäten das, was sie ist. Daran denkend, begann ich, die neuesten Erkenntnisse in den Feldern von Quantenphysik, Evolutionsbiologie, Kosmologie und Bewußtseinsforschung zu untersuchen. Ich stellte fest, daß die Vorstellung interner Beziehungen absolut einleuchtend ist. Die Dinge in der realen Welt stehen in der Tat eng – „intern“, „intrinsisch“ und sogar „nicht-lokal“ – miteinander in Verbindung und zueinander in Korrelation.

Auch unser eigenes Bewußtsein ist durch interne Beziehungen mit dem Bewußtsein anderer verbunden. Das wurde mir durch eine persönliche Erfahrung klar, von der ich 1993 im Vorwort zu *Kosmische Kreativität* berichtet habe und die ich daher hier nicht wiederholen will. Obwohl eine mystische Erfahrung kein Beweis für interne Beziehungen zwischen dem eigenen Geist und dem Geist anderer Menschen ist, so bietet sie doch einen Anreiz, die Möglichkeit zu untersuchen, daß es solche Beziehungen gibt. In den folgenden Jahren wurde diese Überlegung zu einem Teil meiner Forschungen.

Zu den wissenschaftlichen Büchern, die ich in dieser „toskanischen Periode“ geschrieben habe, gehören – zusätzlich zu dem Buch, das der Leser in Händen hält: *The Creative Cosmos*, 1993 (Deutsche Ausgabe: *Kosmische Kreativität*, 1997); *The Interconnected Universe*, 1995; *The Whispering Pond*, 1996 (Deutsche Ausgabe: *Das fünfte Feld*, 2000); und *Coherence in Cosmos and Consciousness*, (2003, in Vorbereitung). In diesen Büchern führe ich Beweise dafür an, daß die Dinge in der realen Welt unmittelbar, dauerhaft und nicht-lokal miteinander verbunden sind, und deute auch den Grund dafür an. Die Psi-Feld-Theorie liefert diesen Grund: Sie besagt, daß die Verbindungen und Korrelationen, die sich in den Physik- und Lebenswissenschaften zeigen, wie auch die transpersonalen Bindeglieder, die in experimenteller Parapsychologie und Bewußtseinsforschung zutage treten, ein und dieselbe Wurzel haben: das subtile, aber gänzlich elementare Informationsfeld im Herzen des Universums.

Eine Klärung und Kodifizierung der Natur und der Wirkungen dieses Feldes wären von größter Wichtigkeit. Sie würden die Wissenschaft und die Menschheit dem großen Ziel Einsteins (das auch mein

Ziel ist) ein beträchtliches Stück näher bringen: nämlich das „einfachste mögliche Schema“ zu finden, das die „beobachteten Tatsachen miteinander verbindet“.

Holos: *die Welt der neuen Wissenschaften* faßt das einfachste mögliche Schema zur Verbindung der Tatsachen in der Sichtweise zusammen, zu der ich während meiner mehr als zehn Jahre dauernden Forschung gelangt bin – ihrerseits Höhepunkt einer vier Jahrzehnte währenden Suche nach dem Sinn im Leben und in der Welt durch die Ergebnisse der neuen Wissenschaften.

Der Weg des Autors im Spiegelbild der Kommentare einiger der herausragendsten Wissenschaftler und Denker unserer Zeit

Ludwig von Bertalanffy über Systemphilosophie:

„Laszlos Pionierarbeit entwickelt die Systemphilosophie sowohl in ihrer Breite als auch in ihrer Tiefe. Wie er überzeugend darlegt, läuft die zeitgenössische ‚analytische‘ Philosophie Gefahr, ‚sich selbst aus ihrem Dasein hinaus zu analysieren‘… Was wir brauchen, sagt Laszlo, ist vielmehr eine ‚synthetische‘ Philosophie, das heißt, eine Philosophie, die neue Impulse aus den verschiedenen Entwicklungen der modernen Wissenschaft empfängt und versucht, dem anderen Weg in der Philosophie zu folgen, nämlich darum bemüht zu sein, die wertvollen Einzelstücke spezialisierten Wissens zu einem kohärenten Bild zusammenzusetzen…“

„Laszlos Werk ist die erste umfassende Abhandlung über ‚Systemphilosophie‘. Niemand, der über sein eigenes Spezialgebiet und seine eng begrenzten Interessen hinausschaut, wird die Legitimität dieser Suche leugnen können.“

(Vorwort zu *Introduction to Systems Philosophy*, 1972)

Richard Falk über Systemtheorie, angewandt auf das Weltsystem:

„Wir können im Hinblick auf die Zukunft der menschlichen Rasse nicht optimistisch sein, wenn wir nicht eine ziemlich drastische Umstrukturierung des gesellschaftlichen, wirtschaftlichen und politischen Lebens auf diesem Planeten ins Auge fassen… Eine ermutigende Entwicklung ist die wachsende Zahl ernsthafter Bemühungen,… die Mittel für den Aufbau einer Form der Weltgesellschaft zu finden, welche die Fähigkeit besitzt, mit den Problemen umzugehen, mit denen die Menschheit konfrontiert wird. Keine dieser intellektuellen Anstrengungen ist von größerer Bedeutung als die Arbeit Ervin Laszlos, der das gut entwickelte Rahmenwerk der allgemeinen Systemanalyse auf die spezielle Aufgabe übertragen hat, ein gerechtes und lebensfähiges System für eine Weltordnung zu erschaffen. In *A Strategy for the Future* stellt Laszlo mit intellektueller Kraft und Originalität die Umrisse eines wünschenswerten Weltsystems dar und bietet ein sorgfältig abgestimmtes Konzept dafür an, wie wir von hier nach dort gelangen."

„... mit Laszlos Hilfe, so denke ich, werden Studien zur Weltordnung von ihren hochgestochenen und sentimentalen Ursprüngen befreit und erreichen den Status einer neuen akademischen Disziplin mit normativem Inhalt, die sich mit Beweis, Erklärung und Vorausberechnung befaßt... Was Laszlo anbietet... ist ein auf der Systemtheorie basierendes Rahmenwerk, das Informationen aus jeder beliebigen Disziplin oder Perspektive aufnehmen kann, und ein Beharren darauf, daß die Zukunft der menschlichen Rasse zu wichtig ist, um sie den Händen von Staatsmännern, Generälen, Kartellen und ihresgleichen zu überlassen – die durch die Anfälligkeiten und Interessenstrukturen ihres jeweiligen Staatssystems ohnehin in katastrophaler Weise eingeschränkt sind."

„... ich glaube, daß Laszlo uns auf innovative und spannende Weise auf den richtigen Weg gebracht hat. Seine Führung im Bereich der Systemtheorie ist selbst ein Element in einer neuen Bewegung für eine globale Reform, die unter Intellektuellen auf der gesamten Welt stattfindet. Meiner Ansicht nach hat jeder, der sich mit der Zukunft der Menschheit befaßt und dem daran gelegen ist, an ihrer Schaffung beteiligt zu sein, eine besondere Verpflichtung, das zu lesen, was Laszlo geschrieben hat. Sein Buch verdient es, einer der hauptsächlichen Texte für die Neuerziehung des Geistes zu werden, die stattfinden muß, wenn wir jemals zu guten Bürgern und guten Menschen werden wollen."

Einführung zu *A Strategy for the Future* (1974)

Jonas Salk über die allgemeine Evolutionstheorie:

„In diesem Buch hat Ervin Laszlo seinen integrativen Geist der Aufgabe gewidmet, Beobachtungen zusammenzutragen, die die

Arbeitsweise der Naturgesetze in sich entwickelnden, emergenten Systemen von zunehmender Komplexität offenbaren... Der großartige Schwung der Evolution über die Länge der Zeit, die bisher vergangen ist, wird in diesem Buch in einer Form offenbart, die für Nichtwissenschaftler und Wissenschaftler gleichermaßen nutzbringend ist."

„Es tritt eine neue Literatur zum Thema Evolution in Erscheinung, eine, die sich weit über die Grenzen der Arbeit von Darwin und Wallace hinaus ausgedehnt hat, die uns als erste die Evolution im Ursprung der Spezies bewußt machten. Seitdem wird die Evolution in einem größeren Kontext gesehen. Heute betrachtet man sie in ihrer Gesamtheit, in ihrer universalen Gegenwärtigkeit und in ihrer Abwesenheit, wenn zum Beispiel eine Spezies aufhört, sich zu entwickeln und nicht länger die Fähigkeit zum Fortbestand hat. Im menschlichen Reich sehen wir diese Bedeutung heute im Entstehen der Fähigkeit zur Weiterentwicklung, die das wertvollste aller menschlichen Attribute ist."

„Das ist der Grund, warum wir die Evolution grundlegend verstehen müssen, wenn wir fähig sein wollen, unseren Platz als eine sich entwickelnde Spezies im evolutionären Schema der Dinge zu behaupten... Dieses Buch wird dazu beitragen, uns die ehrfurchtgebietende Herausforderung bewußt zu machen, vor die diese Wendung der Dinge uns und zukünftige Generationen stellt. Können wir ihr gerecht werden? Die Zeit wird es zeigen. Haben wir genug Zeit? Ich gehe davon aus, vorausgesetzt, daß wir sie nicht verschwenden. Das ist die Bedeutung des in heutiger Zeit rapide wachsenden Interesses an der Evolution, auf das dieses nützliche, umfassende und erleuchtende Buch eine Antwort ist."

Vorwort zu *Evolution: Die große Synthese* (1987)

Ilya Prigogine über System- und Evolutionstheorie, angewandt auf die heutige Welt:

„... Laszlos Studie [*The Age of Bifurcation*] stellt einen bemerkenswerten Zufall dar: Genau in diesem Augenblick durchlebt die Menschheit eine entscheidende Zeit der Transformation, während die Wissenschaft eine spektakuläre Übergangszeit erfährt. Eine stetig wachsende Zahl von Wissenschaftlern nimmt in zunehmendem Maße wahr, daß ein neues Paradigma Gestalt annimmt. Überall sehen wir

Fluktuation, Evolution, Diversifikation. Das gilt nicht nur für die Ebene der makroskopischen Phänomene, wie in der Chemie, sondern auch für die mikroskopische Ebene der Teilchenphysik und den unermeßlich großen Maßstab der Kosmologie."

„Der Titel dieses Buches ist gut gewählt, denn mit dem Konzept der Verzweigung tritt die historische Kategorie des ‚Ereignisses' in die zeitgenössische Wissenschaft ein. Ein Ereignis ist etwas, das nicht deterministisch vorausberechnet werden kann. Die Position der Erde um die Sonne in einer bestimmten Anzahl von Jahren könnte man kaum als Ereignis bezeichnen, während die Geburt Mozarts in der Geschichte der westlichen Musik ganz offensichtlich ein Ereignis war."

„... wir haben nun die Hoffnung, daß wir mit unseren Erfolgen, sowohl theoretisch als auch experimentell, mit unserer immens verbesserten Fähigkeit zur Schaffung von Wohlstand und mit unseren neuen Möglichkeiten zur interpersonalen Kommunikation endlich zu einer Form der Zivilisation gelangen können, in der eine wachsende Zahl von Menschen über die Möglichkeit verfügt, die Kreativität zu manifestieren, die meiner Meinung nach in jedem Menschen vorhanden ist. Ist dies der Beginn einer solchen neuen Zeit? Wir sind immer noch zu stark in die stattfindende planetare Transformation verwickelt, um zu einer endgültigen Auswertung zu gelangen, aber vielleicht – und das ist meine Hoffnung – werden nachfolgende Generationen unsere Zeit als den Beginn eines großen Zeitalters der Verzweigung betrachten – und dieses Buch als Vorboten dieses Zeitalters sehen.

Vorwort zu *The Age of Bifurcation: Understanding the Changing World* (1991)

Arne Naess, Karl Pribram, Karan Singh und David Loye über die holistische Theorie des Psi-Feldes (auch als Hypothese der Quanten/Vakuum-Interaktion bezeichnet):

Arne Naess:

„Die kreative Arbeit Ervin Laszlos ist ein brillantes Zeugnis dafür, wie konzeptionelle Vorstellungskraft – deduktiv auf sorgfältiger Beobachtung beruhend – uns den Kosmos und unseren Platz in diesem Kosmos auf eine neue Weise zeigen kann, die einen großen inspirativen Wert besitzt. Die Realität, wie Ervin Laszlo sie versteht, hat das, was ich als ‚Gestaltcharakter' bezeichne – die Vorherrschaft der internen gegenüber den externen Beziehungen."

„Ein zentraler Teil von Laszlos konzeptionellem Rahmenwerk ist die Hypothese der Quanten/Vakuum-Interaktion (QVI). In meiner Sprache handelt es sich hierbei weniger um eine Hypothese als vielmehr um eine äußerst hoch entwickelte Theorie... Sehr stark vereinfacht könnte man sagen, daß Laszlo eine Welt vor Augen hat, die fortwährend geschaffen wird, und daß hier jedes lokal stattfindende Ereignis, und sei es nur im eigenen Bewußtsein, mit Ereignissen verknüpft ist, die an einem anderen Ort geschehen."

„In Wissenschaft und Philosophie sähen viele von uns gern einen zunehmenden Trend in der kühnen Formulierung von Theorien, die durch so mutige und doch ungekünstelte Anstrengungen wie die vorliegende Studie Ervin Laszlos inspiriert werden."

Vorwort zu *The Interconnected Universe* (1995)

Karl Pribram:

Kosmische Kreativität ist ein hervorragendes Beispiel für postmoderne Dekonstruktion in ihrer besten Form. Die beiden ersten Teile zeigen die Anomalien und Lücken in der derzeitigen Erzählung, die wir als Wissenschaft bezeichnen. Die nächsten Abschnitte entwickeln kühn eine neue Erzählung, die das Ziel hat, unser Verständnis über diese Begrenzungen hinauszuführen... Die erzählerischen Aspekte der Wissenschaft, die Konzepte und Bedeutungen, auf welche die Berechnungen hindeuten, sind vernachlässigt worden, häufig absichtlich, wie in der stets beliebten Kopenhagener Interpretation der Quantenphysik. Diese Vernachlässigung hat bei einigen von uns zu beträchtlichem Unwohlsein geführt und, was noch wichtiger ist, zu einer Vertuschung der Anomalien und Lücken, die in *Kosmische Kreativität* angesprochen werden. [Dieses Buch] faßt in fähiger Weise das zusammen, was im heutigen Bericht der Wissenschaft in Form einer Erzählung fehlt. Natürlich steht Laszlo mit seiner Klage nicht allein. Einstein, Dirac, Bohm und Bell haben versucht, ihre Formeln der Physik zu verstehen, so wie Koestler jene der Biologie und der Psychologie. Aber die im Klassenzimmer empfangene Weisheit hat größtenteils nur die Eleganz dessen betont, was erreicht wurde, oft mit dem Hinweis darauf verbunden, daß jeder Versuch eines weitergehenden Verständnisses nur zu Verwirrung führen würde."

„Laszlo gebührt Lob, daß er uns eine plausible Alternative bietet. Alle oben genannten Wissenschaftler haben sich in die Richtung vorangetastet, die Laszlo nun einschlägt. Er weist darauf hin, daß sich die Wissenschaftler nun, da sich das 20. Jahrhundert dem Ende zuneigt, mit dem Konzept eines „Feldes“ wieder wohler fühlen, das in diesem Jahrhundert durch den fast ausschließlich auf die Teilchenerforschung konzentrierten Schwerpunkt beinahe gänzlich ausgeblendet wurde.“

„Gravitation, Elektromagnetismus und die starken und schwachen Nuklearkräfte sind, zumindest Wissenschaftlern, alle recht vertraut geworden, denn ihre abgeleiteten Eigenschaften fordern keine radikale Abweichung von den Messungen, die Wissenschaftlern so gute Dienste geleistet haben… das postulierte fünfte Feld [das Psi-Feld] ist anders. Es ist nicht aus einer Interaktion zwischen räumlich und zeitlich voneinander getrennten Entitäten abgeleitet. Wie Bohm es beschrieben hat, werden Raum und Zeit einbezogen, eingeschlossen. Mathematisch betrachtet ist das fünfte Feld spektral, holographisch organisiert. Die Organisation setzt sich aus Interferenzmustern zusammen, das heißt, aus den Amplituden (Intensitäten) von Energie, die an den Kreuzungspunkten von Wellenformen vorhanden ist… Somit ist das fünfte Feld keine einfache Ableitung von Beobachtungen. Das fünfte Feld ist vielmehr eine Transformation von Feldern, die aus Beobachtungen abgeleitet sind.“

„Laszlo hat im 21. Jahrhundert in der Tat die Notwendigkeit erfüllt, die Erzählung in der Wissenschaft zu erneuern, die im 20. Jahrhundert so sehr vernachlässigt wurde.“

Vorwort zu *Kosmische Kreativität* (1993)

Karan Singh:

„Die vielleicht bedeutendste Entwicklung der jüngeren Zeit hat trotz der Tatsache, daß sie das Thema einer Reihe wichtiger Bücher ist, immer noch nicht die Aufmerksamkeit erhalten, die sie verdient. Die Rede ist von der zunehmenden Übereinstimmung der mystischen Weltsicht (die zumeist, aber keineswegs ausschließlich östlich ist) mit dem sich abzeichnenden Paradigma der Realität bei den führenden Wissenschaftlern der heutigen Zeit. *Das fünfte Feld*, das neueste Werk in Ervin Laszlos wichtiger Reihe, die die Geographie der Realität erfaßt, legt auf diesen Punkt besonderen Wert und trägt viel zu seiner Richtigstellung bei.“

„Erstaunlich scharf und klar zeigt *Das fünfte Feld* eine atemberaubende Vision auf. Sein bedeutsamstes Fazit ist, daß die Szenarien des kosmischen Schicksals aller Wahrscheinlichkeit nach offen sind; Schicksal und Bestimmung sind nicht besiegelt, und es wäre möglich, daß die Zukunft nicht nur geschieht, sondern auch geschaffen werden kann."

„Angesichts der Globalisierung der menschlichen Zivilisation, die vor unseren Augen stattfindet, ist die Evolution eines globalen Bewußtseins dringend notwendig, wenn die Menschheit nicht sich selbst und alles Leben auf diesem Planeten zerstören soll, weil sie unfähig ist, verantwortungsvoll mit ihrem technologischen Einfallsreichtum umzugehen. Damit solch ein globales Bewußtsein entstehen kann, muß eine Weltsicht entwickelt werden, in der Wissenschaft und Spiritualität sich einander annähern. Die Veröffentlichung von *Das fünfte Feld* ist ein bedeutender Schritt in diese Richtung."

Vorwort zu *Das fünfte Feld* (1996)

David Loye:

Zu einem kritischen Zeitpunkt der menschlichen Evolution ist *Das fünfte Feld* ein äußerst wichtiger Beitrag für unser Verständnis. Es vermittelt uns die lebenswichtigen neuen Fragmente der aufstrebenden „Wahrheit" in einer Sprache, die wir verstehen können. Und es liefert das noch wichtigere Gefühl für das sinnvolle Ganze, in das diese Fragmente, die uns gefehlt haben, hineinpassen. Dieses Buch und die bahnbrechende wissenschaftliche Studie, die ihm zugrunde liegt – Laszlos Werk *The Interconnected Universe* – erinnern an jene Aussage des 18. Jahrhunderts, die schon einmal einen Wendepunkt darstellte: *Die Kritik der reinen Vernunft*. Dort transzendierte ein Philosoph mit einer ähnlich erstaunlichen Fähigkeit zur Integration – Immanuel Kant – in seiner Synthese Wissenschaft und Philosophie seiner Zeit auf eine Weise, die einen neuen Rahmen für praktisch das gesamte moderne Denken schuf. Es wird interessant sein zu sehen, ob die Geschichte sich wiederholt."

Vorwort zu *Das fünfte Feld* (1996)

Ken Wilber

Ervin Laszlo kann nur als Genie des Systemdenkens bezeichnet werden. In Büchern, die zu zahlreich sind, um sie alle zu erwähnen

– zu meinen Favoriten gehören *Systemtheorie als Weltanschauung, Evolution: Die große Synthese, The Choice, Das fünfte Feld* und *Das dritte Jahrtausend* – hat Ervin Laszlo wahrscheinlich mehr als jeder andere lebende Mensch auf umfassende Weise eine verblüffende, aber häufig vernachlässigte Tatsache ausgesprochen: Wir leben in einem hoffnungslos miteinander verwobenen Universum, in dem jedes einzelne Ding auf fast wunderbare Weise mit jedem und allen anderen Dingen verbunden ist. Seine Arbeit, die sich über vier Jahrzehnte erstreckt, war ein klarer und beständiger Aufruf, den auf reiche Weise ineinander verwobenen Teppich zu erkennen, der unsere Welt, unser Leben, unsere Hoffnungen und unsere Träume darstellt. Indem er einer Vision des Ganzen gerecht wird, hat er zahllosen Menschen geholfen, den engen Begrenzungen und deprimierenden Fragmenten zu entfliehen, die die moderne Welt seit mindestens drei Jahrhunderten heimsuchen.

Vorwort zu *Die Bewußtseins-Revolution* (1999)

Ralph Abraham:

Sheldrakes neue Wissenschaft des Lebens versucht, der Biologie die Lebendigkeit zurückzugeben. Jungs, Hillmans und Moores Psychologie der Archetypen versucht, sie wieder in die Psychologie zurückzubringen. Diese und viele andere Bemühungen kann man als eine Neue Renaissance betrachten. Inmitten der Umgebung dieses Paradigmenwechsels hebt Ervin Laszlo sich als einzigartiger Verfechter einer holistischen Philosophie mit der breitestmöglichen Perspektive hervor. Denn sein kühner Plan will in einem einzigen, umfassenden vereinheitlichten Modell alles vereinen – Quantum, Kosmos, Leben und Bewußtsein. Wenn eine vereinheitlichte Theorie von solch großem Ausmaß einmal in Erscheinung tritt, dann wird sie in ihren groben Umrissen sehr wahrscheinlich der prophetischen Vision Ervin Laszlos entsprechen.

Vorwort zu *Coherence in Cosmos and Consciousness* (2002)

Club of Budapest

Ervin Laszlo gründete im Jahr 1993 den **Club of Budapest**, eine informelle Vereinigung sowohl weltweit als auch lokal aktiver Meinungsführer in verschiedenen Bereichen von Kunst, Wissenschaft, Religion und Kultur. Der Club of Budapest hat seinen Hauptsitz in Budapest, ein internationales Sekretariat in Stuttgart sowie nationale Ortsgruppen in Düsseldorf, den Vereinigten Staaten von Amerika, Kanada, Mexiko, Brasilien, Frankreich, Italien, Österreich, Ungarn, Indien, Japan, China und Samoa. Der Club hat es sich zum Ziel gesetzt, der breiten Öffentlichkeit die Notwendigkeit für ein ganzheitlicheres weltweites Bewußtsein und eine weltweite Ethik als grundlegende Voraussetzung für eine bessere Zukunft der gesamten Menschheit zu vermitteln.

Sekretariat des Club of Budapest International
Morsestraße 35, 70435 Stuttgart
club-of-budapest@online.de
www.club-of-budapest.org

DIE EHRENMITGLIEDER

S.E. Tschingis AITMATOW, Schriftsteller

S.E. Oscar ARIAS, Staatsmann / Friedensnobelpreisträger

Dr. A.T. ARIYARATNE, Geistlicher Führer des Buddhismus

Maurice BÉJART, Tänzer / Choreograph

Prof. Thomas BERRY, Theologe / Wissenschaftler

Sir Arthur C. CLARKE, Schriftsteller

Seine Heiligkeit, der XIV. DALAI LAMA, Staatsmann / Geistlicher Führer

Dr. Riane EISLER, Historikerin / Bürgerrechtlerin

Milos FORMAN, Filmregisseur

Peter GABRIEL, Musiker

Dr. Jane GOODALL, Wissenschaftlerin

Rivka GOLANI, Musikerin

S.E. Michail Gorbatschow, Meinungsführer / Staatsmann

S.E. Arpád GÖNCZ, Schriftsteller / Staatsmann

Prof. Otto Herbert HAJEK, Bildhauer

S.E. Václav HAVEL, Schriftsteller / Staatsmann

Pir Vilayat INAYAT-KHAN, Geistlicher Führer des Sufismus

Miklós JANCSÓ, Filmregisseur

Ken-Ichiro KOBAYASHI, Dirigent

Gidon KREMER, Musiker

Prof. Hans KÜNG, Theologe / Christl. Schriftsteller

Prof. Shu-hsien LIU, Philosoph

Eva MARTON, Opernsängerin

Zubin MEHTA, Dirigent

Lord Yehudi MENUHIN †, Musiker

Dr. Edgar MITCHELL, Wissenschaftler / Astronaut

Prof. Edgar MORIN, Philosoph / Soziologe

Dr. Robert MULLER, Pädagoge / Bürgerrechtler

Ute-Henriette OHOVEN, Botschafterin der Unesco

Prof. Gillo PONTECORVO, Filmregisseur

Jean-Pierre RAMPAL †, Musiker

Mary ROBINSON, Führerin für politische und Menschenrechte

Mstislav ROSTROPOVICH, Dirigent

Sir Josef ROTBLAT, Wissenschaftler / Friedensnobelpreisträger

Dr. Peter RUSSELL, Philosoph / Futurist

S.E. Karan SINGH, Geistlicher Führer des Hinduismus

Sir George SOLTI †, Dirigent

Sir Sigmund STERNBERG, Interreligiöser geistlicher Führer

Seine Gnaden Desmond TUTU, Geistlicher Führer, Erzbischof

Liv ULLMANN, Schauspielerin / Regisseurin

Sir Peter USTINOV, Schauspieler / Schriftsteller/Regisseur

I.E. Vigdis FINNBOGADOTTIR, Politische Führerin

S.E. Richard von WEIZSÄCKER, Staatsmann

Prof. Elie WIESEL, Schriftsteller / Friedensnobelpreisträger

Betty WILLIAMS, Bürgerrechtlerin / Friedensnobelpreisträgerin

Prof. Mohammed YUNUS, Ökonom / Finanzfachmann

Endnoten

Kapitel 1

Bohm, David: *Die implizite Ordnung: Grundlagen eines dynamischen Holismus,* (München: Goldmann, 1987), Originaltitel: *Wholeness and the implicate order*

Buks, E., R. Schuster, M. Heiblum, D. Mahalu und V. Umansky: "Dephasing in electron interference by a 'which-path' detector", (*Nature*, Heft 391, 26. Februar 1998)

Dürr, S., T. Nonn und G. Rempe: "Origin of quantum-mechanical complementarity probed by a 'which-way' experiment in an atom interferometer", (*Nature*, Heft 395. 3. September 1998)

Everett, Hugh: *Rev. Mod. Physics*, 29 (1957)

Haroche, Serge: "Entanglement, decoherence and the quantum/classical boundary", (*Physics Today*, Juli 1998)

Laszlo, Ervin: *Kosmische Kreativität: neue Grundlagen einer einheitlichen Wissenschaft von Materie, Geist und Leben,* (Frankfurt am Main: Insel-Verlag, 1997), Originaltitel: *The Creative Cosmos*

– *Das fünfte Feld: Materie, Geist und Leben – Vision der neuen Wissenschaften,* (Bergisch-Gladbach: Bastei-Verlag Lübbe, 2000), Originaltitel: *The whispering pond*

Rothman Tony und George Sudarshan: *Doubt and Certainty,* (Reading, MA: Perseus Books, 1998)

Tittel, W., J. Brendel, H. Zbinden, und N. Gisin in: *Phys. Rev. Lett.* 81, 3563 (1998)

Kapitel 2

Behe, Michael J.: *Darwin's Black Box: The Biochemical Challenge to Evolution,* (New York: Touchstone Books, 1998)

Bischof, Marco: "The history of biological holism and field theories in the 20th century", (Newsletter # 22–23, Monterey Institute for the Study of Alternative Healing Arts, Juli – Dezember 1998)

– "Field concepts and the emergence of a holistic biophysics", in: Beloussov, L.V., Voeikov, V.L. und Van Wijk, R. (Hrsg.): *Biophotonics and Coherent Structures,* (Moskau: Moscow University Press, 2000)

Capra, Fritjof: *Lebensnetz: ein neues Verständnis der lebendigen Welt*, (München: Droemer Knaur, 1999), Originaltitel: *The Web of Life: A New Scientific Understanding of Living Systems*

Del Giudice, E., G.S. Doglia, M. Milani und G. Vitiello in: F. Guttmann und H. Keyzer (Hrsg.): *Modern Bioelectrochemistry*, (New York: Plenum, 1986)

Dobzhansky, Theodosius: *Genetics and the Origin of Species*, (New York: Columbia University Press, 2. Auflage, 1982)

Eldredge, Niles und Stephen J. Gould: "Punctuated equilibria: an alternative to phylogenetic gradualism", in: *Models in Paleobiology*, (San Francisco: Schopf, Freeman, Cooper [Hrsg.], 1972)

Eldredge, Niles: *Quantensprünge des Lebens: Das unterbrochene Gleichgewicht in der Evolution*, (Reinbek: Rowohlt, 1995), Originaltitel: *Time Frames: The Rethinking of Darwinian Evolution and the Theory of Punctuated Equilibria*

Gould, Stephen J.: "Irrelevance, submission and partnership: the changing role of paleontology in Darwin's three centennials, and a modest proposal for macroevolution", in: D. Bendall (Hrsg.): *Evolution from Molecules to Men*, (Cambridge: Cambridge University Press, 1983)

Gould, Stephen J. und Niles Eldredge: "Punctuated equilibria: the tempo and mode of evolution reconsidered", (*Paleobiology*, Ausgabe 3, 1977)
– Opus 200, *Natural History*, August 1991
Fröhlich, Herbert: "Long range coherence and energy storage in biological systems", (*Int. Journal of Quantum Chemistry* 2, 1980)
– (Hrsg.): *Biological Coherence and Response to External Stimuli*, (Heidelberg: Springer Verlag, 1988)
Goodwin, Brian: "Development and evolution", (*Journal of Theoretical Biology* 97, 1982)
– "Organisms and minds as organic forms", (*Leonardo* 22, 1, 1989)
– "On morphogenetic fields", (*Theoria to Theory* 13, 1979)
Ho, Mae Wan: *The Rainbow and the Worm: The Physics of Organisms*, (Singapore und London: World Scientific, 1993)
– "Bioenergetics, biocommunication and organic space-time", in: A. M. Fedorec und P. J. Marcer (Hrsg.): *Living Computers*, (The University of Greenwich, März 1996)
– und Peter Saunders: "Liquid crystalline mesophases in living organisms", in: M. W. Ho, F. A. Popp und U. Warnke (Hrsg.): *Bioelectromagnetism and Biocommunication*, (Singapore und London: World Scientific, 1994)
Hoyle, Fred: *Das intelligente Universum: eine neue Sicht von Entstehung und Evolution*, (Frankfurt am Main: Umschau-Verlag, 1984), Originaltitel: *The Intelligent Universe*
Lorenz, Konrad: *Die acht Todsünden der zivilisierten Menschheit*, (Gütersloh: Bertelsmann, 1987 [Lizenzausgabe des Piper-Verlages])
Lieber, Michael M.: "Environmentally responsive mutator systems: toward a unifying perspective", (*Rivista di Biologia/Biologieforum*, 91.3, 1998)
– "Hypermutation as a means to globally restabilize the genome following environmental stress", (*Mutation Research, Fundamental and Molecular Mechanisms of Mutagenesis*, 421 2, 1998)
– "Force and genomic change", (*Frontier Perspectives*, 10 1, 2001)
Maniotis, A., et al.: "Demonstration of mechanical connections between integrins, cytoskeletal filaments, and nucleoplasm that stabilize nuclear structure", (*Proceedings of the National Academy of Sciences*, USA, 4 3, 1997)
Primas, Hans, H. Atmanspacher und A. Amman (Hrsg.): *On quanta, mind, and matter: Hans Primas in context*, (Dordrecht: Kluwer Academy, 1999)
Rein, Glen: "Biological effects of quantum fields and their role in the natural healing process", (*Frontier Perspectives*, Herbst/Winter 1998)
– "Biological interactions with scalar energy-cellular mechanisms of action", (*Proceedings of the 7th International Association of Psychotronics Research Conference*, Georgia, Dezember 1988)
Smith, Cyril W.: "Is a living system a macroscopic quantum system?", (*Frontier Perspectives*, Herbst/Winter, 1998)
Steele, Edward J., R. A. Lindley und R. V. Blandon: *Lamarck's Signature: New Retro-genes are Changing Darwin's Natural Selection Paradigm*, (London: Allen & Unwin, 1998)
Taylor, R.: "A gentle introduction to quantum biology", (*Consciousness and Physical Reality*, Ausgabe 1,1, 1998)
Waddington, Conrad: "Fields and gradients", in: Michael Locke, Hrsg.: *Major Problems in Developmental Biology*, (New York: Academic Press, 1966)
Welch, G. R.: "An analogical 'field' construct in cellular biophysics: history and present status", (*Progress in Biophysics and Molecular Biology* 57, 1992)
– und H. A. Smith: "On the field structure of metabolic space-time", in R. K. Mishra (Hrsg.): *Molecular and Biological Physics of Living Systems*, (Dordrecht: Kluwer, 1990)
Wolkowski, Z. W.: "Recent advances in the phoron concept: an attempt to decrease the incompleteness of scientific exploration of living systems", in L. V. Beloussov und F. A. Popp (Hrsg.): *Biophotonics – Nonequilibrium and Coherent Systems in Biology, Biophysics and Biotechnology*, (Moskau, 1995)

Kapitel 3

Benor, Daniel J.: *Healing Research*, Vol. 1, (London: Helix Editions, 1993)
– *Healing Research: Holistic Energy Medicine and Spiritual Healing*, (München: Helix Verlag, 1993)
– "Survey of spiritual healing research", (*Contemporary Medical Research* Vol. 4 9, 1990)
Braud, W. G.: *Human interconnectedness: research indications*, (*ReVision* 14:3, 1992)
– und M. Schlitz: "Psychokinetic influence on electrodermal activity", (*Journal of Parapsychology*, Vol. 47, 1983)
Cardeña, Etzel, Steven Jay Lynn und Stanley Krippner: "Varieties of Anomalous Experience: Examining the Scientific Evidence", (American Psychological Association, Washington DC, 2000)
Cyber: Ricerche Olistiche (Nitamo Montecucco) in: *Cyber* (Mailand), November 1992
Dossey, Larry: *Recovering the Soul: A Scientific and Spiritual Search*, (New York: Bantam, 1989)
– *Heilende Worte: die Kraft der Gebete und die Macht der Medizin*, (Südergellersen: Martin, 1995), Originaltitel: *Healing Words: The Power of Prayer and the Practice of Medicine*
– "Era III medicine: the next frontier", (*ReVision* 14:3, 1992)
Elkin, A. P.: *The Australian Aborigines*, (Sydney: Angus & Robertson, 1942)
Feinstein, David: "At play in fields of the mind: Personal myths as fields of information", (*Journal of Humanistic Psychology* [im Druck])
– und Stanley Krippner: *Persönliche Mythologie: die psychologische Entwicklung des Selbst*, (München: Heyne, 1998), Originaltitel: *The Mythic Path*
Grinberg-Zylverbaum, Jacobo, M. Delaflor, M. E. Sanchez-Arellano, M. A. Guevara und M. Perez: "Human communication and the electrophysiological activity of the brain", (*Subtle Energies*, Vol. 3, 3, 1993)
Grof, Stanislav: *Das Abenteuer der Selbstentdeckung: Heilung durch veränderte Bewußtseinszustände*, (Reinbek bei Hamburg: Rowohlt, 1994 [Lizenzausgabe des Kösel-Verlages]), Originaltitel: *The adventure of self discovery*
– "Healing and heuristic potential of non-ordinary states of consciousness: observations from modern consciousness research", (Mimeographie, 1996)
– *Das Abenteuer der Selbstentdeckung* (op. cit.)
– mit Hal Zina Bennett: *Die Welt der Psyche: die neuen Erkenntnisse der Bewußtseinsforschung*, (Reinbek bei Hamburg: Rowohlt, 1997 [Lizenzausgabe des Kösel-Verlages]), Originaltitel: *The Holotropic Mind*
Hansen, G. M., M. Schlitz und C. Tart: "Summary of remote viewing research", in: Russell Targ und K. Harary: *Jeder hat ein 3. Auge: PSI – die unheimliche Kraft*, (München: Goldmann, 1987), Originaltitel: *The Mind Race*
Honorton, C., R. Berger, M. Varvoglis, M. Quant, P. Derr, E. Schechter und D. Ferrari: "Psi-communication in the Ganzfeld: Experiments with an automated testing system and a comparison with a meta-analysis of earlier studies", (*Journal of Parapsychology*, 54, 1990)
Morgan, Marlo: *Traumfänger*, (München: Goldmann, 1995), Originaltitel: *Mutant Message Down Under*
Nelson, John E.: *Healing the Split*, (Albany: State University of New York Press, 1994)
Persinger, M. A. und S. Krippner: "Dream ESP experiments and geomagnetic activity", (*The Journal of the American Society for Psychical Research*, Vol. 83, 1989)
Puthoff, Harold und Russell Targ: "A perceptual channel for information transfer over kilometer distances: historical perspective and recent research", (*Proceedings of the IEEE*, Vol. 64, 1976)
Rein, Glen: "Biological effects of quantum fields and their role in the natural healing process", (*Frontier Perspectives*, Herbst/Winter 1998)
– "Biological interactions with scalar energy-cellular mechanisms of action", (*Proceedings of the 7th International Association of Psychotronics Research Conference*, Georgia, Dezember 1988)

Ring, Kenneth: "Near-death and out-of-body experiences in the blind: a study of apparent eyeless vision", (*Journal of Near-Death Studies*, 16:2, Winter 1997)
Smith, Cyril W.: "Is a living system a macroscopic quantum system?", (*Frontier Perspectives*, Herbst/Winter 1998)
Targ, Russell und Harold A. Puthoff: "Information transmission under conditions of sensory shielding", (*Nature*, Vol. 251, 1974)
Targ, Russell and K. Harary: *Jeder hat ein 3. Auge: PSI ... die unheimliche Kraft*, (München: Goldmann, 1987), Originaltitel: *The Mind Race*
Tart, Charles: *States of Consciousness*, (New York: Dutton, 1975)
Thalbourne, M. A. und P. S. Delin: "A common threat underlying belief in the paranormal, creative personality, mystical experience and psychopathology", (*Journal of Parapsychology* Vol. 58, 1994)
– "Transliminality: its relation to dream life, religiosity and mystical experience", (*International Journal for the Psychology of Religion* Vol. 9, 1999)
Tiller, William A.: "Subtle energies in energy medicine", (*Frontier Perspectives*, 4,2, Frühjahr 1995)
Ullman, M. und S. Krippner: *Traumtelepathie: telepathische Experimente im Schlaf*, (Freiburg im Breisgau : Aurum-Verlag, 1977), Originaltitel: *Dream Studies and Telepathy: An Experimental Approach*
Varvoglis, Mario: "Goal-directed and observer-dependent PK: An evaluation of the conformance-behavior model and the observation theories", (*The Journal of the American Society for Psychical Research*, 80, 1986)

Kapitel 4

Bucher, Martin A. und David N. Spergel: "Inflation in a Low-Density Universe", (*Scientific American*, Januar 1999)
Bucher, Martin A., Alfred S. Goldhaber und Neil Turok: "Open Universe from Inflation", (*Physical Review D*, 52:6, 15. September 1995)
Chaboyer, Brian, Pierre Demarque, Peter J. Kernan und Lawrence M. Krauss: "The Age of Globular Clusters in Light of Hipparcos: Resolving the Age Problem?", (*Astrophysical Journal* 494:1, 10. Februar 1998)
Gribbin, John: *Am Anfang war...: Neues vom Urknall und der Evolution des Kosmos*, (Berlin: Birkhäuser, 1995), Originaltitel: *In the Beginning: The Birth of the Living Universe*
Guth, Alan H.: *Die Geburt des Kosmos aus dem Nichts: die Theorie des inflationären Universums*, (München: Droemer, 1999), Originaltitel: *The Inflationary Universe: The Quest for a New Theory of Cosmic Origins*
Hogan, Craig J.: *Das kleine Buch vom Big Bang: eine Kosmos-Fibel*, (München: DTV, 2000), Originaltitel: *The Little Book of the Big Bang*
Kafatos, Menas: "Non-locality, foundational principles and consciousness", (*Noetic Journal* V.2, Januar 1999)
Kafatos, Menas und R. Nadeau: *The Conscious Universe: Part and Whole in Modern Physical Theory*, (New York: Springer Verlag, 1990, 1999)
Kafatos, Menas, S. Roy in: *Physics Essays*, 1999 (vorgelegt)
Krauss, Lawrence M.: "The End of the Age Problem and the Case for a Cosmological Constant Revisited", (*Astrophysical Journal* 501:2, 10. Juli 1998)
– "Cosmological antigravity", (*Scientific American*, Januar 1999)
Leslie, John: *Universes*, (London und New York: Routledge, 1989)
– (Hrsg.): *Physical Cosmology and Philosophy*, (New York: MacMillan, 1990)
Mallove, Eugen F.: "The Self-Reproducing Universe", (*Sky & Telescope* 76:3, September 1988)

Michelson, A. A.: "The relative motion of the Earth and the Luminiferous Ether", (*American Journal of Science,* Vol. 22, (1881)
Peebles, P. James E.: *Principles of Physical Cosmology*, (Princeton: Princeton University Press, 1993)
Perlmuter, S. G., M. Aldering, M. Della Valle et al: "Discovery of a Supernova Explosion at Half the Age of the Universe", (*Nature*, Vol. 391, 1. Januar 1998)
Riess, Adam G., Alexei V. Filippenko, Peter Challis, et al: "Observational Evidence from Supernovae for an Accelerating Universe and a Cosmological Constant", (*Astronomical Journal*, 116:3, September 1998)
Rees, Martin: *Vor dem Anfang: eine Geschichte des Universums*, (Frankfurt am Main: Fischer-Taschenbuch-Verlag, 1999), Originaltitel: *Before the Beginning: Our Universe and Others*
Weinberg, Steven: *Der Traum von der Einheit des Universums*, (München: Goldmann, 1995 [Lizenzausgabe des Bertelsmann-Verlages]), Originaltitel: *Dreams of a Final Theory*

Kapitel 5

Aharonov, Y. und D. Bohm: "Significance of electromagnetic potentials in the quantum theory", (*Physical Review*, 2nd Series, 115:3, 1959)
Akimov, A. E. und G. I. Shipov: "Torsion fields and their experimental manifestations", (*Journal of New Energy* 2:2, 1997)
– und V. Ya. Tarasenko: "Models of polarized states of the physical vacuum and torsion fields", (*Soviet Physics Journal* 35:3, 1992)
Amoroso, Richard L.: "Consciousness, a radical definition: the hard problem made easy", (*Noetic Journal* 1:1, 1997)
– "An introduction to noetic field theory: The quantization of mind", (*Noetic Journal* 5:2, 1999)
Barrett, T. W.: "Electromagnetic phenomena not explained by Maxwell's equations", in Aklesh Lakhtakia (Hrsg.): *Essays on the Formal Aspects of Electromagnetic Theory*, (Singapore: World Scientific, 1993)
Bearden, Thomas E.: *Gravitobiology*, (Venture, CA: Tesla Book Co., CA 1991)
– "Maxwell's lost unified theory of electromagnetics and gravitation", in: A. Michrowski (Hrsg.): *New Energy Technology*, (Planetary Association for Clean Energy, Ottawa, 1990)
– "Information content of the field: dynamic EM structuring of the scalar potential and its use by biological systems", in: *Second Estria Workshop on the Organization of Information Transfer in Living Systems*, (Canada: University of Sherbrooke, 1993)
Bischof, Marco: "Holism and field theories in biology — Non-molecular approaches and their relevance to biophysics", in: J. J. Chang, J. Fisch, und F. A. Popp Hrsg.): *Biophotons*, (Dordrecht: Kluwer, 1998)
– "Field concepts and the emergence of a holistic biophysics", in: Beloussov, L. V., Voeikov, V. L. und Van Wijk, R. (Hrsg.): *Biophotonics and Coherent Structures*, (Moskau: Moscow University Press, 2000)
Bohm, David und Basil Hiley: *The Undivided Universe*, (London: Routledge, 1993)
Fröhlich, Herbert: "Long range coherence and energy storage in biological systems", (*Int. Journal of Quantum Chemistry* 2, 1968)
– "Quantum mechanical concepts in biology", in: M. Marois (Hrsg.): *Theoretical Physics and Biology*, (Amsterdam: North Holland, 1969)
– "Evidence for Bose-condensation-like excitation of coherent modes in biological systems", (*Physics Letters* A, 51, 1975)
Gazdag, László: *Beyond the Theory of Relativity*, (Budapest: Robottechnika Kft., 1998)
– "Superfluid mediums, vacuum spaces", (*Speculations in Science and Technology*, Vol. 12,1, 1989)
– "Combining of the gravitational and electromagnetic fields", (*Ebenda*, Vol. 16,1, 1993)

Haisch, Bernhard, Alfonso Rueda und H. E. Puthoff: "Inertia as a zero-point-field Lorentz force", (*Physical Review* A, 49.2, 1994)
Laszlo, Ervin: "Is there an interconnecting field?", (*Science Spectra*, No. 5, 1996)
Lee, T.D.: "Possibility of vacuum engineering", in: *Particle Physics and Introduction to Field Theory*, (London, New York: Harwood Academic Publishers, 1981)
Licata, Ignazio: *Dinamica reticolare dello Spazio-Tempo* (Retikulare Dynamik der Raumzeit), (Bologna: *Andromeda*, 1989, Inediti. No. 27)
Puthoff, Harold: "Ground state of hydrogen as a zero-point-fluctuation-determined state", (*Phys. Rev. D*, 35:10, 1987)
– "Source of vacuum electromagnetic zero-point energy", (*Phys. Rev. A*, 40:9, 1989)
– "Gravity as a zero-point-fluctuation force", (*Phys. Rev. A*, 39:5, 1989, 1993)
Rein, Glen: "Biological interactions with scalar energy-cellular mechanisms of action", (*Proceedings of the 7th International Association of Psychotronics Research Conference*, Georgia, Dezember 1988)
– "Effect of non-hertzian scalar waves on the immune system", (*Journal of the U.S. Psychotronics Association*, 1, 1989)
– "Utilization of a cell culture bioassay for measuring quantum potentials generated from a modified caduceus coil", (*Proceedings of the 26th Intersociety Energy Conversion Engineering Conference 4*, Boston 1991)
– "Biological effects of quantum fields and their role in the natural healing process", (*Frontier Perspectives*, 7:1, 1998)
Ring, Kenneth: *Life at Death: A Scientific Investigation of the Near-Death Experience*, (New York: Coward, McCann and Geoghegan, 1980)
– *Den Tod erfahren - das Leben gewinnen: Erkenntnisse und Erfahrungen von Menschen, die an der Schwelle zum Tod gestanden und überlebt haben*, (Wien: Buchgemeinschaft Donauland, 1988 [Lizenzausgabe des Scherz-Verlages]), Originaltitel: *Heading Toward Omega: In Search of the Meaning of the Near-Death Experience*
Stevenson, Ian: *Wiedergeburt: Kinder erinnern sich an frühere Erdenleben*, (Frankfurt am Main: Zweitausendeins, 1992 [Lizenzausgabe des Aquamarin-Verlages]), Originaltitel: *Children Who Remember Previous Lives*
– *Cases of the Reincarnation Type* (vier Bände), (Charlottesville: University Press of Virginia, 1975–83)
– *Reinkarnationsbeweise: Geburtsnarben und Muttermale belegen die wiederholten Erdenleben des Menschen*, (Grafing: Aquamarin-Verlag, 1999), Originaltitel: *Reincarnation and Biology: A Contribution to the Etiology of Birthmarks and Birth Defects*
Zeiger, Berndt F.: "Photon emission of cereal seeds: 'biophotons' as a measure of terminative ability and vigor" in: Chang, J.J., J. Fisch, und F.A. Popp Hrsg.): *Biophotons*, (Dordrecht: Kluwer, 1998)
Zeiger, Berndt F. und Marco Bischof: "The quantum vacuum and its significance in biology", (*Proceedings of the Third International Hombroich Symposium on Biophysics*, Neuss, Germany 1998)

Kapitel 6

Aczel, Amir D.: *Probability 1: Warum es intelligentes Leben im All geben muß*, (Reinbek bei Hamburg: Rowohlt-Taschenbuch-Verlag, 2001), Originaltitel: *Probability: Why There Must Be Intelligent Life in the Universe*
Barrow John D. und Frank J. Tipler: *The Anthropic Cosmological Principle*, (London und New York: Oxford University Press, 1986)
Bateson, Gregory: *Ökologie des Geistes: anthropologische, psychologische, biologische und epistemologische Perspektiven*, (Frankfurt am Main: Suhrkamp, 1994), Originaltitel: *Steps to an Ecology of Mind*

Drake, Frank: *Intelligent Life in Space*, (New York: MacMillan, 1964)
Eddington, Sir Arthur: "Defense of Mysticism", in: Ken Wilber: *Quantum Questions: Mystical Writings of the World's Great Physicists*, (Boston: Shambhala, 1984)
Haldane, J. B. S.: "The origin of life", (*Rationalist Annual* 148, 1928)
Huang, Su Shu: *American Scientist* 47, 1959
Oparin, Aleksandr I.: *Das Leben: Seine Natur, Herkunft und Entwicklung*, (Jena: VEB G. Fischer, 1963)
Peat, F. David: *Synchronizität: die verborgene Ordnung*, (München: Goldmann, 1992), Originaltitel: *Synchronicity: The Bridge Between Matter and Mind*
Ponnamperuma, Cyril: "Experimental studies on the origin of life", (*Journal of the British Interplanetary Society* 42, 1989)
– "The origin, evolution, and distribution of life in the universe", in: Clifford N. Matthews und Roy A. Varghese (Hrsg.): *Cosmic Beginnings and Human Ends*, (Chicago: Open Court, 1995)
Russell, Peter: *Im Zeitstrudel: die atemberaubende Erforschung unserer Zukunftschancen*, (Wessobrunn: Integral, 1994), Originaltitel: *The White Hole in Time* (neu herausgegeben unter dem Titel: *Waking Up in Time*)
Sagan, Carl: *Intelligent Life in the Universe*, (New York: Emerson Adams Press, 1966)
Schrödinger, Erwin: *Meine Weltansicht*, (Hamburg: Zsolnay, 1968)
Shapley, Harlow: *Of Stars and Men*, (Boston: Beacon, 1958)
Taormina, Robert J.: "A New Consciousness for Global Peace", (*Proceedings of the Third International Symposium on the Culture of Peace*, Baden Baden 1999)
Tarnas, Richard: *Cosmos and Psyche: Intimations of a New World View*, (New York: Ballantine [in Druck])
Ward, Peter D.: *Unsere einsame Erde: warum komplexes Leben im Universum unwahrscheinlich ist*, (Berlin und Heidelberg: Springer, 2001), Originaltitel: *Rare Earth: Two Tiers of Life in the Universe*
Weinberg, Steven: "Lonely planet", (Interview in: *Science and Spirit*, 10:1, April-Mai 1999)

Kapitel 7

Aurobindo, Sri: *Das göttliche Leben*, (Gladenbach, Hessen: Hinder und Deelmann), Originaltitel: *The Life Divine*
Bailey, Alice: *Telepathie und der Ätherkörper*, (Genf: Lucis, 1989), Originaltitel: *Telepathy and the Etheric Vehicle*
Gebser, Jean: *Ursprung und Gegenwart*, (Stuttgart: Deutsche Verlagsanstalt, 1949)
Teilhard de Chardin, Pierre: *Aufstieg zur Einheit: die Zukunft der menschlichen Evolution*, (Stuttgart, Hamburg, München: Deutscher Bücherbund, 1974 [Lizenzausgabe des Walter-Verlages])
Wilber, Ken: *Halbzeit der Evolution: der Mensch auf dem Weg vom animalischen zum kosmischen Bewußtsein*, (Frankfurt am Main: Fischer-Taschenbuch-Verlag, 1996 [Lizenzausgabe des Scherz-Verlages]), Originaltitel: *Up From Eden: A Transpersonal View of Human Evolution*
– „Physik, Mystizismus und das neue holographische Weltbild", in: Ken Wilber (Hrsg.): *Das holographische Weltbild: Wissenschaft und Forschung auf dem Weg zu einem ganzheitlichen Weltverständnis*, (München: Scherz, 1988), Originaltitel: *The Holographic Paradigm*
– "An integral theory of consciousness", (*Journal of Consciousness Studies* 4,1, 1997)

Weitere Bücher aus dem Verlag Via Nova:

Finde deine Ganzheit wieder

Mind Bridging – die Dynamik Holographischer Psychologie

Maria de Rocha Chevalley

416 Seiten, gebunden – ISBN 3-928632-58-2

Dieses Buch beschreibt ein völlig neues Konzept. Es vermittelt, wie man kreativ Brücken des Bewußtseins zwischen unseren physischen und transzendenten Dimensionen schlagen kann. Genau wie im Fall der zerbrochenen holographischen Platte ist auch unser ***Geist-Körper*** durch den ***Psycho-Virus*** fragmentiert worden. Er ist die kollektive Illusion, wir seien von der Ganzheit getrennt. Diese Fragmentierung spiegelt sich in unseren täglichen Schwierigkeiten und Problemen wider. Sie werden gelöst, wenn wir unsere Ganzheit wiedererlangen, wenn wir den kreativen Umgang mit unseren ***Geist-Hologrammen,*** unseren Brücken des Bewußtseins, wiedererlernen. Dieses kreative Selbstmanagement stellt die Verbindung zu Spontaneität, Mut und Lebensfreude wieder her. So entsteht wahrer Frieden in unserem Geist! Die Autorin erklärt auf verständliche Art und Weise, was ***Holographische Psychologie*** und das Mind Bridging®-Modell bedeuten und verstärkt deren praktische Anwendung durch zahlreiche Übungen. Das Buch ist erfüllt von Weisheit und spiritueller Kraft. Es führt Sie zur Ganzheit und wird Ihr Leben verbessern.

Suche nach dem Sinn des Lebens

Willigis Jäger

272 S., Paperback., **5. Aufl.,** Award-Preis in den USA, ISBN 3-928632-03-5

Alle wichtigen Themen des spirituellen Lebens werden von dem Zenmeister Pater Willigis Jäger in diesem Buch grundlegend behandelt und in Bezug gesetzt zur christlichen Mystik, aber auch zu den großen Traditionen der esoterischen Wege anderer Religionen, zu den Ergebnissen moderner Naturwissenschaft und zu den Erkenntnissen der transpersonalen Psychologie. Die psychologischen Aspekte des inneren Weges, seine Tiefenstrukturen und Stadien, der Umgang mit den Gefühlen und die Verwandlung des Schattens werden eingehend beschrieben. In diesem Buch geht es um den inneren Weg der christlichen Religion, um einen Bewußtseinswandel in der Gleichgestaltung mit Christus, um eine neue – von innen geprägte – Ethik, die Verantwortung für die Mitwelt übernimmt. Das Buch befreit zu einem sinnerfüllten Leben; motiviert, den inneren Weg zu gehen, provoziert zu einem neuen Denken und Handeln und tröstet in dunklen Stunden.

Der innere Schrei nach Erlösung

Befreiung von innen

François Brune

256 Seiten, gebunden – ISBN 3-928632-44-2

Die Welt als Hologramm – Erlösung von innen

Während viele das Ende des Christentums voraussagen, unterstreicht der Verfasser die absolut einzigartige Bedeutung des Christus für die Entwicklung der Menschheit. Anders als die philosophische Theologie ist die mystisch-holographische Theologie darauf ausgerichtet, von innen heraus wirksam zu werden. Der Autor bezieht in seine Betrachtungen auch Heilswege anderer Religionen, besonders die Bedeutung des Karma mit ein und betrachtet auch die christlichen Sakramente unter dem mystischen Aspekt. Brune versteht die Welt als ein Hologramm, in dem alles mit allem verbunden ist, also auch jede Seele mit jeder anderen – und mit Christus, der aus der Tiefe einer jeden Menschenseele als Mittelpunkt des kosmischen Hologramms erstrahlt. Unfaßbar? Aber wie, wenn es wahr wäre? Das gilt es in diesem Buch zu entdecken, das so fesselt wie eine Abenteuerreise – die Reise in die mystische Erfahrung.

Die Vision vom göttlichen Menschen

Eine spirituelle Weg-Begleitung in das neue Jahrtausend

Barbara Schenkbier

Paperback, 424 Seiten, 21 ganzseitige Bilder – ISBN 3-928632-68-X

Prachtband: 424 Seiten, geb., Einband Kunstleder mit Goldaufdruck, 21 ganzseitige Bilder, Zweifarbendruck – ISBN 3-928632-18-3

Das Buch ist ein umfassendes Standardwerk, das den Durchbruch einer neuen Evolutionsstufe im menschlichen Bewußtsein des Menschen vorbereiten hilft. Aufbauend auf wissenschaftlichen Erkenntnissen und der mystischen Tradition aller Religionen führt es zu einem tieferen Wissen über das menschliche Bewußtsein, um dann den Weg zum göttlichen Menschen zu beleuchten. Alle wichtigen Schritte werden beschrieben, wesentliche Übungen aus einer neuen Sicht heraus dargestellt und die Transformationsstufe zu einem neuen Bewußtsein geschildert. Beim Lesen und Anwenden der beschriebenen Wahrheiten eröffnet sich dem Leser eine neue Sicht über den Sinn des Lebens. Alle, die den geistigen Weg beschreiten, werden ihn besser verstehen, ihn bewußter, mutiger und konsequenter weitergehen.
Das Buch ist aus der eigenen, spirituellen Erfahrung der Autorin heraus geschrieben und eröffnet den Blick in eine Zukunft, die die evolutionäre Schöpferkraft selbst schaffen wird.

Auf halbem Weg zum Gipfel der Erleuchtung

Die Gefahren und Irrtümer verfrühter Ansprüche, erleuchtet zu sein.

Mariana Caplan

248 Seiten, Paperback – ISBN 3-928632-95-7

Welches sind die Maßstäbe für Erleuchtung? Werden wir jemals ganz oben auf dem Gipfel ankommen? Welche Fallen und Krisen erwarten uns auf dem Weg zum Gipfel? Diesen und vielen anderen Fragen ist Mariana Caplan in dem vorliegenden Buch nachgegangen. Zu diesem Zweck studierte sie die Schriften berühmter spiritueller Lehrer aus allen Epochen, unter ihnen Johannes vom Kreuz, Carlos Castaneda, Chogyam Trungpa und viele andere. Des weiteren führte sie viele persönliche Interviews mit bekannten spirituellen Meistern unserer heutigen Zeit. Dieses Buch beschreibt offen alle Fallgruben und Hindernisse, die den Menschen auf seinem spirituellen Weg begegnen können. Es zeigt uns, wie Macht und Korruption unser Ego verführen, und welche Krisen uns auf unserem Weg erwarten. Zugleich weist es aber auch Wege durch das „Minenfeld" falscher Erleuchtung und zeigt, wie man trotz aller Gefahren auf den richtigen Weg zurückfindet.

Der Weg durch den Sturm

Weltarbeit im Konfliktfeld der Zeitgeister

Arnold Mindell

248 Seiten, gebunden – ISBN 3-928632-29-9

Wie sollen wir Menschen an der Schwelle zum dritten Jahrtausend unsere gigantischen Probleme lösen? Ausgehend von seinen Erfahrungen in der psychotherapeutischen und supervisorischen Arbeit mit Einzelnen und Gruppen in vielen Teilen der Welt hat Mindell Ansätze für eine Methode entwickelt, welche Lösungen nicht von außen überstülpt, sondern Gruppen und Großgruppen dabei unterstützt, sich selbst kennenzulernen und bisher unterdrückte oder übersehene Teile als Ressourcen für den Umgang mit ihren Schwierigkeiten und zur Entwicklung von Gemeinschaft zu nutzen.
Wie können Betroffene dabei unterstützt werden, aus ihrem Prozeß und ihrem jeweiligen Feld heraus Zugang zu den eigenen Potentialen von Führungskraft und Weisheit zu finden? Dieses Buch schildert Schritte auf dem steinigen Weg der Suche nach einer **neuen „Weltarbeit"**, welche Erkenntnisse aus der Psychologie, den modernen Naturwissenschaften und den alten spirituellen und schamanistischen Traditionen zusammenbringt, um den Herausforderungen unserer Zeit zu begegnen.

Wenn es verletzt, ist es keine Liebe

Chuck Spezzano

6. Auflage

416 Seiten, gebunden – ISBN 3-928632-20-5

Dieses Buch verändert Ihr Leben. Ein Wissender zeigt den Weg, wie Sie ein Leben führen können, das erfüllt ist von Liebe und Verstehen, von Freude und Glück. Sie erfahren in 366 Kapiteln wichtige Lebensgrundsätze, die Ihre zwischenmenschlichen Beziehungen auf eine höhere Ebene heben.
Die Weisheit der Liebe, die der Verfasser in jahrzehntelanger Forschungsarbeit als Psychotherapeut, als weltweit bekannter Seminarleiter, als visionärer Lebenslehrer entdeckt und in klare Weisungen umgesetzt hat, verwandelt Sie und berührt Ihr wahres Wesen, das Liebe ist.
Durch die angebotenen Übungen, die das theoretisch Erkannte auch in den praktischen Alltag umsetzen, wird das Buch zu einem Wegbegleiter und Ratgeber in bedrängenden Beziehungsnöten. Wenn Sie Schritt für Schritt in die wichtigsten Grundprinzipien der Liebe eingeführt werden, reifen Sie in Ihrer Selbsterkenntnis, können Ihre Beziehungen in Partnerschaft und Freundschaft neu ordnen, vertiefen und intensivieren. Sie können die Ursachen für Ihre Schwierigkeiten in der Liebe erkennen, Blockaden auflösen und seelische Wunden heilen lassen.

Deine persönliche Friedensformel für ein neues Jahrtausend

Mansukh Patel

geb. Broschüre, ca. 152 Seiten, 2 Graphiken, 12 Fotos – ISBN 3-928632-55-8

Es wird Augenblicke geben, in denen der Mensch eine Gelegenheit erhält, den Verlauf seines Lebens zu ändern, einen Sprung nach vorne zu tun. Während des letzten halben Jahrhunderts hat die Welt so viele Veränderungen und Krisen erlebt, daß es sehr klar geworden ist, daß wir an einem Punkt angelangt sind, wo sich etwas ändern muß. Wenn wir uns als menschliche Wesen entwickeln und entfalten wollen, haben wir keine Wahl. Es muß eine Revolution geben – eine innere Revolution. Nur durch eine innere Transformation unserer selbst werden wir in der Lage sein, Veränderungen in der Welt zu bewirken und Frieden zu schaffen.
Dieses Buch bietet faszinierende neue Möglichkeiten, die jedermann helfen, diese höchsten Träume und Potentiale zu verwirklichen. Es liefert einen einfachen Sieben-Punkte-Plan, um harmonische Beziehungen zu sich selbst und zu anderen aufzubauen, damit eine Welt des Friedens entsteht.

Wir sind alle eins

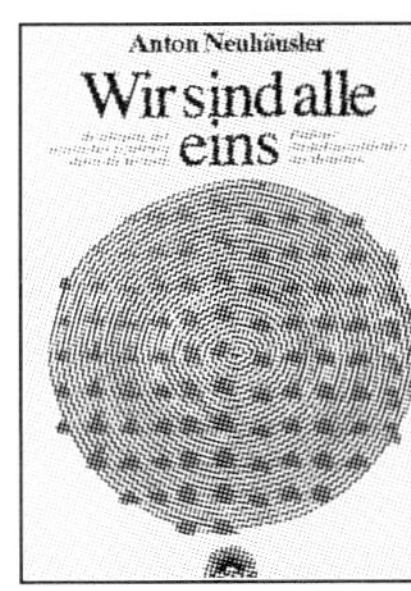

Die Bestätigung der mystischen Erfahrung durch die Vernunft

Anton Neuhäusler

160 Seiten, gebunden – ISBN 3-928632-27-2

Wie kann man als naturwissenschaftlich geprägter, aufgeklärter, moderner Mensch über Dinge reden, die unser Erkennen übersteigen? Letzte Sinnfragen kann die Wissenschaft nicht beantworten. Doch als nachdenkende Wesen können wir sie nicht verdrängen, wollen und müssen wir darüber reden: Woher kommen wir? Wohin gehen wir? Was kommt nach dem Tod? Was ist der Mensch? Was ist der Kosmos? Das Buch stellt sich diesen Fragen auf einer philosophisch, naturwissenschaftlich und argumentativ anspruchsvollen Ebene. Es sollen die Gesetze der Logik und Vernunft gelten, und das Hinhören auf die eigene Erfahrung. Der Autor, ehemaliger Professor für Philosophie an der Universität München, und sein Werk zeigen eine Weltanschauung, die gekennzeichnet ist von kritischem Geist und dennoch offen ist für letzte Fragen und Einsichten: Das „Ursein" ist philosophisch begründbar. Die Regeln des strengen Denkens bestätigen die von den Mystikern erlebte Wahrheit des Einsseins: „Wir sind alle eins". Es gibt eine Mystik der Vernunft, die re-ligio/Spiritualität/Seinsgeborgenheit des freien, kritischen, liebenden, lust- und lebensvollen Menschen.

Gesundheit aufbauen

Die bewußte Kunst, sich wohl zu fühlen

Dr. Randolph Stone

232 Seiten, Paperback, 26 Graphiken, 20 Fotos
ISBN 3-928632-97-3

Dieses Buch verbindet theoretische Aspekte der Polarity-Therapie mit praktischer Anwendung. Es ist deshalb einerseits als Einführung für Menschen interessant, die sich für Energiemedizin interessieren, andererseits eine wertvolle Ergänzung für all jene, die sich mit der Polarity-Therapie behandeln lassen und die die Behandlungen durch Selbsthilfemethoden unterstützen wollen, um schließlich gar keinen Therapeuten mehr zu brauchen. In dem Werk, das Dr. Stone geschaffen hat, übergibt er den Schlüssel zu den inneren Räumen von Frieden, Kraft, Respekt und Versöhnung, die er selbst geschaut hat. Die Tore sind Ordnung der Energiefelder im Körper, neue Einstellungen, Ernährung, Körperübungen, Polarity-Yoga. Es ist vor allem die geistige Ebene, auf der Stone so tief berührt und eine heilende innere Bewegung in Gang setzt. Es ist dieser Ort, an dem jeder den Zugang zu seiner Selbstheilungskraft findet. Dort geschieht, daß „das Geschenk des Lebens" vom Wort zum Erlebnis, zum gefühlten, geschmeckten, erfahrenen Inhalt wird.

Unsere Geschichte – unser Potential

Wir vorgeburtliche Erlebnisse und Geburt unser Leben prägen

Hanspeter Ruch

200 Seiten, Hardcover – ISBN 3-928632-89-2

Die Wurzeln emotionaler Probleme reichen häufig nicht nur in die Kindheit, sondern viel weiter zurück zu den Anfängen unseres Werdens: zur Geburt und in die vorgeburtliche Zeit. Das vorliegende Buch bringt Licht in diesen entscheidenden Lebensbereich, der von der Psychologie bisher fast vollständig ausgeblendet wurde. Entgegen der häufigen Auffassung sind wir vom Moment der Zeugung an fühlende Wesen. Das bedeutet, daß wir bereits im Mutterleib wahrnahmen, ob wir geliebt oder abgelehnt wurden. Unsere Geburt erlebten wir hautnah, mit allen Gefühlen und Empfindungen. Nie wieder in unserem Leben sind wir so empfänglich und so sensibel, wie wir das in dieser ersten Phase unseres Seins waren. Wie wichtig und prägend der erste Abschnitt unserer Geschichte für unsere Entwicklung, für unsere psychische und körperliche Gesundheit ist, und wie die dabei entstandenen störenden Grundmuster geheilt werden können, wird in diesem Buch beschrieben.

Transpersonale Psychologie und Psychotherapie

Unsere Zeitschrift

104 Seiten, Paperback, zwei Ausgaben: Frühjahr und Herbst

ISSN 0949-3174

Transpersonale Psychologie und Psychotherapie ist eine **unabhängige Zeitschrift.** Sie verbindet das Wissen spiritueller Wege und der Philosophia perennis mit moderner Psychologie und Psychotherapie, leistet Beiträge zur wissenschaftlichen Fundierung des Transpersonalen.
Transpersonale Psychologie und Psychotherapie ist eine **Zeitschrift,** die sich an Fachleute und Laien wendet mit einem Interesse an transpersonalen Themen. Aus einem schulen-, kultur- und religionsübergreifenden Verständnis heraus bietet sie ein Forum der Verbindung von Psychologie und Psychotherapie und deren theoretischen Grundlagen mit spirituellen und transpersonalen Phänomenen, Erfahrungen und Wegen, Welt- und Menschenbildern. Sie dient dem Dialog der verschiedenen Richtungen, fördert integrative Bemühungen und leistet Beiträge zur Forschung und Theoriebildung. Sie bietet Überblick, Orientierung und ein Diskussionsforum auf wissenschaftlichem Niveau.